Der Autor

Der 1990 verstorbene Osho stammte aus Indien und war eine der bekanntesten spirituellen Persönlichkeiten des vergangenen Jahrhunderts. Er hinterließ eine radikale und unkonventionelle Vision des Menschseins, die heute mehr und mehr Interesse und Anerkennung findet. Das von ihm begründete internationale Meditationszentrum in Poona zieht Zehntausende von Besuchern aus aller Welt an. Die Bücher seiner Vorträge werden weltweit inzwischen in 54 Sprachen übersetzt.

Von Osho sind in unserem Haus erschienen:

Autobiographie
Das Buch der Frauen
Das Buch der Männer
Das Buch der Heilung
Das Buch der Kinder
Das Buch vom Ego
Intuition
Mut
Intimität
Kreativität
Reife
Bewusstsein
Freiheit
Freude
Intelligenz
Mitgefühl
Der Gott, den es nicht gibt (im Allegria Verlag)
Mut – Die Freude, gefährlich zu leben (CD)
Mut – Der Mut der Liebe (CD)

Osho

Mitgefühl

Die höchste Blüte der Liebe

Aus dem Englischen
von Renate Schilling

Ullstein

Besuchen Sie uns im Internet:
www.ullstein-taschenbuch.de

Ullstein Esoterik
Herausgegeben von Michael Görden

Aus dem Englischen übersetzt von Renate Schilling

Die Originalausgabe erschien unter dem Titel
COMPASSION – The Ultimate Flowering Of Love
Erschienen bei St. Martin's Griffin, New York, USA

Die Texte von Osho in diesem Buch stammen aus verschiedenen spontan gehaltenen Vorträgen, die überwiegend in Englisch, aber auch in Hindi gehalten wurden. Alle Vorträge Oshos wurden vollständig in Buchform veröffentlicht und sind auch als Original-Audioaufnahmen erhältlich. Ein Überblick über die Audioaufnahmen und das komplette Textarchiv ist in der online Osho Library unter www.osho.com verfügbar.

Umwelthinweis:
Dieses Buch wurde auf chlor- und säurefreiem Papier gedruckt.

Deutsche Erstausgabe im Ullstein Taschenbuch
1. Auflage 2006

Umschlaggestaltung: FranklDesign, München
Titelabbildung: Art by Osho, Osho International Foundation
Gesetzt aus der Palatino bei Pinkuin Satz und Datentechnik, Berlin
Druck und Bindearbeiten: GGP Media GmbH, Pößneck
Printed in Germany
ISBN-13: 978-3-548-74318-9
ISBN-10: 3-548-74318-8

Inhalt

Vorwort

Wir wissen, was Gefühl ist; daher ist es nicht schwierig zu verstehen, was Mitgefühl sein könnte.* Leidenschaftliches Gefühl ist ein Zustand biologischen Feuers – es ist heiß, man ist beinahe besessen von unbewussten biologischen Energien. Man ist nicht mehr sein eigener Meister, man ist nur noch ein Sklave.

Mitgefühl bedeutet, dass man die Biologie transzendiert hat, dass man die Physiologie transzendiert hat. Man ist kein Sklave mehr, man ist zum Meister geworden. Nun funktioniert man bewusst. Man wird nicht mehr von unbewussten Kräften getrieben, hierhin und dorthin gezogen; man kann selbst entscheiden, wofür man seine Energien einsetzen möchte. Man ist vollkommen frei. Dann wird dieselbe Energie, die sich vorher in Gefühlen manifestiert hat, in Mitgefühl verwandelt.

Gefühl ist Begierde, Mitgefühl ist Liebe. Gefühl ist Verlangen, Mitgefühl ist ohne jedes Verlangen. Gefühle sind gierig, Mitgefühl teilt. Gefühle benutzen den anderen als Mittel zum Zweck, Mitgefühl respektiert den anderen als Selbstzweck. Gefühle halten dich auf der Erde fest, im Schlamm, sodass du niemals zu einem Lotus wirst. Mitgefühl macht dich zum Lotus. Du beginnst dich über

* Das deutsche Wortpaar »Gefühl« und »Mitgefühl« entspricht zwar nicht ganz der Gegenüberstellung von »passion« (Leidenschaft) und »compassion« (Mitgefühl) im Englischen, doch ist es die einzige Möglichkeit, die Symmetrie von Oshos Aussage zu erhalten. Mit »Gefühl« ist in diesem Zusammenhang also immer das leidenschaftliche Gefühl gemeint. (Anm. d. Ü.)

die schlammige Welt der Sehnsüchte, Begierden, Ängste und Leidenschaften zu erheben. Mitgefühl bedeutet eine Transformation deiner Energie.

Normalerweise bist du zerstreut, fragmentiert. Ein Teil deiner Energie wird von deinem Zorn aufgebraucht, ein Teil von deiner Gier, ein Teil von deiner Lust und so weiter. Und es gibt so viele Leidenschaften und Begierden in dir, dass du ohne Energie zurückbleibst, hohl und leer.

Denkt daran, was William Blake sagte – denn seine Aussage enthält sehr viel Weisheit: »Energie ist Entzücken.« Doch ihr habt keine Energie mehr übrig; all eure Energie wird in Gefühle und Leidenschaften umgesetzt. Wenn all diese Energie nicht mehr verschwendet wird, dann sammelt sie sich an wie in einem inneren See, dann erfüllt sie dein ganzes Wesen. Du wirst voll. Ein großes Entzücken entsteht in dir. Und sobald du überfließt, bist du zum Buddha geworden und hast eine unerschöpfliche Quelle gefunden.

Und erst wenn du ein Buddha bist, wirst du erfahren, was Mitgefühl ist. Es ist kühle Liebe – aber nicht etwa kalt – kühle Liebe. Es ist ein Teilen deiner Freude mit der gesamten Existenz. Du wirst zu einem Segen für dich selbst und zu einem Segen für die gesamte Existenz. Das ist Mitgefühl. Gefühle sind ein Fluch, Mitgefühl ist ein Segen.

Mitgefühl, Energie und Verlangen

Energie kann nicht einfach verschwinden. Wenn kein Verlangen mehr vorhanden ist, wird die Energie formlos, doch sie ist immer noch vorhanden. Was ist nun ihre Funktion? Diese Energie wird zu Mitgefühl.

Buddha lebte noch vierzig Jahre lang weiter, nachdem er erleuchtet war. Nachdem alles Verlangen aufgelöst und das Ego verschwunden war, lebte er noch vierzig Jahre lang weiter. Viele Male wurde er gefragt: »Warum bist du noch immer verkörpert?« Wenn die Sache erledigt ist, sollte man verschwinden. Es wirkt unlogisch: Warum sollte Buddha auch nur einen einzigen Augenblick lang im Körper verweilen? Wenn kein Verlangen mehr vorhanden ist, wie kann der Körper da überhaupt weiter existieren?

In diesem Zusammenhang gilt es etwas sehr Tiefgründiges zu verstehen. Wenn das Verlangen verschwindet, bleibt die Energie, die sich bisher in diesem Verlangen ausgedrückt hat, erhalten; sie kann nicht einfach verschwinden. Verlangen ist nur eine Form von Energie; aus diesem Grund kann sich ein Verlangen so leicht in ein anderes verwandeln. Zorn kann zu Lust werden, Lust kann zu Zorn werden. Lust kann zu Habgier werden; wenn jemand sehr habgierig ist, ist seine sexuelle Begierde eher gering. Wenn jemand vollkommen von Habgier erfüllt ist, wird er überhaupt keine sexuellen Begierden mehr verspüren, wird er enthaltsam sein – denn seine gesamte Energie fließt in die Habgier. Wenn jemand dagegen sehr sexuell ist, lässt sich immer feststellen, dass er nicht habgierig ist, weil ihm keine Energie mehr für Habgier bleibt. Jemand, der seine Sexualität unterdrückt, wird dagegen zornig sein; Zorn kann jederzeit in ihm aufwallen. Man kann es an seinen Augen, an seinem Gesicht erkennen, dass er zornig ist; seine gesamte sexuelle Energie ist zu Zorn geworden.

Aus diesem Grund sind eure so genannten Mönche und Sadhus immer zornig. Sie zeigen ihren Zorn in der Art und Weise, wie sie gehen, in der Art und Weise, wie sie euch ansehen. Ihre Stille ist nur oberflächlich – fasst sie an, und sie werden zornig. Sexualität wird zu Zorn. Dies sind die Ausdrucksformen; das Leben ist die Energie.

Was geschieht, wenn alle Begierden verschwinden? Die Energie kann nicht verschwinden. Energie ist unzerstörbar. Fragt nur einmal die Physiker; selbst sie sagen, dass Energie nicht vernichtet werden kann. Eine bestimmte Energie war in Gautama Buddha vorhanden, als er erleuchtet wurde. Diese Energie war bisher in Sexualität geflossen, in Zorn, in Gier, in Millionen von Ausdrucksformen. Dann verschwanden diese Ausdrucksformen – und was wurde aus der Energie? Energie kann nicht einfach so verschwinden, und wenn kein Verlangen mehr vorhanden ist, wird die Energie formlos, doch sie ist immer noch vorhanden. Was ist nun ihre Funktion? Diese Energie wird zu Mitgefühl.

Ihr könnt kein Mitgefühl besitzen, weil ihr keine Energie habt. All eure Energie ist zerstreut und fließt in bestimmte Ausdrucksformen – sei es Sexualität, sei es Zorn, sei es Gier. Mitgefühl ist keine Ausdrucksform. Erst wenn all eure Begierden verschwunden sind, wird eure Energie zu Mitgefühl.

Mitgefühl kann man nicht kultivieren. Sobald man ohne Verlangen ist, taucht Mitgefühl ganz von selbst auf; die gesamte Energie fließt dann in Mitgefühl. Und die Bewegung dabei ist eine andere. Verlangen besitzt eine Motivation, ein Ziel; Mitgefühl ist unmotiviert, ohne Ziel. Mitgefühl ist einfach nur überfließende Energie.

Mitgefühl ist reife Liebe

Mitgefühl bedeutet im Grunde nichts anderes, als die Fehler der Menschen zu akzeptieren, ihre Schwächen zu akzeptieren und nicht von ihnen zu erwarten, dass sie sich wie Götter verhalten. Solch eine Erwartung ist grausam.

Gautama Buddhas Betonung von Mitgefühl war ein neues Phänomen im Vergleich zu den alten Mystikern. Gautama Buddha bildet damit eine historische Grenzlinie gegenüber der Vergangenheit. Vor ihm war Meditation ausreichend; niemand vor ihm hatte Mitgefühl in Verbindung mit Meditation betont. Der Grund dafür war, dass Meditation zur Erleuchtung führt, zum Erblühen, zum letztendlichen Ausdruck des eigenen Seins – und was braucht es mehr? Soweit es das Individuum betrifft, ist Meditation genug. Buddhas Größe bestand darin, dass er das Mitgefühl betont, bevor man noch zu meditieren beginnt: Man sollte liebevoller sein, freundlicher, mitfühlender.

Dahinter steckt eine verborgene Weisheit. Denn wenn

man ein Herz voller Mitgefühl besitzt, bevor man erleuchtet wird, besteht die Möglichkeit, dass man nach der Erleuchtung anderen helfen wird, dieselbe Schönheit, dieselbe Größe, dasselbe Entzücken zu erreichen, das man selbst erreicht hat. Gautama Buddha machte es möglich, dass Erleuchtung ansteckend wird.

Denn wenn ein Mensch das Gefühl hat, dass er nach Hause gekommen ist, warum sollte er sich dann noch um andere kümmern? Bei Buddha wird Erleuchtung zum ersten Mal selbstlos; sie wird zu einer sozialen Verantwortung. Das ist eine enorme Veränderung der Perspektive. Doch Mitgefühl sollte erlernt werden, bevor die Erleuchtung geschieht. Denn wenn sie nicht bereits zuvor erlernt wurde, gibt es nach der Erleuchtung nichts mehr zu lernen. Wenn man so voller Ekstase in sich selbst ist, dann scheint selbst Mitgefühl die eigene Freude zu behindern und eine Art Störung der eigenen Ekstase zu sein. Das ist der Grund, warum es hunderte von Erleuchteten gab, doch nur sehr wenige Meister.

Erleuchtet zu sein bedeutet nicht unbedingt, ein Meister zu werden. Ein Meister zu werden bedeutet, dass man enormes Mitgefühl besitzt und sich schämt, allein in diese wunderbaren Räume zu gehen, die die Erleuchtung verfügbar macht. Man möchte den Menschen helfen, die blind sind und im Dunkeln nach dem Weg suchen. Es wird zu einer Freude, ihnen zu helfen, es ist keine Störung. Tatsächlich wird die Ekstase noch größer, wenn man so viele Menschen um sich herum erblühen sieht; man ist dann kein Baum mehr, der als einziger in einem Wald erblüht, in dem kein anderer Baum am Blühen ist. Wenn der ganze Wald mit einem zusammen erblüht, nimmt die Freude tausendfach zu; man hat seine Erleuchtung benutzt, um die Welt zu revolutionieren.

Gautama Buddha war nicht nur erleuchtet, er war ein erleuchteter Revolutionär. Sein Mitgefühl für die Welt, für die Menschen, war enorm. Er lehrte seine Schüler, nichts für sich zu behalten, wenn durch die Meditation eine tiefe Stille, Heiterkeit und Freude in ihnen auftaucht, sondern all dies an die ganze Welt weiterzugeben. Und sich dabei keine Sorgen zu machen, denn je mehr man gibt, desto mehr wird man fähig, zu empfangen. Die Geste des Gebens ist von enormer Bedeutung, sobald man weiß, dass Geben einem nichts nimmt, dass es im Gegenteil die eigene Erfahrung vervielfacht. Doch jemand, der niemals mitfühlend war, kennt das Geheimnis des Gebens nicht, kennt das Geheimnis des Teilens nicht.

Es geschah eines Tages, dass einer von Buddhas Schülern – kein Sannyasin, aber Gautama Buddha sehr ergeben – sagte: »Ich will es ja tun … aber ich möchte eine einzige Ausnahme machen. Ich werde meine Freude und die Früchte meiner Meditation und meine inneren Reichtümer der ganzen Welt schenken – außer meinem Nachbarn, weil das ein wirklich unangenehmer Mensch ist.«

Nachbarn sind immer unangenehme Menschen. Gautama Buddha sagte zu ihm: »Dann vergiss die ganze Welt und schenke alles einfach nur deinem Nachbarn.«

Der Mann war verwirrt: »Was soll das heißen?«

Buddha antwortete ihm: »Nur wenn du deinem Nachbarn etwas geben kannst, wirst du frei werden von dieser feindseligen Haltung den Menschen gegenüber.«

Mitgefühl bedeutet im Grunde nichts anderes, als die Fehler der Menschen zu akzeptieren, ihre Schwächen zu akzeptieren und nicht von ihnen zu erwarten, dass sie sich wie Götter verhalten. Solch eine Erwartung ist grausam, weil sie nicht in der Lage sind, sich wie Götter zu verhalten, und dadurch werden sie in deinen Augen und auch in ihrer eigenen Wertschätzung sinken. Dadurch werden sie verkrüppelt, dadurch wird ihnen ihre Würde genommen.

Eine der Grundlagen von Mitgefühl ist, jeden zu würdigen und allen bewusst zu machen, dass das, was mit dir geschehen ist, auch mit ihnen geschehen kann; dass niemand ein hoffnungsloser Fall ist, dass niemand unwürdig ist, dass Erleuchtung nichts ist, was man sich verdienen muss, dass es der Natur des eigenen Selbst entspricht.

Doch diese Worte sollten von einem Erleuchteten kommen, denn nur dann können sie Vertrauen wecken. Wenn sie von einem nicht erleuchteten Gelehrten kommen, können diese Worte kein Vertrauen wecken. Werden diese Worte dagegen von einem Erleuchteten gesprochen, beginnen sie zu atmen, bekommen sie einen eigenen Herzschlag. Sie werden lebendig und fließen geradewegs in dein Herz – dann ist es keine bloß intellektuelle Gymnastik. Doch bei Gelehrten ist es etwas anderes. Ein Gelehrter ist sich dessen, was er sagt und was er schreibt, nicht wirklich sicher. Er lebt in derselben Ungewissheit wie alle anderen.

Gautama Buddha bedeutete einen Meilenstein in der Evolution des Bewusstseins; sein Beitrag ist enorm, unermesslich. Und das Wichtigste an seinem Beitrag ist die Idee des Mitgefühls. Doch ihr müsst euch bewusst sein, dass ihr durch Mitgefühl nicht höher steht, sonst verderbt ihr die ganze Sache. Dann wird sie zum Egotrip. Denkt daran, die anderen durch euer Mitgefühl nicht zu demütigen; sonst seid ihr nicht mitfühlend – sonst genießt ihr dahinter einfach nur die Demütigung der anderen.

Mitgefühl ist Liebe, die zur Reife gelangt ist. Gewöhnliche Liebe ist kindisch, sie ist ein Spiel für Teenager. Je schneller ihr aus ihr herauswachst, desto besser, denn diese Form von Liebe ist einfach nur eine blinde biologische Kraft. Sie hat nichts mit spirituellem Wachstum zu tun. Aus diesem Grund verwandeln sich alle Liebesaffären irgendwann auf seltsame Art und Weise und werden bitter. Was so verlockend war, so aufregend, so herausfordernd, wofür ihr hättet sterben können ... irgendwann wollt ihr nicht mehr für die Beziehung sterben, sondern nur noch dafür, sie loszuwerden!

Liebe ist eine blinde Kraft. Die einzigen erfolgreich Liebenden waren jene, denen es niemals gelang, mit dem Geliebten zusammenzukommen. Alle großen Liebesgeschichten ... von Laila und Majnu, Shiri und Farhad, Soni und Mahival – das sind die drei großen Liebesgeschichten des Ostens, vergleichbar mit Romeo und Julia. Doch all diese großen Liebenden kamen niemals zusammen. Die Gesellschaft, die Eltern, alles wurde ihnen zum Hindernis. Und ich denke, vielleicht war das auch gut so. Sobald Liebende heiraten, bleibt keine Liebesgeschichte mehr übrig.

Majnu hatte Glück, dass er seine Laila niemals bekam. Denn was geschieht, wenn zwei blinde Kräfte zusammenkommen? Weil beide blind und unbewusst sind, kann das Ergebnis nicht sehr harmonisch sein. Das Ergebnis kann nur ein Schlachtfeld sein, auf dem um die Vorherrschaft gekämpft wird, auf dem gedemütigt wird, auf dem alle möglichen Konflikte auftauchen.

Doch wenn Wachheit und Bewusstheit hinzukommen, wird die gesamte Energie der Liebe verfeinert; sie wird zu Mitgefühl. Gewöhnliche Liebe gilt immer einer einzigen Person, und ihre tiefste Sehnsucht ist, diese Person zu besitzen. Das gilt für beide Seiten – und macht das Leben für beide Beteiligten zur Hölle.

Mitgefühl richtet sich auf niemand Bestimmten. Mitgefühl ist keine Beziehung, es ist einfach dein innerstes Wesen. Du genießt es, mitfühlend zu den Bäumen, den Vögeln, den Tieren, den Menschen zu sein, zu allem und jedem – ohne Bedingungen, ohne etwas als Gegenleistung zu erwarten. Mitgefühl bedeutet Freiheit von blinder Biologie.

Bevor ihr erleuchtet werdet, solltet ihr aber dafür sorgen, dass eure Liebesenergie nicht unterdrückt wird. Das war es, was die alten Religionen immer gemacht haben: Sie lehrten euch, den biologischen Ausdruck eurer Liebe zu verurteilen. Also unterdrückt ihr eure Liebesenergie ... und das ist genau die Energie, die sich in Mitgefühl verwandeln kann!

Verurteilt man sie, kann sie sich nicht verwandeln. Deshalb sind eure Heiligen vollkommen ohne jedes Mitgefühl; in ihren Augen könnt ihr kein Mitgefühl erkennen. Sie sind vollkommen vertrocknete Knochen, ohne jeden Saft. Vierundzwanzig Stunden mit einem Heiligen zu verbringen genügt, um eine Erfahrung der Hölle zu machen. Möglicherweise sind sich die Menschen dieser Tatsache bewusst; deshalb berühren sie nur kurz die Füße des Heiligen und rennen dann rasch davon.

Einer der großen Philosophen unserer Zeit, Bertrand Russell, hat einmal mit Nachdruck erklärt: »Wenn es tatsächlich Himmel und Hölle gibt, ziehe ich die Hölle vor.« Warum? Um den Heiligen nicht zu begegnen, denn der Himmel wird voll sein mit all diesen toten, düsteren, staubigen Heiligen. Und Bertrand Russell denkt sich: »Diese Gesellschaft könnte ich keine Minute lang ertragen. Und mir vorzustellen, die ganze Ewigkeit hindurch, für immer und ewig, von diesen Kadavern umgeben zu sein, die keine Liebe kennen, die keine Freundschaft kennen, die niemals Urlaub machen ...?!«

Ein Heiliger ist sieben Tage in der Woche ein Heiliger. Es ist ihm nicht einmal an einem Tag in der Woche, am Sonntag, erlaubt, ein menschliches Wesen zu sein. Nein, er bleibt steif, und diese Steifheit wird im Laufe der Zeit immer größer.

Ich kann Bertrand Russells Wunsch, lieber in der Hölle zu sein, sehr gut nachvollziehen, denn ich verstehe, was er damit meint. Er will damit sagen, dass man in der Hölle all die wirklich interessanten Menschen dieser Welt findet – die Poeten, die Maler, die rebellischen Geister, die Wissenschaftler, die kreativen Menschen, die Tänzer, die Schauspieler, die Sänger, die Musiker. Die Hölle muss in Wahrheit ein richtiger Himmel sein, denn der Himmel ist einfach die reine Hölle!

Die Dinge sind vollkommen falsch gelaufen, und die grundlegende Ursache dafür ist die Unterdrückung der Liebesenergie. Gautama Buddhas Beitrag dazu lautet: »Unterdrückt eure Liebesenergie nicht. Verfeinert sie, und benutzt Meditation, um sie zu verfeinern.« Wenn die Meditation nach und nach immer tiefer wird, wird sie eure Liebesenergie immer mehr verfeinern und sie in Mitgefühl verwandeln. Kurz bevor die Meditation in euch den Höhepunkt erreicht und zu einer wunderbaren Erfahrung von Erleuchtung explodiert, wird das Mitgefühl bereits sehr nahe sein. Für den Erleuchteten ist es dann möglich, seine Energie durch die Wurzeln des Mitgefühls fließen zu lassen – und nun steht ihm alle Energie der Welt zur Verfügung – zu all jenen, die bereit sind, sie zu empfangen. Nur diese Art von Mensch wird zu einem Meister.

Erleuchtet zu werden ist einfach, doch ein Meister zu werden ist ein sehr komplexes Phänomen, denn es braucht dafür Meditation und Mitgefühl.

Erleuchtet zu werden ist einfach, doch ein Meister zu werden ist ein sehr komplexes Phänomen, denn es braucht dafür Meditation und Mitgefühl. Meditation allein ist einfach, Mitgefühl allein ist einfach, doch beides zusammen gleichermaßen wachsen zu lassen ist ein komplexes Unterfangen.

Aber die Menschen, die erleuchtet werden und ihre Erfahrung niemals mit anderen teilen, weil sie kein Mitgefühl verspüren, helfen der Evolution des Bewusstseins auf Erden nicht weiter. Sie heben das Bewusstsein der Menschheit nicht an. Nur die Meister sind in der Lage, das Bewusstsein der Menschen anzuheben. Das wenige Bewusstsein, das ihr habt, verdankt ihr den wenigen Meistern, denen es gelungen ist, selbst nach ihrer Erleuchtung mitfühlend zu bleiben.

Das mag für euch schwierig zu verstehen sein … doch die Erleuchtung ist so überwältigend, dass man dazu neigt, die ganze Welt darüber zu vergessen. Man ist so vollkommen zufrieden, dass kein Raum mehr bleibt, um an jene Millionen von Menschen zu denken, die sich nach derselben Erfahrung sehnen, bewusst oder unbewusst, auf die richtige oder auf die falsche Art und Weise. Wenn Mitgefühl vorhanden ist, dann ist es unmöglich, diese Menschen zu vergessen. Tatsächlich ist das der Augenblick, in dem man zum ersten Mal etwas zu geben hat, etwas zu teilen hat. Und Teilen macht so viel Freude. Durch Mitgefühl hat man nach und nach erfahren, dass man umso mehr hat, je mehr man teilt. Wenn man sogar seine Erleuchtung mit anderen teilen kann, wird diese Erleuchtung noch mehr Reichtum besitzen, noch mehr Lebendigkeit, noch mehr Entzücken, noch mehr Dimensionen.

Erleuchtung kann eindimensional sein – das ist etwas, was vielen Menschen passiert ist. Sie waren vollkommen zufrieden und haben sich in der universellen Quelle aufgelöst. Doch Erleuchtung kann auch vieldimensional sein, sie kann so viele Blumen in diese Welt bringen. Und ihr schuldet dieser Welt etwas, denn ihr seid Söhne und Töchter dieser Erde.

Das erinnert mich an eine Aussage Zarathustras: »Vergiss niemals die Erde. Selbst wenn du den höchsten Gipfel erreicht hast, vergiss die Erde nicht, denn sie ist deine Mutter. Und vergiss die Menschen nicht. Sie mögen dir Hindernisse gewesen sein, sie mögen dir Feinde gewesen sein. Sie mögen versucht haben, dich auf jede nur mögliche Art und Weise zu vernichten; sie mögen dich gekreuzigt, zu Tode gesteinigt oder vergiftet haben – doch vergiss sie nicht. Was immer sie getan haben, haben sie aus Unbewusstheit getan. Wer soll ihnen vergeben, wenn du ihnen nicht vergeben kannst? Und deine Vergebung wird dich unermesslich reich machen.«

Achtet darauf, nichts zu fördern, was gegen Mitgefühl gerichtet ist. Eifersucht, Konkurrenzdenken, Dominanzstreben – all das richtet sich gegen Mitgefühl. Und ihr werdet es sofort bemerken, denn euer Mitgefühl wird ins Wanken geraten. In dem Augenblick, in dem ihr spürt, dass euer Mitgefühl ins Wanken gerät, muss euch bewusst werden, dass ihr etwas tut, was sich dagegen richtet. Ihr könnt euer Mitgefühl durch dumme Dinge vergiften, die euch nichts einbringen außer Angst, Sorge und Kampf und die nichts anderes sind als reine Verschwendung kostbarer Lebenskraft.

Hier eine wunderbare Geschichte für euch:

Paddy kommt eine Stunde früher als gewöhnlich nach Hause und findet seine Frau splitternackt auf dem Bett sitzen. Als er nach dem Grund dafür fragt, sagt sie zu ihm: »Damit protestiere ich dagegen, dass ich nichts zum Anziehen habe.«

Paddy öffnet die Tür des Kleiderschranks. »Das ist doch lächerlich«, sagt er. »Schau nur mal her. Ein gelbes Kleid, ein rotes Kleid, ein gemustertes Kleid, ein Hosenanzug ... Hallo, Bill!« Und er fährt fort: »Ein grünes Kleid ...«

Das ist Mitgefühl! Mitgefühl mit seiner Frau und Mitgefühl mit Bill. Keine Eifersucht, kein Kampf, einfach nur: »Hallo, Bill! Wie geht es dir?«, und dann macht er weiter. Er fragt nicht einmal: »Was machst du denn hier im Schrank?«

Mitgefühl ist voller Verständnis. Es ist das größte Verständnis, das dem Menschen möglich ist.

Ein Mensch mit Mitgefühl sollte sich durch die kleinen Dinge im Leben, die jeden Augenblick geschehen, nicht aus der Ruhe bringen lassen. Nur dadurch kann man indirekt dafür sorgen, dass die Energie des Mitgefühls sich ansammeln kann, sich kristallisieren kann, stärker werden und gemeinsam mit der Meditation wachsen kann. Sodass an dem Tag, an dem der segensreiche Augenblick kommt, in dem du voller Licht bist, zumindest ein Begleiter da ist – Mitgefühl. Und sofort ein neuer Lebensstil ... denn nun hast du so viel, dass du die ganze Welt damit segnen kannst.

Obwohl Gautama Buddha immer auf Mitgefühl bestand, musste er schließlich eine Unterscheidung treffen, eine Einteilung unter seinen Schülern. Die einen nennt er *Arhats;* sie sind erleuchtet, doch ohne Mitgefühl. Sie haben ihre gesamte Energie auf Meditation verwandt, ohne das zu beachten, was Buddha über das Mitgefühl lehrt. Und die anderen nennt er *Bodhisattvas;* sie haben auf seine Botschaft des Mitgefühls gehört. Sie sind erleuchtet und voller Mitgefühl, sodass sie es nicht eilig haben, ans andere Ufer zu gelangen; sie möchten auf dieser Seite bleiben, mit all ihren Schwierigkeiten, um den Menschen zu helfen. Ihr Boot ist angekommen, und der Kapitän sagt vielleicht: »Verliere keine Zeit, der Ruf vom anderen Ufer, auf den du dein ganzes Leben lang gewartet hast, ist ergangen.« Doch sie überreden den Kapitän, noch ein bisschen zu warten, damit sie ihre Freude, ihre Weisheit, ihr Licht, ihre Liebe mit all jenen Menschen teilen können, die genau danach suchen. Dadurch entsteht ein Gefühl des Vertrauens in ihnen: »Ja, es gibt ein anderes Ufer, und wenn man reif dafür ist, kommt ein Boot, um einen zum anderen Ufer zu bringen. Es gibt ein Ufer der Unsterblichen, ein Ufer, an dem kein Elend herrscht, wo das Leben ein Singen und Tanzen von Augenblick zu Augenblick ist. Doch lass mich diesen Menschen nur einen kleinen Geschmack davon geben, bevor ich diese Welt verlasse.«

Meister haben immer versucht, sich an irgendetwas festzuhalten, um nicht ans andere Ufer getrieben zu werden. Laut Buddha ist Mitgefühl dafür am besten geeignet, denn letzten Endes ist auch Mitgefühl ein Verlangen. Die Vorstellung, jemandem helfen zu wollen, ist ebenfalls ein Verlangen, und solange man an diesem Verlangen festhält, kann man nicht ans andere Ufer gelangen. Es ist ein dünner Faden, der einen an die Welt gefesselt hält. Alles andere ist verschwunden, alle Ketten sind gelöst – bis auf einen dünnen Faden der Liebe. Doch Buddhas Aufforderung ist, diesen dünnen Faden so lange wie möglich festzuhalten und so vielen Menschen wie möglich zu helfen.

Deine Erleuchtung sollte nicht selbstsüchtig sein, sie sollte nicht einfach nur deine eigene Erfahrung sein; du solltest sie mit so vielen Menschen wie möglich teilen. Das ist die einzige Möglichkeit, das Bewusstsein auf dieser Erde anzuheben – auf dieser Erde, die dir das Leben ermöglicht hat, die dir die Möglichkeit geschenkt hat, erleuchtet zu werden.

Dies ist der Augenblick, um etwas zurückzuzahlen, auch wenn du nicht alles zurückzahlen kannst, was das Leben dir geschenkt hat. Doch ein wenig – zwei Blüten – kannst du zurückgeben in Dankbarkeit.

Wenn Meditation eine Blume ist, ist Mitgefühl ihr Duft

Meditation ist eine Blume. Sie besitzt Wurzeln. Sie wächst in dir. Jede Blume wird früher oder später sterben, doch der freigesetzte Duft bleibt für immer und ewig.

Meditation ist eine Blume, und Mitgefühl ist ihr Duft.

Genauso geschieht es. Die Blume erblüht, und der Duft verbreitet sich mit dem Wind in alle Richtungen bis ans Ende der Welt. Doch die Grundlage ist das Erblühen der Blume.

Auch der Mensch trägt das Potenzial zum Erblühen in

sich. Solange das innere Wesen des Menschen noch nicht erblüht ist, ist der Duft des Mitgefühls nicht möglich. Mitgefühl lässt sich nicht üben. Es ist keine Disziplin. Man kann es nicht machen. Es ist jenseits von dir. Wenn du zu meditieren beginnst, wird dir eines Tages ganz plötzlich ein neues Phänomen bewusst werden, etwas vollkommen Seltsames – aus deinem Wesen fließt Mitgefühl zur gesamten Existenz. Ungerichtet, unmotiviert fließt es bis zu den Enden der Erde.

Ohne Meditation bleibt die Energie im Bereich des Gefühls*; durch Meditation wird aus derselben Energie Mitgefühl. Gefühl und Mitgefühl sind nicht zwei verschiedene Energien, sondern ein und dieselbe Energie. Sobald Gefühl sich mit Meditation verbindet, wird es umgeformt, verwandelt; es wird qualitativ anders. Gefühl bewegt sich nach unten, Mitgefühl bewegt sich nach oben; Gefühl ist charakterisiert durch Begierde, Mitgefühl ist charakterisiert durch Begierdelosigkeit; Gefühle sind eine Ablenkung, um das Elend zu vergessen, in dem du lebst, Mitgefühl ist ein Feiern, ein Tanz der Erfüllung, des Ankommens … du bist so erfüllt, dass du mit anderen teilen kannst. Nun steht nichts mehr aus; nun hast du die Bestimmung erfüllt, die du seit Jahrtausenden wie ein nicht erblühtes Potential in dir getragen hast, wie eine Knospe. Nun ist die Knospe erblüht und tanzt im Licht. Du hast dein Ziel erreicht, du bist erfüllt, es gibt nichts mehr zu erreichen, nichts mehr zu tun, nirgendwo mehr hinzugehen.

Was geschieht nun mit der Energie? Du beginnst sie mit anderen zu teilen. Dieselbe Energie, die sich durch die dunklen Schichten der Gefühle und Leidenschaften bewegte, bewegt sich nun mit den Strahlen des Lichts

* Vgl. Fußnote auf Seite 7.

nach oben, durch kein Verlangen getrübt, durch keine Konditionierung verdorben. Sie ist durch keinerlei Motive verunreinigt – daher vergleiche ich sie mit einem Duft. Eine Blume ist begrenzt, aber nicht ihr Duft. Eine Blume hat Begrenzungen; sie ist an die Erde gebunden. Doch ihr Duft ist nicht gebunden. Er bewegt sich mit dem Wind, er lässt sich tragen vom Wind, er besitzt keine Bindung an die Erde.

Meditation ist eine Blume. Sie besitzt Wurzeln. Sie wächst in dir. Doch wenn Mitgefühl entsteht, ist es nicht mehr gebunden; es bewegt sich einfach immer weiter und weiter. Buddha ist verschwunden, doch nicht sein Mitgefühl. Jede Blume wird früher oder später sterben – sie ist ein Teil der Erde, und Staub kehrt zum Staub zurück –, doch der freigesetzte Duft bleibt für immer und ewig. Buddha ist verschwunden, Jesus ist verschwunden, doch nicht ihr Duft. Ihr Mitgefühl ist immer noch vorhanden, und jeder, der offen dafür ist, kann seine Wirkung unmittelbar spüren, kann sich davon bewegen lassen, kann sich davon auf eine neue Reise mitnehmen lassen, auf eine neue Pilgerschaft.

Mitgefühl ist nicht auf die Blume begrenzt – es kommt aus der Blume, aber es ist nicht die Blume. Es kommt aus der Blume, doch die Blume ist nur ein Kanal, denn in Wahrheit kommt es aus dem Jenseits. Ohne die Blume kann es nicht kommen – die Blume ist ein notwendiges Stadium –, doch es gehört nicht der Blume. Sobald die Blume erblüht ist, wird Mitgefühl freigesetzt.

Diese Unterscheidung muss man gründlich verstehen, denn wenn man sie nicht versteht, fängt man möglicherweise an, Mitgefühl zu praktizieren. Doch dann ist es nicht der wahre Duft. Ein praktiziertes Mitgefühl ist einfach nur dieselbe alte Leidenschaft mit einem neuen

Namen. Es ist dieselbe alte, von Verlangen verunreinigte, von Motiven verunreinigte Energie, die für andere Menschen sehr gefährlich werden kann – denn im Namen dieses Mitgefühls kann man zerstören, im Namen dieses Mitgefühls kann man Sklaverei erschaffen. Es ist kein wahres Mitgefühl, und wenn man es praktiziert, ist man unecht, künstlich – ist man in Wahrheit ein Heuchler.

Das Erste, was klar sein muss, ist also, dass man Mitgefühl nicht praktizieren kann. An diesem Punkt sind die Anhänger aller großen religiösen Lehrer in die Irre gegangen. Buddha erlangte Mitgefühl durch Meditation – und nun versuchen die Buddhisten, Mitgefühl zu praktizieren. Jesus erlangte Mitgefühl durch Meditation – und nun versuchen die Christen, die christlichen Missionare, Mitgefühl zu praktizieren, Liebe und Dienst an der Menschheit zu praktizieren, doch ihr Mitgefühl hat sich als äußerst destruktive Kraft erwiesen. Ihr Mitgefühl hat nur zu Kriegen geführt; ihr Mitgefühl hat Millionen von Menschen vernichtet. Es hat in tiefe Knechtschaft geführt.

Wenn ihr wirklich verstehen wollt, was Mitgefühl ist, müsst ihr verstehen, was Meditation ist. Vergesst das Mitgefühl, denn es wird von selbst auftauchen.

Wahres Mitgefühl befreit, es schenkt Freiheit. Doch dieses Mitgefühl kann nur durch Meditation entstehen; es gibt keinen anderen Weg. Buddha erklärte, dass Mitgefühl ein Nebenprodukt ist, eine Folge. Man kann die Folge nicht direkt erreichen, man muss erst die Ursache in die Welt setzen, damit die Folge auftauchen kann. Wenn ihr also wirklich verstehen wollt, was Mitgefühl ist, müsst ihr verstehen, was Meditation ist. Vergesst das Mitgefühl, denn es wird von selbst auftauchen.

Versucht vielmehr zu verstehen, was Meditation ist. Mitgefühl kann ein Kriterium dafür sein, ob die Meditation richtig war oder nicht. Wenn die Meditation richtig war, wird Mitgefühl auftauchen – ganz von selbst; sie folgt der Meditation wie ein Schatten. Wenn die Meditation falsch war, wird kein Mitgefühl folgen. Mitgefühl kann also als Kriterium dafür dienen, ob die Meditation richtig war oder nicht. Und Meditation kann falsch sein. Die Menschen haben oft den falschen Eindruck, dass jede Art von Meditation richtig ist. Dem ist nicht so. Meditation kann auch falsch sein. Zum Beispiel ist jede Art von Meditation falsch, die euch in tiefe Konzentration führt – das wird nicht zu Mitgefühl führen. Ihr werdet euch dadurch immer mehr verschließen, statt immer offener zu werden. Wenn ihr euer Bewusstsein verengt, euch auf etwas konzentriert und den Rest der Welt ausschließt und euch nur auf einen Punkt verengt, wird das mehr und mehr Anspannung in euch erzeugen. Allein schon der Klang des Wortes Konzentration erzeugt ein Gefühl von Anspannung.

Konzentration hat ihren Sinn, doch sie ist keine Meditation. Bei wissenschaftlicher Arbeit, bei wissenschaftlicher Forschung, im Labor braucht es Konzentration. Man muss sich auf ein Problem konzentrieren und alles andere ausschließen – so sehr, dass man die restliche Welt beinahe vollkommen vergisst. Deine Welt ist dann nur noch das Problem, auf das du dich gerade konzentrierst. Das ist der Grund dafür, warum Wissenschaftler oft so geistesabwesend sind. Menschen, die sich sehr stark konzentrieren, werden immer geistesabwesend, weil sie nicht wissen, wie sie für die ganze Welt offen bleiben können.

Ich habe einmal folgende Anekdote gehört:

»Ich habe euch einen Frosch mitgebracht«, meinte der Zoologieprofessor zu seiner Klasse, »frisch aus dem Teich, damit wir sein äußeres Erscheinungsbild untersuchen und ihn anschließend sezieren können.«
Er öffnete bedächtig das Päckchen, das er dabei hatte, und darin tauchte ein liebevoll zurechtgemachtes Schinkenbrötchen auf. Der Professor betrachtete es voll Erstaunen und meinte: »Seltsam! Ich erinnere mich doch genau, dass ich mein Pausenbrot bereits gegessen habe.«

So etwas passiert Wissenschaftlern ständig. Sie werden vollkommen zielgerichtet, und ihr ganzer Verstand wird immer enger. Ein enger Verstand hat natürlich auch Vorteile: Er wird zu einer scharfen Spitze, die immer tiefer vordringen kann, die exakt den richtigen Punkt treffen kann; doch dabei verfehlt er das gesamte Leben darum herum.

Ein Buddha ist kein Mensch der Konzentration, er ist ein Mensch der Bewusstheit. Er hat nicht versucht, sein Bewusstsein zu verengen; im Gegenteil, er hat versucht, alle Hindernisse zu beseitigen, sodass er vollkommen offen wird für das Leben. Beobachtet es einmal ... Leben ist Gleichzeitigkeit. Hier spreche ich, und gleichzeitig lärmt draußen der Verkehr. Der Zug dröhnt, die Vögel zwitschern, der Wind bläst durch die Bäume – in diesem Augenblick kommt die gesamte Existenz zusammen. Ihr lauscht mir, ich spreche zu euch, und gleichzeitig passieren noch Millionen von Dingen – das Leben ist ungeheuer reich.

Konzentration macht euch zielgerichtet, doch zu einem sehr hohen Preis: Neunundneunzig Prozent des Lebens gehen dabei verloren. Wenn ihr versucht, ein mathematisches Problem zu lösen, könnt ihr nicht auf die Vögel lauschen – sie würden euch ablenken. Spielende Kinder, Hunde, die auf der Straße bellen – sie alle sind eine Ablenkung. Um der Konzentration willen haben die Menschen versucht, dem Leben zu entfliehen – in den Himalaja zu gehen, sich in eine Höhle zurückzuziehen, isoliert zu leben, damit sie sich auf Gott konzentrieren können. Doch Gott ist kein Objekt, Gott ist die Gesamtheit der Existenz in diesem Augenblick; Gott ist die Gesamtheit. Das ist der Grund, warum die Wissenschaft niemals in der Lage sein wird, Göttlichkeit zu verstehen. Die Methode der Wissenschaft ist Konzentration, und aufgrund dieser Methode kann die Wissenschaft niemals das Göttliche erkennen.

Sie kann nur immer mehr Details erkennen. Zuerst dachte man, ein Atom sei das kleinste Teilchen. Dann ließ sich dieses durch die Techniken der Konzentration weiter teilen. Nun gibt es Elektronen, Protonen, Neutronen – und früher oder später werden diese ebenfalls geteilt werden. Die Wissenschaft geht vom Kleinen zum immer noch Kleineren, und das Größere, das Weite wird vollkommen vergessen. Das Ganze wird über dem Teil vollkommen vergessen. Aufgrund dieser Konzentration kann die Wissenschaft niemals das Göttliche erkennen. Wenn also Menschen zu mir kommen und sagen: »Osho, lehre uns Konzentration, denn wir möchten das Göttliche erkennen«, dann stehe ich vor einem Problem, denn sie haben die grundlegenden Regeln der Suche nicht verstanden.

Wissenschaft ist zielgerichtet; ihre Suche ist objektiv. Religiosität bedeutet Gleichzeitigkeit; ihr Objekt ist das Ganze, die Gesamtheit. Um das Ganze zu erkennen, braucht man ein Bewusstsein, das auf allen Seiten offen ist.

Wissenschaft ist zielgerichtet; ihre Suche ist objektiv. Religiosität bedeutet Gleichzeitigkeit; ihr Objekt ist das Ganze, die Gesamtheit. Um das Ganze zu erkennen, braucht es ein Bewusstsein, das auf allen Seiten offen ist – ohne Begrenzungen, ohne Rahmen, sonst wird dieser Rahmen zum Rahmen der Existenz. Unter einem weiten, offenen Himmel in der Sonne zu stehen – das ist Meditation. Meditation hat keinen Rahmen; sie ist kein Fenster, sie ist keine Tür. Meditation ist nicht Konzentration, ist nicht Aufmerksamkeit – Meditation ist Bewusstheit.

Was also soll man tun? Ein Mantra zu wiederholen, wie bei der Transzendentalen Meditation, wird nicht helfen. Transzendentale Meditation ist in Amerika sehr beliebt – wegen ihrer objektiven Herangehensweise, wegen ihrer wissenschaftlichen Orientierung. Und es ist die einzige Form von Meditation, die man wissenschaftlich erforschen kann. Sie ist Konzentration und keine Meditation, daher ist sie für den wissenschaftlichen Verstand begreifbar. In den Universitäten, in den Labors, in der psychologischen Forschung wurde viel über TM geforscht, weil es sich dabei eben *nicht* um Meditation handelt. Es ist Konzentration, es ist eine Konzentrationstechnik. TM zählt zur selben Kategorie wie wissenschaftliche Konzentration; zwischen diesen beiden gibt es eine Verbindung. Doch sie hat nichts mit Meditation zu tun.

Meditation ist so ungeheuer weit, so unendlich, dass sie sich wissenschaftlich nicht erforschen lässt. Nur am Mitgefühl lässt sich erkennen, ob jemand dabei zum Erfolg gelangt ist oder nicht. Alphawellen können dabei nicht viel helfen, denn sie gehören immer noch zum Verstand, und Meditation gehört nicht zum Verstand – sie geht darüber hinaus.

Lasst mich euch also ein paar grundlegende Dinge erklären. Erstens, Meditation ist nicht Konzentration, sondern Entspannung – man entspannt sich einfach in sich selbst hinein. Je mehr du dich entspannst, desto offener und verwundbarer wirst du. Du bist weniger starr, du wirst flexibler – und plötzlich beginnt die Existenz dich zu durchdringen. Du bist nicht mehr wie ein undurchdringlicher Fels, du bekommst Öffnungen. Entspannung bedeutet, dass du dir erlaubst, in einen Zustand zu fallen, in dem du nichts tust, denn solange du etwas tust, wird es weiter Spannungen geben. Es ist ein Zustand des Nicht-Tuns. Du entspannst dich einfach und genießt das Gefühl der Entspannung. Entspanne dich in dich selbst hinein, schließe die Augen und lausche auf alles, was um dich herum geschieht. Nichts davon brauchst du als Ablenkung zu betrachten. In dem Augenblick, in dem du es als Ablenkung betrachtest, weist du das Göttliche ab. In diesem Augenblick kommt das Göttliche als Vogel zu dir. Weise es nicht ab! Das Göttliche hat als ein Vogel an deine Tür geklopft. Im nächsten Augenblick kommt es als ein bellender Hund, als ein weinendes oder schreiendes Kind oder als ein lachender Verrückter. Weise es nicht ab; weise es nicht zurück.

Wenn du dich entspannen möchtest, ist Annehmen der Weg dazu. Nimm alles an, was um dich herum geschieht; lasse es zu einem organischen Ganzen werden. Und genau das ist es auch – ob du es nun weißt oder nicht, alles ist mit allem verbunden.

Nimm es an – denn wenn du etwas zurückweist, wird das eine Spannung in dir erzeugen. Jede Ablehnung erzeugt Spannung. Nimm es an. Wenn du dich entspannen möchtest, ist Annehmen der Weg dazu. Nimm alles an, was um dich herum geschieht; lasse es zu einem organischen Ganzen werden. Und genau das ist es auch – ob du es nun weißt oder nicht, alles ist mit allem verbunden. Diese Vögel, diese Bäume, dieser Himmel, diese Sonne, diese Erde, du, ich – alles ist miteinander verbunden. Es ist eine organische Einheit. Wenn die Sonne verschwindet, werden auch die Bäume verschwinden, wenn die Bäume verschwinden, werden auch die Vögel verschwinden, wenn die Bäume und die Vögel verschwinden, werdet auch ihr verschwinden. Das ist Ökologie. Alles ist zutiefst mit allem anderen verbunden. Lehne also nichts ab, denn in dem Augenblick, in dem du etwas ablehnst, lehnst du etwas in dir ab. Wenn du diese singenden Vögel ablehnst, lehnst du damit etwas in dir ab.

Wenn du etwas leugnest oder abweist, wenn du dich abgelenkt oder gestört fühlst, lehnst du etwas in dir selbst ab. Lausche einfach erneut auf die Vögel, ohne jedes Gefühl von Ablehnung oder Ärger, und plötzlich wirst du erkennen, dass der Vogel in dir selbst antwortet. Dann sind diese Vögel keine Fremden, keine Eindringlinge mehr – plötzlich wird die ganze Welt zu einer Familie.

Genau das ist sie auch, und denjenigen Menschen nenne ich religiös, der verstanden hat, dass die gesamte Existenz eine Familie ist. Er mag nicht in die Kirche gehen, er mag niemals in einem Tempel gewesen sein, er mag nicht in einer Moschee oder vor einem Schrein beten – all das spielt keine Rolle, es ist irrelevant. Wenn er es tut, ist es in Ordnung; wenn er es nicht tut, ist es sogar noch besser. Denn jemand, der die organische Einheit allen Lebens verstanden hat, befindet sich ständig in einem Tempel, befindet sich ständig im Angesicht des Heiligen und Göttlichen.

Doch wenn du versuchst, irgendein dummes Mantra zu rezitieren, wirst du die Vögel für dumm halten. Wenn du in dir irgendwelchen Unsinn wiederholst oder über etwas Triviales nachdenkst – auch wenn du es als Philosophie oder Religion bezeichnest –, dann werden die Vögel zu einer Ablenkung. Ihr Zwitschern ist einfach göttlich. Sie sagen nichts, sie sprudeln einfach nur vor Entzücken. Ihr Lied hat keine Bedeutung, es ist einfach nur ein Überfließen von Energie. Sie möchten diese Energie mit der Welt teilen, mit den Bäumen, mit den Blumen, mit dir. Sie haben nichts zu sagen; sie sind einfach nur da, als sie selbst.

Wenn du dich entspannst, nimmst du alles an; ein Annehmen der Existenz ist die einzige Möglichkeit, sich zu entspannen. Wenn du dich von kleinen Dingen gestört fühlst, ist es deine Einstellung, die dich stört. Sitze still und lausche auf alles, was um dich herum geschieht, und entspanne dich. Nimm alles an, entspanne dich – und plötzlich wirst du eine enorme Energie in dir auftauchen fühlen. Zuerst wirst du diese Energie als eine Vertiefung deines Atems wahrnehmen. Normalerweise ist euer Atem sehr flach, und manchmal, wenn ihr versucht, tiefe Atemzüge zu machen, wenn ihr Atemübungen aus dem Yoga macht, wenn ihr etwas zu erzwingen versucht, dann strengt ihr euch an. Diese Anstrengung ist nicht notwendig. Nimm einfach das Leben an, entspanne dich, und du wirst plötzlich bemerken, dass dein Atem von allein tiefer wird. Entspanne dich mehr, und der Atem wird tiefer in dich hineinfließen. Dann wird dir bewusst werden, dass der Atem die Brücke zwischen dir und dem Ganzen ist.

Beobachte einfach nur. Mache gar nichts. Und wenn ich von Beobachten spreche, meine ich nicht, dass du *versuchen* sollst zu beobachten, denn sonst wirst du dich wieder anspannen und wirst anfangen, dich auf den Atem zu konzentrieren. Entspanne dich einfach nur, bleibe entspannt und locker und schau ... denn was kannst du sonst schon tun? Du bist da, es gibt nichts zu tun, alles ist angenommen, nichts muss abgelehnt werden, nichts muss geleugnet werden, kein Kampf, kein Ringen, kein Konflikt, der Atem fließt tief – was kannst du sonst schon tun? Du beobachtest einfach nur. Denke daran, du beobachtest einfach nur. Unternimm keine Anstrengung, zu beobachten. Das ist es, was Buddha als *Vipassana* bezeichnet hat – ein Beobachten des Atems, ein Bewusstsein des Atems. Oder als *Satipatthana* – ein Bewusstsein der Lebensenergie, die sich im Atem bewegt. Versuche nicht, tief zu atmen, versuche nicht, ein- oder auszuatmen, mache gar nichts. Entspanne dich einfach und lasse den Atem ganz natürlich fließen – er kommt und geht ganz von allein –, und viele Dinge werden sich dir erschließen.

Der Atem ist eine Brücke. Der eine Teil ist mit dir verbunden, und der andere Teil ist mit der Existenz verbunden.

Das erste besteht darin, dass der Atem auf zwei Arten gesehen werden kann, denn er ist eine Brücke. Der eine Teil ist mit dir verbunden, und der andere Teil ist mit der Existenz verbunden. Daher lässt er sich auf zwei unterschiedliche Arten verstehen. Man kann ihn als etwas Willkürliches betrachten. Wenn du tief einatmen möchtest, kannst du tief einatmen; wenn du tief ausatmen möchtest, kannst du tief ausatmen. Du kannst Einfluss auf ihn nehmen. Ein Teil des Atems ist mit dir verbunden. Doch wenn du gar nichts tust, fließt er trotzdem weiter. Du brauchst nichts zu tun, damit er weiterfließt. Er ist also auch unwillkürlich.

Der andere Teil ist mit dem Leben selbst verbunden. Du kannst dir vorstellen, dass du den Atem aufnimmst, dass du atmest, oder du kannst es dir auch genau andersherum vorstellen – dass das Leben dich atmet. Und diese andere Vorstellung gilt es zu verstehen, denn dies wird dich in eine tiefe Entspannung führen. Es ist nicht so, dass du atmest, sondern dass das Leben dich atmet. Das ist eine Veränderung der Gestalt, und sie geschieht von allein. Wenn du dich immer mehr entspannst, alles annimmst, dich in dich selbst hinein entspannst, wird dir nach und nach plötzlich bewusst werden, dass nicht du atmest – die Atemzüge kommen und gehen ganz von selbst. So voller Anmut. So voller Würde. Mit so viel Rhythmus, in solch harmonischem Rhythmus. Wer macht das? Das Leben atmet dich. Es tritt in dich ein, es tritt aus dir aus. Jeden Augenblick erneuert es dich, jeden Augenblick belebt es dich aufs Neue, wieder und wieder.

Plötzlich beginnst du den Atem als ein Geschehen zu betrachten ... und auf diese Weise sollte Meditation geschehen. Und das kannst du überall machen, selbst mitten im Trubel des Marktplatzes, denn dieser Trubel ist ebenfalls göttlich. Und wenn du still lauschst, wirst du selbst auf dem Marktplatz eine gewisse Harmonie in dem Trubel und Lärm erkennen können. Er stellt keine Ablenkung mehr dar. Wenn du still bist, kannst du vieles erkennen – enorme Wellen von Energie, die sich rund um dich bewegen. Sobald du alles annimmst, wirst du sie fühlen, wo immer du gerade bist.

Der Vogel an sich ist nicht wichtig, doch du wirst etwas enorm Großartiges fühlen, etwas Heiliges, etwas Leuchtendes, etwas Geheimnisvolles. Ständig geschieht ein großartiges Wunder um dich herum, doch ständig verpasst du es.

Sobald sich Meditation in dir ausbreitet und du mit dem Leben in Resonanz bist, entsteht Mitgefühl. Plötzlich hast du das Gefühl, dass du in das Ganze verliebt bist und dass der Andere nicht einfach nur der Andere ist – dass du auch im Anderen lebst. Und ein Baum ist nicht einfach mehr »dieser Baum da«, sondern irgendwie ist er mit dir verbunden. Alles wird dir miteinander verbunden erscheinen. Du berührst einen Grashalm und hast damit alle Sterne berührt, denn alles ist miteinander verbunden. Es kann gar nicht anders sein. Das Leben ist organisch. Es ist eins. Es ist eine Einheit.

Weil wir nicht bewusst sind, erkennen wir nicht, was wir uns selbst antun. Etwas passiert, und etwas anderes, von dem wir niemals gedacht hätten, dass es damit verbunden ist, beginnt zu geschehen.

Erst vor kurzem las ich etwas über den Geruchssinn. Der Geruchssinn, die Fähigkeit zu riechen, ist der Menschheit schon beinahe abhanden gekommen. Tiere können sehr gut riechen. Ein Pferd kann andere Pferde kilometerweit riechen. Ein Hund riecht sehr viel besser als ein Mensch. Ein Hund erkennt allein schon am Geruch, dass sein Herr nach Hause kommt, und selbst nach vielen Jahren wird ein Hund den Geruch seines Herrn wieder erkennen. Der Mensch hat das vollkommen verlernt.

Was ist mit dem menschlichen Geruchssinn passiert? Welche Beeinträchtigung hat er erlitten? Es scheint keinen Grund dafür zu geben, dass der Geruchssinn so beeinträchtigt ist. Keine Kultur auf dieser Erde hat ihn bewusst unterdrückt, und doch wurde er unterdrückt. Er wurde unterdrückt aufgrund der Sexualität. Die ganze Menschheit lebt mit einer zutiefst unterdrückten Sexualität – und der Geruchssinn ist mit der Sexualität verbunden. Hunde beschnüffeln sich, bevor sie kopulieren, und wenn sie dabei keine Harmonie zwischen den beiden Körpern wahrnehmen können, wird es nicht zur Kopulation kommen. Wenn der Geruch stimmt, dann wissen sie, dass die Körper miteinander im Einklang sind, dass sie bereit sind, dass sie zu einem gemeinsamen Lied werden können – dass Einheit möglich ist, für diesen Moment.

Weil die Sexualität auf der ganzen Welt unterdrückt wurde, wurde auch der Geruchssinn unterdrückt. Allein schon das Wort »riechen« hat einen unangenehmen Beiklang bekommen. Wenn ich zu dir sage: »Du hörst schlecht« oder »Du siehst schlecht«, fühlst du dich nicht beleidigt. Wenn ich also sage: »Du riechst schlecht«, solltest du dich ebenso wenig beleidigt fühlen, denn es handelt sich um dieselbe Art von Aussage. Der Geruchssinn ist eine Fähigkeit wie Sehen und Hören. Wenn ich aber sage: »Du riechst schlecht«, dann fühlst du dich beleidigt, weil wir vollkommen vergessen haben, dass es eine Fähigkeit ist und keine Bewertung.

Es gibt da eine berühmte Anekdote über einen englischen Gelehrten, einen Dr. Johnson. Er saß einmal in einer Kutsche, als eine Dame einstieg. Sie rümpfte die Nase und meinte: »Sir, Sie riechen!«

Doch als Mann der Sprache und der Grammatik sagte er zu ihr: »Nein, Madam. Sie riechen. Ich stinke!«

Riechen ist eine Fähigkeit. »Sie riechen. Ich stinke.« Linguistisch gesehen hat er recht. So sollte es heißen, wenn es nach der Grammatik geht. Doch allein schon das Wort »Riechen« ist negativ besetzt.

Was also ist mit dem Geruchssinn passiert? Sobald man die Sexualität unterdrückt, wird auch der Geruchssinn unterdrückt. Ein Sinn wurde dadurch vollkommen verkrüppelt – und wenn ein Sinn verkrüppelt ist, muss auch ein Teil des Gehirns verkrüppelt sein. Wenn man fünf Sinne besitzt, hat das Gehirn fünf entsprechende Teile. Ein Fünftel eures Gehirns ist verkrüppelt, und ihr wisst es nicht einmal. Das bedeutet, dass ein Fünftel eures Lebens verkrüppelt ist. Die Auswirkungen sind enorm. Wenn man irgendwo an eine kleine Sache rührt, hat das immer Auswirkungen auf das Ganze.

Aufgrund der Unterdrückung der Sexualität wurde der Geruchssinn unterdrückt, und aufgrund der Unterdrückung der Sexualität wurde euer Atem flach – denn wenn ihr tief atmet, massiert euer Atem euer Sexualzentrum im Innern. Die Menschen kommen zu mir und sagen: »Wenn wir wirklich tief atmen, dann fühlen wir uns stärker sexuell.« Beim Liebesakt wird euer Atem sehr tief. Wenn euer Atem flach bleibt, könnt ihr keinen Orgasmus erreichen. Der Atem wirkt tief unten im Sexualzentrum; er massiert es von innen. Weil die Sexualität unterdrückt wurde und weil das Atmen unterdrückt wurde, wurden die Menschen unfähig zur Meditation. Schaut euch nur einmal an, welchen Unsinn die Menschen da gemacht haben! Als sie die Sexualität unterdrückten, unterdrückten sie den Atem – und der Atem ist die einzige Brücke zwischen euch und dem Ganzen.

Gurdjeff hatte recht, als er sagte, dass sich praktisch alle Religionen so verhalten, als ob sie gegen Gott wären. Sie sprechen über Gott, doch sie scheinen grundlegend gegen das Göttliche zu sein. Die Art und Weise, wie sie sich verhalten, richtet sich gegen das Göttliche. Sobald man den Atem unterdrückt, wird die Brücke zerstört. Ihr könnt nur noch flach atmen – ihr atmet niemals wirklich tief, und wenn ihr euch nicht tief in euch selbst hineinfallen lassen könnt, könnt ihr euch auch nicht tief in die Existenz fallen lassen.

Buddha machte den Atem sogar zur Grundlage. Ein tiefes, entspanntes Atmen, ein Bewusstsein deines Atems, schenkt dir so viel Stille und Entspannung, dass du nach und nach einfach schmilzt, dich auflöst, verschwindest. Du bist keine getrennte Insel mehr, du beginnst mit dem Ganzen zu schwingen. Du bist keine einzelne Note mehr, sondern ein Teil dieser ganzen Symphonie. Dann taucht Mitgefühl auf.

Niemand ist getrennt. Wenn die Illusion der Getrenntheit sich auflöst, entsteht Mitgefühl. Mitgefühl ist keine Disziplin.

Mitgefühl taucht erst auf, wenn du erkennen kannst, dass jeder Mensch mit dir verbunden ist. Mitgefühl taucht erst auf, wenn du erkennst, dass du ein Teil von jedem bist und dass jeder ein Teil von dir ist. Niemand ist getrennt. Wenn die Illusion der Getrenntheit sich auflöst, entsteht Mitgefühl. Mitgefühl ist keine Disziplin.

In der menschlichen Erfahrung kommt die Beziehung zwischen Mutter und Kind dem Mitgefühl am nächsten. Die Menschen sprechen von Mutterliebe, doch man sollte es nicht Liebe nennen. Es ist mehr Mitgefühl als Liebe, denn ihre Beziehung enthält keine Leidenschaft. Die Liebe einer Mutter für ihr Kind ist dem Mitgefühl am nächsten. Warum? Weil die Mutter das Kind in sich getragen hat; das Kind war ein Teil ihres Seins. Sie kannte das Kind als Teil von sich selbst, und selbst wenn das Kind geboren ist und heranwächst, spürt die Mutter weiter einen subtilen Rhythmus, der sie mit dem Kind verbindet. Wenn das Kind krank ist, wird die Mutter es sofort spüren, auch wenn sie tausende von Kilometern entfernt ist. Ihr ist vielleicht nicht bewusst, dass ihr Kind krank ist, doch sie fühlt sich deprimiert; ihr ist vielleicht nicht bewusst, dass ihr Kind leidet, doch sie leidet ebenfalls. Sie wird irgendeine rationale Begründung dafür finden, warum sie leidet – ihr Magen ist nicht in Ordnung oder sie hat Kopfschmerzen oder was auch immer –, aber die Tiefenpsychologie weiß inzwischen, dass Mutter und Kind immer über subtile Energiewellen miteinander verbunden bleiben, weil sie weiter auf derselben Wellenlänge schwingen.

Telepathie ist zwischen einer Mutter und ihrem Kind einfacher als zwischen sonstigen Menschen. Dasselbe gilt für Zwillinge – Telepathie ist einfacher zwischen Zwillingen. In der Sowjetunion wurden viele Experimente mit

Zwillingen durchgeführt – natürlich nicht aus irgendwelchen esoterischen Gründen, sondern weil sie herausfinden wollten, ob sich Telepathie als Technik im Krieg einsetzen lässt. Sie stellten fest, dass Zwillinge sehr telepathisch sind. Wenn ein Zwilling eine Erkältung hat, bekommt der andere ebenfalls eine, auch wenn er tausend Kilometer entfernt ist. Sie schwingen im selben Rhythmus, sie reagieren auf dieselben Dinge. Das liegt daran, dass sie beide fast wie ein Teil voneinander im selben Schoß lebten, dass sie gemeinsam im Schoß ihrer Mutter existierten.

Das Gefühl einer Mutter für ihr Kind ist mehr wie Mitgefühl, weil sie das Kind als Teil von sich selbst wahrnimmt.

Vor kurzem las ich folgende Anekdote:

> Bei der Inspektion eines Pfadfinderlagers findet der Leiter im Schlafsack eines kleinen Pfadfinders einen großen Schirm, ganz offensichtlich kein offizieller Ausrüstungsgegenstand. Der Leiter bittet den Jungen um eine Erklärung. Worauf der Dreikäsehoch schlagfertig antwortet: »Sir, hatten Sie schon mal eine Mutter?«

Mutter bedeutet Mitgefühl, Mutter bedeutet, so für den anderen zu fühlen, wie man für sich selbst fühlt. Wenn jemand tief in Meditation versinkt und erleuchtet wird, wird er zu einer Mutter. Buddha ist mehr wie eine Mutter als wie ein Vater. Die christliche Verbindung Gottes mit dem Begriff »Vater« ist nicht besonders sinnvoll oder schön. Das Göttliche »Vater« zu nennen wirkt ziemlich chauvinistisch. Wenn es einen Gott gibt, kann er eigentlich nur eine Mutter sein, kein Vater. »Vater« ist viel zu institutionell. Der Vater ist eine Institution. In der Natur gibt es den Vater als solchen nicht. Wenn ihr einen Linguisten fragt, so wird er euch erklären, dass der Begriff »Onkel« älter ist als der Begriff »Vater«. Zuerst gab es nur den Onkel, denn niemand wusste, wer der Vater war. Erst als das Privateigentum entstand, erst als die Ehe eine Form von Privatbesitz wurde, entstand die Institution des Vaters im menschlichen Leben. Sie ist nicht sehr fest verankert, sie kann jederzeit wieder verschwinden. Wenn sich die Gesellschaft verändert, kann diese Institution wieder verschwinden, wie so viele andere Institutionen verschwunden sind. Doch die Mutter wird bleiben. Die Mutter ist von Natur aus vorhanden.

Im Osten haben viele Völker und Traditionen Gott immer als Mutter gesehen. Diese Betrachtungsweise erscheint sinnvoller. Betrachtet einmal Buddha, und ihr werdet feststellen, dass sein Gesicht eher weiblich als männlich wirkt. Tatsächlich wurde er im Osten deshalb immer ohne Bart dargestellt. Mahavira, Buddha, Krishna, Ram – niemals werdet ihr bei ihnen einen Bart finden. Das liegt nicht etwa daran, dass ihnen irgendwelche Hormone fehlten – natürlich muss ihnen ein Bart gewachsen sein –, aber sie werden nie mit Bart dargestellt, weil ihnen das ein männlicheres Aussehen geben würde.

Im Osten kümmern wir uns nicht so sehr um die Tatsachen, sondern mehr um die Bedeutung, um die Symbolik. Natürlich entsprechen die Buddhastatuen, die ihr dort sehen könnt, nicht der Realität, doch im Osten machen wir uns darüber keine Gedanken. Die Bedeutung dahinter ist, dass Buddha weiblicher geworden ist, femininer. Das entspricht einer Verlagerung von der linken Gehirnhälfte zur rechten, von der männlichen Seite zur weiblichen, von der aggressiven Seite zur passiven, vom Positiven zum Negativen, von der Anstrengung zur Mühelosigkeit. Buddha ist eher feminin, eher mütterlich.

Wenn ihr tatsächlich zu Meditierenden werdet, werdet ihr nach und nach viele Veränderungen in eurem Wesen bemerken, und ihr werdet euch mehr weiblich als männlich fühlen – anmutiger, rezeptiver, gewaltloser, liebevoller. Und Mitgefühl wird unablässig von euch ausgehen, wie ein natürlicher Duft.

Normalerweise ist in dem, was ihr als Mitgefühl bezeichnet, immer noch irgendein Verlangen verborgen. Selbst wenn ihr manchmal mit anderen Menschen mitfühlt – beobachtet es, seziert es, versetzt euch tiefer in das Gefühl, und irgendwo in der Tiefe werdet ihr ein Motiv finden. Selbst in Handlungen, die sehr mitfühlend wirken, werdet ihr tief darunter immer irgendein Motiv finden.

Ich habe einmal gehört:

Louis kam nach Hause und stellte schockiert fest, dass seine Frau in den Armen eines anderen Mannes lag. Er rannte wütend aus dem Zimmer und schrie: »Ich hole meine Schrotflinte!«

Seine Frau rannte splitternackt hinter ihm her, packte ihn und schrie: »Du Dummkopf, worüber regst du dich auf? Es war mein Liebhaber, der unsere neuen Möbel und meine neuen Kleider bezahlt hat. Das zusätzliche Geld, von dem du dachtest, dass ich es durch Näharbeiten verdienen würde, der Luxus, den wir uns in letzter Zeit leisten konnten – das alles stammt von ihm!«

Doch Louis riss sich von ihr los und rannte weiter die Treppe hinauf.

»Lass die Schrotflinte, Louis!«, schrie ihm seine Frau hinterher.

»Welche Schrotflinte?«, rief Louis zurück. »Ich hole

eine Decke. Dieser arme Teufel wird sich noch den Tod holen, wenn er weiter so nackt da rumliegt.«

Selbst wenn ihr Mitgefühl verspürt – oder glaubt, dass ihr es spürt, oder so tut, als ob ihr es spürt –, geht nur einmal tief nach innen und analysiert es und ihr werdet immer irgendein Motiv dahinter finden. Es wird kein reines Mitgefühl sein. Und wenn es nicht rein ist, ist es nicht wirklich Mitgefühl. Reinheit ist ein grundlegendes Merkmal von Mitgefühl, sonst handelt es sich um etwas anderes – dann ist es nur eine Formsache. Wir haben gelernt, die Form zu wahren – wie wir uns unserer Frau, unserem Mann, unseren Kindern, unseren Freunden, unserer Familie gegenüber zu verhalten haben. Das alles haben wir gelernt. Mitgefühl ist nichts, was sich erlernen lässt. Wenn ihr alle Formalitäten, alle Etikette und alle Manieren verlernt habt, wird Mitgefühl in euch auftauchen. Mitgefühl ist ungezähmt; es hat nichts mit Etikette, mit Manieren zu tun; all das sind tote Dinge im Vergleich dazu. Mitgefühl ist lebendig, es ist eine Flamme der Liebe.

Beim zwölften Loch in einem heiß umkämpften Match lag das Spielfeld unmittelbar an der Straße, und als Smith und Jones sich dem Grün näherten, sahen sie eine Beerdigungsprozession die Straße entlang kommen.

Da hielt Smith inne, nahm seinen Hut ab und neigte den Kopf, bis die Prozession um die nächste Kurve verschwunden war.

Jones war sehr erstaunt, und nachdem Smith seinen Hut wieder aufgesetzt und sich dem Ball zugewandt hatte, sagte er zu ihm: »Das war sehr zartfühlend und respektvoll von Ihnen, Smith.«

»Nun ja«, meinte Smith darauf, »das war das Mindeste. Schließlich war ich zwanzig Jahre lang mit der Frau verheiratet.«

Euer Leben ist künstlich und formell geworden, weil ihr bestimmte Dinge einfach tun müsst. Ihr folgt widerwillig bestimmten Regeln, doch natürlich verfehlt ihr dabei das Leben, denn Leben ist nur möglich, wenn ihr lebendig seid, vollkommen lebendig. Wenn eure innere Flamme von Formalitäten, Pflichten, Regeln verdeckt ist, die ihr widerwillig befolgen müsst, könnt ihr euch nur dahinschleppen. Vielleicht schleppt ihr euch ja ganz bequem dahin, vielleicht ist euer Leben ja ganz angenehm, doch es kann nicht wirklich lebendig sein.

Ein wirklich lebendiges Leben ist in gewisser Weise chaotisch. Ich sage in gewisser Weise, weil dieses Chaos seine eigene Ordnung enthält. Es kennt keine Regeln, weil es keine Regeln braucht. Es trägt die grundlegende Regel in sich – und braucht deshalb keine äußeren Regeln.

Hier eine Zen-Geschichte dazu:

Eines Tages kam ein Samurai zu Eisais Tempel und bat flehentlich um Hilfe: »Ich bin arm und krank, und meine Familie stirbt vor Hunger. Bitte hilf uns, Meister.«

Eisai, dessen Tempel von milden Gaben abhängig war, führte ein sehr asketisches Leben und besaß nichts, was er dem Mann hätte geben können. Er war schon dabei, den Samurai wegzuschicken, als ihm die Buddhastatue in der großen Halle einfiel. Er ging also hin, brach den Heiligenschein ab und gab ihn dem Samurai. »Verkaufe das«, sagte Eisai zu ihm. »Das sollte euch weiterhelfen.« Der verwirrte, aber verzweifelte Samurai nahm den Heiligenschein und ging.

»Aber Meister!«, rief einer von Eisais Schülern aus. »Wie konntet Ihr das tun? Das ist doch ein Sakrileg!«

»Ein Sakrileg? Ach was! Ich habe doch nur Buddhas Geist, der voller Liebe und Barmherzigkeit ist, einem guten Zweck zugeführt. Ich bin sicher, wenn er selbst die Geschichte dieses armen Samurai gehört hätte, hätte er sich für ihn einen Arm oder ein Bein ausgerissen.«

Das ist eine sehr einfache, doch bedeutungsvolle Geschichte. Erstens sollte man immer etwas genauer hinsehen, selbst wenn man denkt, dass man nichts zu geben hast. Man wird immer etwas finden. Selbst wenn man nichts besitzt, kann man immer etwas finden, was man geben kann. Es ist eine Frage der Einstellung. Wenn man nichts anderes geben kann, so kann man doch zumindest ein Lächeln schenken; wenn man nichts anderes geben kann, so kann man doch bei dem anderen Menschen sitzen und seine Hand halten. Der entscheidende Punkt ist nicht, *was* man gibt, sondern *dass* man gibt.

Dieser Eisai war ein armer Mönch, wie alle buddhistischen Mönche. Sein Leben war sehr asketisch, und er hatte nichts zu geben. Doch plötzlich erinnerte sich Eisai an die Buddhastatue in der Halle.

Normalerweise ist es ein absolutes Sakrileg, den Heiligenschein einer Buddhastatue zu entfernen und wegzugeben. Kein so genannter religiöser Mensch würde so etwas jemals in Betracht ziehen. Nur jemand, der *wahrhaft* religiös ist, würde so etwas tun – das ist der Grund, warum ich sage, dass Mitgefühl keine Regeln kennt, dass Mitgefühl jenseits aller Regeln ist. Es ist ungezähmt. Es folgt keinen Formalitäten.

Plötzlich erinnerte sich Eisai an die Buddhastatue in der Halle. In Japan und China fertigen sie einen goldenen Heiligenschein an und legen ihn um den Kopf des Buddha, um die Aura zu symbolisieren. Plötzlich erinnerte sich Eisai daran – er muss wohl jeden Tag vor dieser Statue meditiert haben.

Er ging also hin, brach den Heiligenschein ab und gab ihn dem Samurai. »Verkaufe das«, sagte Eisai zu ihm. »Das sollte euch weiterhelfen.« Der verwirrte, aber verzweifelte Samurai nahm den Heiligenschein und ging.

Selbst der Samurai ist verwirrt. Das hatte er nicht erwartet. Selbst er muss der Meinung gewesen sein, dass das ein Sakrileg war. Was für ein Mensch ist das? Ein Anhänger Buddhas – und er zerstört die Statue! Allein schon die Statue zu berühren ist ein Sakrileg, und er hat den Heiligenschein abgerissen!

Das ist der Unterschied zwischen einem wirklich religiösen Menschen und einem sogenannten religiösen Menschen. Der sogenannte religiöse Mensch hält sich immer an die Regeln; er achtet immer darauf, was angemessen ist und was nicht. Doch ein wirklich religiöser Mensch ist voller Mitgefühl. Für ihn ist nichts angemessen oder unangemessen. Mitgefühl ist so grenzenlos angemessen, dass alles, was man aus Mitgefühl tut, automatisch angemessen ist.

»Aber Meister!«, rief einer von Eisais Schülern aus. »Wie konntet Ihr das tun? Das ist doch ein Sakrileg!«

Selbst dem Schüler ist klar, dass das nicht richtig sein kann. Etwas Unangemessenes ist geschehen.

»Ein Sakrileg? Ach was! Ich habe doch nur Buddhas Geist, der voller Liebe und Barmherzigkeit ist, einem guten Zweck zugeführt. Ich bin sicher, wenn er die Geschichte dieses armen Samurai gehört hätte, hätte er selbst sich für ihn einen Arm oder ein Bein ausgerissen.«

Verstehen ist etwas anderes, als einfach nur Regeln zu

befolgen. Wenn man Regeln befolgt, wird man beinahe blind; dann gibt es nur noch die Regeln, die zu befolgen sind. Wenn man versteht, wird man ebenfalls die Regeln befolgen, aber nicht mehr blindlings. Jeder Augenblick entscheidet; in jedem Augenblick entscheidet dein Bewusstsein, und was immer du tust, ist richtig.

Eine weitere wunderbare Geschichte handelt von einem Zen-Meister, der in einer Winternacht darum bat, in einem Tempel übernachten zu dürfen. Er zitterte, weil die Nacht so bitterkalt war und draußen Schnee fiel. Der Priester des Tempels hatte Mitleid mit ihm und sagte: »Du kannst bleiben, aber nur für die Nacht, denn dieser Tempel ist kein Hotel. Am Morgen musst du wieder gehen.«

Mitten in der Nacht hörte der Priester plötzlich Lärm. Er kam angerannt und traute seinen Augen kaum. Der Mönch saß an einem Feuer, das er im Tempel entzündet hatte. Und eine der Buddhastatuen fehlte. In Japan sind die Buddhastatuen aus Holz.

Der Priester fragte: »Wo ist die Statue?«

Der Meister deutete auf das Feuer: »Es war sehr kalt, und mich fröstelte.«

Der Priester antwortete ihm: »Du scheinst verrückt zu sein! Siehst du nicht, was du da getan hast? Es war eine Buddhastatue! Du hast Buddha verbrannt!«

Darauf blickte der Meister prüfend in das herabgebrannte Feuer und stocherte mit einem Stock darin herum. Der Priester fragte ihn: »Was machst du da?«

Er antwortete: »Ich versuche, Buddhas Knochen zu finden.«

Darauf meinte der Priester: »Du bist wirklich verrückt. Es war ein hölzerner Buddha. Er hat keine Knochen.«

Darauf sagte der Meister: »Die Nacht ist noch lang und es wird immer noch kälter. Warum nicht die beiden anderen Buddhas ebenfalls verbrennen?«

Natürlich wurde er daraufhin sofort aus dem Tempel geworfen. Dieser Mann war gefährlich! Während man ihn hinauswarf, sagte er: »Was macht ihr da? Wegen eines toten Buddhas einen lebendigen Buddha hinauszuwerfen! Der lebendige Buddha litt so sehr, dass ich Mitgefühl mit ihm hatte. Wenn Buddha noch am Leben wäre, hätte er dasselbe getan. Er hätte mir selbst alle drei Statuen gegeben. Ich weiß es! Ich weiß aus tiefstem Herzen, dass er das getan hätte.«

Doch niemand hörte auf ihn. Er wurde in den Schnee hinausgeworfen und die Tore wurden verschlossen. Als der Priester am Morgen hinausging, sah er den Meister vor einem Kilometerstein sitzen, auf den er ein paar Blumen gelegt hatte. Der Priester ging zu ihm hin und fragte: »Was machst du denn jetzt? Betest du etwa einen Stein an?«

Der Meister antwortete: »Wenn es an der Zeit ist zu beten, finde ich überall einen Buddha, denn sie sind überall. Dieser Stein ist genauso gut wie deine hölzernen Buddhas im Tempel.«

Es ist eine Frage der Einstellung. Wenn man mit ehrfurchtsvollen Augen schaut, ist alles heilig.

Ein wahrhaft einsichtsvoller Mensch ist weder zu anderen noch zu sich selber hart, denn es ist ein und dieselbe Energie. Ein wahrhaft einsichtsvoller Mensch versteht, dass es keine Trennung gibt – alles ist göttlich, ihn selbst eingeschlossen.

Und denkt daran – die Geschichte von Eisai ist leicht zu verstehen, weil das Mitgefühl einem anderen galt. Diese Geschichte ist etwas schwieriger und komplexer, weil das Mitgefühl des Meisters ihm selber galt. Ein wahrhaft einsichtsvoller Mensch ist weder zu anderen noch zu sich selber hart, denn es ist ein und dieselbe Energie. Ein Mensch wahren Verstehens ist kein Masochist. Er ist weder ein Sadist noch ein Masochist. Ein wahrhaft einsichtsvoller Mensch versteht, dass es keine Trennung gibt – alles ist göttlich, ihn selbst eingeschlossen. Und er lebt aus diesem Verstehen heraus.

Aus diesem Verstehen heraus zu leben ist Mitgefühl. Versucht niemals, es zu praktizieren; entspannt euch einfach tief in Meditation hinein. Lasst euch tief in Meditation versinken, und plötzlich werdet ihr den Duft bemerken, der aus eurer innersten Tiefe aufsteigt. Dann wird die Blume erblühen und Mitgefühl sich ausbreiten.

Meditation ist die Blume, und Mitgefühl ist ihr Duft.

Verlangen ist Verlangen – Antworten auf Fragen

Könntest du bitte etwas über den Wunsch sagen, anderen Menschen zu helfen – in welcher Weise er sich von anderen Formen des Verlangens unterscheidet und in welcher Weise nicht?

Verlangen ist Verlangen; da gibt es keinen Unterschied. Ob du anderen Menschen helfen möchtest oder ob du ihnen schaden möchtest – die Natur des Verlangens bleibt immer gleich.

Ein Buddha hat kein Verlangen, anderen Menschen zu helfen. Er hilft den Menschen, doch darin ist kein Verlangen; es ist ein spontanes Geschehen.

Ein Buddha hat kein Verlangen, anderen Menschen zu helfen. Er hilft den Menschen, doch darin ist kein Verlangen; es ist ein spontanes Geschehen. Es ist einfach nur der Duft einer Blume, die erblüht ist. Die Blume wünscht sich nicht, dass ihr Duft vom Wind zu den Menschen getragen wird. Ob er die Menschen erreicht oder nicht, berührt die Blume überhaupt nicht. Wenn er sie erreicht, ist das nur zufällig; wenn er sie nicht erreicht, ist das ebenfalls zufällig. Die Blume verströmt einfach spontan ihren Duft. Die Sonne geht auf – ohne Verlangen, die Menschen zu wecken, ohne Verlangen, die Blumen zu öffnen, ohne Verlangen, die Vögel zum Singen zu bringen. All das geschieht einfach von selbst.

Ein Buddha hilft anderen nicht, weil er das Verlangen hat zu helfen, sondern weil Mitgefühl seine Natur ist. Jeder Meditierende wird mitfühlend, aber er wird nicht zu einem »Diener der Menschheit«. Diese sogenannten »Diener der Menschheit« schaden nur; die Welt hat schon viel zu sehr unter diesen Dienern gelitten, denn ihr Dienst ist Verlangen, das sich als Mitgefühl tarnt, und Verlangen kann niemals mitfühlend sein.

Verlangen bedeutet immer Ausbeutung. Man kann andere im Namen von Mitgefühl ausbeuten; man kann andere unter dem Deckmantel wunderbarer Begriffe ausbeuten. Man kann über Dienst an der Menschheit und Brüderlichkeit reden, oder über Religion und Gott und Wahrheit. Und all diese schönen Reden führen nur zu immer mehr Krieg, zu immer mehr Blutvergießen – immer mehr Menschen werden gekreuzigt oder lebendig verbrannt. Das ist alles, was bis heute geschehen ist. Und wenn ihr kein neues Verstehen in diese Welt bringt, wird es immer so weitergehen.

Das Erste, was es zu beachten gilt, ist also, dass Verlangen immer dasselbe ist, ob man nun das Verlangen hat, anderen zu helfen oder zu schaden. Nicht das Objekt des Verlangens ist die entscheidende Frage, sondern die Natur des Verlangens selbst. Die Natur des Verlangens führt in die Zukunft; sie bringt das Morgen hinzu. Und mit dem Morgen kommen Spannungen und Ängste: ob du es schaffen wirst oder nicht, ob du Erfolg haben wirst oder nicht. Damit kommen Angst vor dem Versagen und der Ehrgeiz, erfolgreich zu sein – ob sich das Verlangen nun auf Geld richtet, auf einen Wettkampf oder darauf, mitfühlend zu sein und den Menschen Erlösung zu bringen – es handelt sich immer um dasselbe Spiel. Nur der Name verändert sich. Das muss man grundlegend verstehen.

Ein Mann kam einmal zu Buddha und bat: »Ich möchte gern den Menschen helfen. Bitte sag mir, was ich tun muss.« Buddha schaute ihn an und wurde sehr traurig. Der Mann war verwirrt und fragte: »Warum macht dich das so traurig? Habe ich etwas Falsches gesagt?«

Darauf antwortete ihm Buddha: »Wie kannst du anderen Menschen helfen? Du hast ja noch nicht einmal dir selbst geholfen! Du wirst ihnen nur im Namen der Hilfe Schaden zufügen.«

Zuerst musst du Licht in dein eigenes Wesen bringen. Lass die Flamme in deinem Bewusstsein sich entzünden … und dann wirst du diese Frage nicht mehr stellen. Dann wird allein deine Präsenz und alles, was du tust, für andere hilfreich sein.

Verlangen ist Verlangen. Es gibt keinen Unterschied zwischen materiellem und spirituellem Verlangen. Anderen zu helfen ist ein Ego-Trip, denn damit wirst du heiliger als die anderen. Damit wirst du weiser als die anderen – du bist wissend und die anderen nicht. Du willst ihnen helfen, weil du angekommen bist, und die anderen sind alle unwissende Menschen, die im Dunkeln tappen, und du willst zu einem Licht für sie werden. Du willst ein Meister werden und sie zu Schülern machen. Wenn dieses Verlangen vorhanden ist, wird es ihnen nicht helfen – und dir ebensowenig. Es wird nur doppelten Schaden anrichten. Es ist ein zweischneidiges Schwert; es wird dich ebenso schneiden wie die anderen. Es ist destruktiv; es kann nicht kreativ sein.

Und dann gibt es noch eine andere Art von Hilfe, die nicht aus dem Verlangen entsteht, die nicht aus irgendeiner Egoprojektion entsteht. Diese Art von Hilfe, diese Art von Mitgefühl taucht nur am Gipfelpunkt der Meditation auf, niemals zuvor. Wenn der Frühling in deinem Bewusstsein erwacht ist, wenn du innerlich voller Blüten bist, dann beginnt ihr Duft andere zu erreichen. Du brauchst es nicht zu wollen – tatsächlich kannst du es gar nicht verhindern. Selbst wenn du es verhindern wolltest, ließe es sich nicht verhindern. Es ist unvermeidlich, dass ihr Duft die anderen erreicht. Er wird zu einem Licht in ihrem Leben werden, er wird zum Boten eines neuen Anfangs – nicht weil du es möchtest, sondern weil du selbst transformiert bist.

Es gibt eine buddhistische Meditation namens Maitri Bhavana. Sie beginnt damit, dass man zu sich selbst sagt: »Möge ich glücklich sein, möge ich frei von aller Feindschaft sein, möge ich frei von bösem Willen mir selbst gegenüber sein.« Sobald man völlig von dem Gefühl durchdrungen ist, das durch diese Gedanken entsteht, besteht die nächste Phase der Meditation darin, dieses Gefühl auf andere auszudehnen – zuerst, indem man sich Menschen vorstellt, die man liebt, und dieses gute Gefühl an sie weitergibt, dann, indem man Menschen nimmt, die man weniger gern mag, bis man schließlich sogar Mitgefühl empfindet für Menschen, die man hasst. Ich hatte immer das Gefühl, dass diese Meditation mich für andere Menschen offener macht. Aber ich habe sie wieder aufgegeben, weil ich darin die Gefahr einer gewissen Selbsthypnose sah. Ich fühle mich immer noch von dieser Meditation angezogen, bin aber unsicher, ob ich sie wieder aufnehmen soll, vielleicht mit einer veränderten Einstellung, oder ob ich das einfach sein lassen sollte. Könntest du bitte etwas zu dieser Meditation sagen? Ich wäre sehr dankbar dafür.

Maitri Bhavana ist eine der tiefgründigsten Meditationen. Du brauchst keine Angst zu haben, dass du dadurch in eine Art Selbsthypnose gerätst – darum handelt es sich hier nicht. Im Gegenteil, es ist eine Art Dehypnotisierung. Es wirkt nur wie Hypnose, weil es sich um den umgekehrten Prozess handelt. Es ist so, als ob du zu mir gekommen bist, den ganzen Weg von zu Hause, und nun gehst du auf dem Rückweg denselben Weg wieder zurück. Der einzige Unterschied besteht darin, dass du meinem Haus nun den Rücken zuwendest. Der Weg ist derselbe, du bist derselbe, doch als du gekommen bist, war dein Gesicht meinem Haus zugewandt, und nun ist dein Rücken meinem Haus zugewandt …

Der Mensch ist bereits hypnotisiert. Es geht also nicht um die Frage, ob dich diese Meditation hypnotisiert oder nicht – du bist bereits hypnotisiert. Der ganze Sozialisierungsprozess ist eine Art Hypnose. Jemandem wird gesagt, dass er ein Christ ist, und es wird so oft wiederholt, dass sein Verstand dadurch konditioniert wird und er denkt, dass er ein Christ ist. Ein anderer ist ein Hindu, wieder ein anderer ein Moslem – das sind alles Hypnosen. Du bist bereits hypnotisiert. Wenn du denkst, dass du unglücklich bist, ist das eine Hypnose. Wenn du denkst, dass du unendlich viele Probleme hast, ist das eine Hypnose. Alles, was du bist, ist eine Art Hypnose. Die Gesellschaft hat dir diese Vorstellungen vermittelt, und nun bist du voll mit diesen Vorstellungen und Konditionierungen.

Maitri Bhavana *ist eine Dehypnotisierung:*
Es ist ein Versuch, dich zu deinem ursprünglichen
Zustand zurückzuführen, ein Versuch, dir dein
ursprüngliches Gesicht zurückzugeben.

Maitri Bhavana ist eine Dehypnotisierung: Es ist ein Versuch, dich zu deinem ursprünglichen Zustand zurückzuführen, ein Versuch, dir dein ursprüngliches Gesicht zurückzugeben, ein Versuch, dich an den Punkt zurückzubringen, an dem du dich befandest, als du geboren wurdest und die Gesellschaft dich noch nicht verdorben hatte. Wenn ein Kind geboren wird, verkörpert es *Maitri Bhavana. Maitri Bhavana* bedeutet ein Gefühl von Freundschaft, Liebe und Mitgefühl. Wenn ein Kind geboren wird, kennt es keinen Hass, kennt es nur Liebe. Liebe ist angeboren; Hass wird erst später erlernt. Liebe ist angeboren; Zorn wird erst später erlernt. Eifersucht, Besitzgier, Neid, all das wird erst später erlernt. Das sind die Dinge, die die Gesellschaft dem Kind beibringt: eifersüchtig zu sein, voller Hass zu sein, voller Zorn und Gewalt zu sein. Diese Dinge werden ihm von der Gesellschaft beigebracht.

Wenn ein Kind geboren wird, ist es voller Liebe. Das muss so sein, denn es hat noch nichts anderes kennengelernt. Im Schoß der Mutter ist es noch keinem Feind begegnet. Es hat neun Monate lang in tiefer Liebe gelebt, umgeben von Liebe, genährt durch Liebe. Es kennt niemanden, der ihm feindlich gesonnen ist. Es kennt nur die Mutter und die Liebe der Mutter. Wenn es geboren wird, umfasst seine Erfahrung nur Liebe, wie könnte man also von ihm erwarten, etwas über Hass zu wissen? Diese Liebe bringt das Kind mit; das ist sein ursprüngliches Gesicht. Dann kommen die Probleme, dann kommen viele andere Erfahrungen hinzu. Es wird anfangen, den Menschen zu misstrauen. Ein Neugeborenes ist voller Vertrauen.

Ich habe einmal folgende Geschichte gehört:

Ein Mann und ein kleiner Junge betreten zusammen einen Friseursalon. Nachdem der Mann den vollen Service erhalten hat – Rasur, Haarschnitt, Maniküre – setzt er den Jungen auf den Stuhl.

»Ich gehe nur schnell weg, eine Krawatte kaufen«, sagt der Mann zum Friseur. »Ich bin in ein paar Minuten zurück.«

Als der Schnitt des Jungen fertig ist und der Mann immer noch nicht zurück, sagt der Friseur zu dem Jungen: »Sieht so aus, als hätte dein Vater dich ganz vergessen!«

»Das war nicht mein Vater«, antwortet da der kleine Junge. »Er kam einfach zu mir, nahm mich bei der Hand und sagte: ›Komm, Junge, wir lassen uns jetzt einen kostenlosen Haarschnitt geben!‹«

Kinder sind voller Vertrauen, aber nach und nach machen sie Erfahrungen, bei denen sie getäuscht werden, durch die sie Probleme bekommen, die ihnen Angst machen oder die gegen sie gerichtet sind. Nach und nach lernen sie die Tricks dieser Welt kennen. Das geschieht jedem Kind, in unterschiedlichem Ausmaß.

Bei *Maitri Bhavana* handelt es sich nun um einen Weg, zur Ausgangssituation zurückzukehren: Es ist eine Dehypnotisierung. Es ist ein Versuch, Hass, Zorn, Eifersucht und Neid loszulassen und so in die Welt zurückzukommen, wie man anfangs in sie gekommen ist. Wenn du diese Meditation weiter machst, wirst du zunächst anfangen, dich selbst zu lieben – weil du dir selbst näher bist als alle anderen. Dann dehnst du deine Liebe, deine Freundschaft, dein Mitgefühl, dein Wohlwollen, deinen Segen auf Menschen aus, die du liebst, auf Freunde und Geliebte. Dann, nach und nach, dehnst du all das auf Menschen aus, die dir weniger bedeuten, dann auf Menschen, die dir gleichgültig sind – die du weder liebst noch hasst –, und nach und nach sogar auf Menschen, die du hasst. Langsam kannst du dich damit dehypnotisieren. Langsam erschaffst du wieder einen Schoß der Liebe um dich herum.

Wenn ein Buddha sitzt, sitzt er so, als wäre die gesamte Existenz wieder zum Mutterschoß geworden. Es gibt keine Feindschaft. Er hat zu seiner ursprünglichen Natur zurückgefunden. Er hat das Essentielle in sich erkannt. Nun kannst du sein Mitgefühl nicht mehr zerstören, selbst wenn du ihn tötest. Selbst im Sterben wird er noch voller Mitgefühl für dich sein. Du kannst ihn töten, doch du kannst sein Vertrauen nicht mehr zerstören. Nun weiß er, dass Vertrauen etwas so Grundlegendes ist, dass man alles verliert, wenn man das Vertrauen verliert.

Und wenn man das Vertrauen nicht verliert, ist nichts verloren, selbst wenn alles andere verloren ist. Du kannst ihm alles nehmen, doch sein Vertrauen kannst du ihm nicht nehmen.

Maitri Bhavana ist eine wunderbare Meditation; du brauchst sie nicht aufzugeben. Sie kann dir sehr helfen. Sie ist eine Auflösung der Struktur.

Glück ist nur möglich, wenn man grenzenlos ist. Wenn man so unendlich weit ist, dass das Ganze in einen eintreten kann – nur dann kann man glücklich sein. Maitri Bhavana kann dabei eine große Hilfe sein.

Das Ego entsteht durch Hass, Feindschaft, Kampf. Wenn du das Ego loslassen möchtest, musst du für mehr Liebe in dir sorgen. Wenn man liebt, verschwindet das Ego. Wenn man umfassend liebt, bedingungslos liebt, alles liebt, kann das Ego nicht existieren. Das Ego ist das Dümmste, was einem Menschen passieren kann. Doch wenn es erst einmal entstanden ist, ist es sehr schwer zu erkennen, weil es einem die Augen verschleiert.

Ich habe gehört:

Mulla Nasruddin unterhält sich mit zwei Freunden darüber, wer wem ähnlich sieht.

Der erste Freund meint: »Mein Gesicht ähnelt dem von Winston Churchill. Ich bin schon oft mit ihm verwechselt worden.«

Der zweite erzählt: »In meinem Fall denken die Leute häufig, ich sei Richard Nixon, und bitten mich um ein Autogramm.«

Da meint der Mulla: »Das ist doch noch gar nichts. In meinem Fall ist es schon vorgekommen, dass ich für Gott selbst gehalten wurde.«

Die zwei Freunde fragen gleichzeitig: »Wie denn das?«

»Nun«, antwortet Mulla Nasruddin, »als ich zum vierten Mal verurteilt und ins Gefängnis geschickt wurde, rief der Gefängniswärter bei meinem Anblick: ›O Gott, du bist schon wieder da!‹«

Wenn das Ego erst einmal entstanden ist, sammelt es alles auf – ob Sinn oder Unsinn –, es sammelt alles auf, um sich wichtig zu fühlen. Wenn du liebst, sagst du: »Du bist ebenfalls wichtig, nicht nur ich.« Wenn du jemanden liebst, was sagst du dann zu ihm? Ob du es nun aussprichst oder nicht, tief in deinem Herzen sagst du, sei es nun still oder mit Worten: »Du bist ebenfalls wichtig, ebensosehr wie ich.« Wenn die Liebe noch tiefer wird, sagst du sogar: »Du bist wichtiger als ich. Wenn eine Situation auftaucht, in der nur einer von uns beiden überleben kann, wäre ich bereit, für dich zu sterben, würde ich wollen, dass du überlebst.« Der andere ist wichtiger geworden; du bist sogar bereit, dich für den Menschen zu opfern, den du liebst. Und wenn sich das immer mehr ausdehnt, wie es das mit *Maitri Bhavana* tut, dann wirst du nach und nach verschwinden. Es wird Augenblicke geben, in denen du nicht mehr vorhanden bist – vollkommen still, ohne jedes Ego, ohne jedes Zentrum, einfach nur reiner Raum. Buddha sagt: »Wenn das auf Dauer erreicht wird und du in diesem reinen Raum aufgegangen bist, bist du erleuchtet.«

Wenn das Ego vollkommen verschwunden ist, bist du erleuchtet; wenn du so egolos geworden bist, dass du nicht einmal mehr sagen kannst »Ich bin«, dass du nicht einmal mehr von deinem »Selbst« sprechen kannst. Das Wort, das Buddha für diesen Zustand verwendet, ist *Anatta*: Nicht-sein, Nichts-sein, Nicht-Selbst. Du kannst nicht einmal mehr »Ich« sagen, das Wort wird vollkommen bedeutungslos. In tiefer Liebe verschwindet das »Ich«. Du verlierst deine Struktur.

Wenn ein Kind geboren wird, hat es kein »Ich«. Es ist einfach – ein leeres Blatt, mit nichts darauf geschrieben. Nun beginnt die Gesellschaft auf ihm zu schreiben und sein Bewusstsein einzuengen. Die Gesellschaft wird ihm nach und nach eine Rolle zuschreiben: »Das ist deine Rolle; das bist du.« Und es wird sich an diese Rolle halten. Diese Rolle wird ihm niemals erlauben, glücklich zu sein, denn Glück ist nur möglich, wenn man grenzenlos ist. Wenn man begrenzt ist, kann man nicht glücklich sein. Glück ist keine Funktion von Begrenztheit; Glück ist eine Funktion des unendlichen Raums. Wenn man so unendlich weit ist, dass das Ganze in einen eintreten kann – nur dann kann man glücklich sein.

Maitri Bhavana kann dabei eine große Hilfe sein.

Was Mitgefühl nicht ist

Du kannst nur das mit anderen teilen, was du hast. Wenn du unglücklich bist, wirst du dein Unglück mit ihnen teilen. Und wenn zwei unglückliche Menschen zusammen sind, wird sich das Unglück nicht einfach nur verdoppeln, es wird sich vervielfachen.

Die Blinden können nicht die Blinden führen. Menschen, die selbst im Dunkeln tappen, können andere nicht zum Licht führen. Menschen, die die Unsterblichkeit nicht kennen, können anderen nicht die Angst vor dem Tod nehmen. Menschen, die nicht intensiv und total leben, deren Lied noch nicht aus dem Herzen kommt, deren Lächeln nur auf den Lippen aufgemalt ist, können anderen nicht helfen, authentisch und echt zu sein. Menschen, die selbst Heuchler sind, können anderen nicht helfen, aufrichtig zu sein.

Menschen, die noch nicht sie selbst sind, die nichts über sich selbst wissen, die keine Vorstellung von ihrer eigenen Individualität haben – die noch in ihrer Persönlichkeit verloren sind, der Persönlichkeit, die falsch und nur von der Gesellschaft erschaffen ist –, können anderen nicht helfen, zu ihrer Individualität zu finden. Es ist einfach nicht möglich, und seien ihre Absichten auch noch so gut.

Wenn deine eigene Flamme des Lebens noch nicht brennt, wie kannst du dann die Lampen anderer entzünden? Du musst selbst entflammt sein, nur dann kannst du andere entzünden. Du musst rebellisch sein, um Rebellion um dich herum zu verbreiten. Wenn du entflammt bist, wenn du brennst, kannst du einen Steppenbrand entfachen, der sich über den ganzen Horizont ausdehnt. Doch zuerst musst du selbst entflammt sein.

Wenn ein Blinder einen Blinden führt … dann fallen beide in den Graben, wie der Mystiker Kabir sagt. Seine Worte waren: *Andha andham thelia dono koop padant*. »Der Blinde hat den Blinden geführt, und beide sind in den Graben gefallen.«

Du musst Augen haben, um einen Blinden zum Arzt zu führen – es gibt keinen anderen Weg. Du kannst nur das mit anderen teilen, was du hast. Wenn du unglücklich bist, wirst du dein Unglück mit ihnen teilen. Und wenn zwei unglückliche Menschen zusammen sind, wird sich das Unglück nicht einfach nur verdoppeln, es wird sich vervielfachen. Dasselbe gilt für dein Glück, gilt für deine Rebellion, gilt für alle Erfahrungen.

Was immer du von der Welt erwartest, musst du ihr erst durch dein Vorbild vermitteln. Du musst erst einen Feuertest bestehen, um deine Lebensphilosophie durch dein Beispiel zu beweisen. Du kannst nicht einfach nur Argumente vorbringen. Vernunftgründe und Argumente bringen niemanden weiter; nur deine eigene Erfahrung kann anderen einen Geschmack von Liebe, von Meditation, von Stille, von Religiosität vermitteln.

Bevor du diese Erfahrungen nicht gemacht hast, versuche nicht, anderen zu helfen – denn dann würdest du die anderen nur noch tiefer in Verwirrung und Unglück führen. Sie sind bereits verwirrt und unglücklich. Das Erbe von Jahrhunderten hat alle in Verwirrung und Unglück gestürzt. Es ist also das beste, wenn du den anderen nicht hilfst, denn das wäre gefährlich; deine Hilfe wäre für die anderen viel zu riskant.

Zuerst musst du selbst den Weg gehen, damit du genau weißt, wohin er führt – erst dann kannst du die anderen bei der Hand nehmen und sie auf dem Weg führen.

Es ist in dieser Welt sehr schwierig, richtig zu kommunizieren. Du musst daher lernen, deine Erfahrungen so zu kommunizieren, dass das, was bei den anderen ankommt, auch genau das ist, was du ihnen vermitteln möchtest; andernfalls glaubst du vielleicht, dass du ihnen Nektar schenkst, und er verwandelt sich in ihrem Leben zu Gift. Dabei sind sie doch schon genug vergiftet!

Es ist besser, dich zuerst zu reinigen, deine Augen klarer werden zu lassen, damit du besser sehen kannst. Vielleicht – und auch dann nur vielleicht – kannst du anderen dann helfen. Der Vorsatz mag gut sein, doch Gutes geschieht nicht einfach nur aufgrund guter Vorsätze.

Ein altes Sprichwort sagt, dass der Weg zur Hölle mit guten Vorsätzen gepflastert ist. Es gibt Millionen von Menschen, die in guter Absicht helfen wollen und anderen Ratschläge erteilen – ohne sich dabei um die einfache Tatsache zu kümmern, dass sie ihre eigenen Ratschlägen selbst nicht befolgen. Doch die Freude, anderen Ratschläge geben zu können, ist einfach so groß – welcher Mensch mag sich da schon darum kümmern, ob er seine eigenen Ratschläge befolgt oder nicht?

Die Freude, mit der wir anderen Ratschläge geben, ist eine sehr subtile, egoistische Freude. Der Mensch, dem du rätst, wird dadurch unwissend; du wirst wissend. Ratschläge sind das Einzige in der Welt, was jeder gibt und niemand annimmt; und es ist gut, dass niemand sie annimmt, denn sie stammen von Menschen, die nichts wissen – auch wenn keine böse Absicht dahinter steckt.

Denkt daran, es liegt in der Natur der Dinge, dass du zuerst dich selbst verändern musst, wenn du die Welt verändern möchtest. Die Revolution muss zuerst in dir selbst geschehen. Nur dann kannst du sie in die Herzen der anderen ausstrahlen. Zuerst muss der Tanz in dir geschehen, und dann wirst du ein Wunder erleben – andere beginnen ebenfalls zu tanzen.

Tanz ist ansteckend; ebenso Liebe, Dankbarkeit, Religiosität, Rebellion – all das ist ansteckend. Doch zuerst muss in dir selbst die Flamme brennen, die du in den Augen der anderen wiederfinden möchtest.

Liebevolle Güte und andere Illusionen

Güte ist eine vom Ego bestimmte Haltung, sie verstärkt dein Ego. Wenn du jemand anderem gegenüber gütig bist, hast du das Gefühl, besser zu sein als der andere.

Mitgefühl ist das vollkommene Erblühen des Bewusstseins. Es ist Gefühl, das von aller Dunkelheit befreit ist, von aller Knechtschaft erlöst ist, von allem Gift gereinigt ist. Aus Gefühl wird Mitgefühl. Gefühl ist der Samen, Mitgefühl ist sein Erblühen.

Doch Mitgefühl ist nicht Güte, und Güte ist kein Mitgefühl. Güte ist eine vom Ego bestimmte Haltung, sie verstärkt dein Ego. Wenn du jemand anderem gegenüber gütig bist, hast du das Gefühl, besser zu sein als der andere. Wenn du zu jemandem gütig bist, steckt dahinter eine tiefe Beleidigung – du demütigst den anderen und freust dich über seine Demütigung. Aus diesem Grund kann man Güte niemals vergeben. Jemand, zu dem du gütig warst, wird irgendwie und irgendwo in seinem Innern zornig auf dich sein und sich irgendwann einmal rächen. Der Grund dafür ist, dass Güte nur an der Oberfläche wie Mitgefühl wirkt, doch in der Tiefe hat sie überhaupt nichts mit Mitgefühl zu tun. Sie hat ganz bestimmte Motive.

Mitgefühl ist unmotiviert – es hat überhaupt kein Motiv. Man gibt einfach, weil man hat – nicht weil der andere etwas braucht. Der andere spielt beim Mitgefühl überhaupt keine Rolle. Weil man so viel hat, fließt es einfach über. Mitgefühl ist spontan, natürlich, wie Atmen. Güte dagegen ist eine kultivierte Haltung. Güte ist eine Art Schlauheit; sie ist kalkuliert, sie ist berechnet.

Ihr kennt bestimmt den berühmten Ratschlag, der in allen Gesellschaften der Welt in der einen oder anderen Form auftaucht: »Was du nicht willst, dass man dir tu, das füg auch keinem andern zu.« Oder, anders formuliert: »Behandle andere so, wie du von ihnen behandelt werden möchtest.« Das ist eine kalkulierte Haltung, kein Mitgefühl. Das hat nichts mit Religiosität zu tun – es ist eine recht niedere Form von Moral, eine sehr weltliche Moral: »Behandle andere so, wie du von ihnen behandelt werden möchtest.« Das ist geschäftsmäßig, nicht religiös. Man tut etwas nur deshalb, weil man sich dasselbe Verhalten vom anderen wünscht. Das ist selbstsüchtig, egozentrisch, egoistisch. Man tut nichts für den anderen, man liebt den anderen nicht – auf indirekte Weise dient man sich damit nur selbst. Man benutzt den anderen. Es ist ein aufgeklärter Egoismus, doch es ist Egoismus – ein sehr intelligenter Egoismus, doch Egoismus. Mitgefühl ist ein unmotiviertes Erblühen, ein Überfließen. Man gibt einfach, weil es keine Alternative dazu gibt.

Denkt also daran, als erstes gilt: Mitgefühl ist keine Güte – nicht in dem Sinne, in dem ihr das Wort Güte verwendet. In einem anderen Sinn ist Mitgefühl die einzig wirkliche Art von Güte. Dabei bist du jemand anderem gegenüber nicht »gütig«, bist nicht größer als der andere, sondern gibst einfach die Energie weiter, die du vom Ganzen erhältst. Sie kommt vom Ganzen und geht zum Ganzen zurück – du stehst nicht als Hindernis dazwischen, das ist alles.

Als Alexander der Große durch Indien reiste, suchte er auch den großen Mystiker Diogenes auf. Diogenes lag an einem Flussufer und sonnte sich. Alexander hatte sich immer schon danach gesehnt, diesen Diogenes kennenzulernen, denn er hatte gehört, dass dieser Mann überhaupt nichts besaß und doch reicher war als jeder andere Mensch auf Erden, denn er trug etwas in sich, er war ein strahlendes Wesen. Die Menschen sagten: »Er ist ein Bettler, doch in Wahrheit ist er ein Kaiser.« Das hatte Alexander neugierig gemacht. Und als er während seiner Reise erfuhr, dass Diogenes in der Nähe weilte, ging er hin und suchte ihn auf.

Es war früher Morgen und die Sonne ging eben auf. Diogenes lag nackt auf dem Sand … Alexander sagte zu ihm: »Ich freue mich, dich zu treffen. Alles, was ich gehört habe, scheint wahr zu sein. Ich habe niemals einen glücklicheren Menschen als dich gesehen. Kann ich irgendetwas für dich tun?« Und Diogenes antwortete ihm: »Geh einfach ein wenig zur Seite – du stehst der Sonne im Weg. Denk daran, niemals der Sonne im Weg zu stehen. Du bist gefährlich, du kannst dafür sorgen, dass die Sonne viele Menschen nicht erreicht. Geh einfach zur Seite.«

Mitgefühl ist nicht etwas, was du anderen gibst; es bedeutet einfach nur, dass du der Sonne nicht im Weg stehst. Erkennt ihr den Unterschied? Es bedeutet einfach, der Göttlichkeit nicht im Weg zu stehen. Es bedeutet, zu einem Werkzeug des Göttlichen zu werden, dem Göttlichen zu erlauben, durch dich zu fließen. Nur ein hohler Bambus kann zur Flöte werden, denn nur ein hohler Bambus ist in der Lage, ein Lied durch sich hindurchfließen zu lassen.

Güte ist etwas, was von dir kommt, Mitgefühl dagegen ist etwas, was vom Leben kommt. Du verhinderst es nur nicht, du stehst ihm nicht im Weg.

Mitgefühl kommt nicht von dir, Mitgefühl kommt von der Existenz, vom Göttlichen. Güte kommt von dir – das ist das erste, was man verstehen muss. Güte ist etwas, was von dir kommt, Mitgefühl dagegen ist etwas, was vom Leben kommt. Du verhinderst es nur nicht, du stehst ihm nicht im Weg. Du erlaubst der Sonne zu scheinen und dorthin zu strahlen, wohin sie strahlen möchte.

Güte stärkt das Ego, während Mitgefühl nur dann möglich ist, wenn das Ego vollkommen verschwunden ist. Lasst euch also nicht von euren Wörterbüchern irreführen, denn in euren Wörterbüchern werdet ihr Mitgefühl und Güte als Synonyme finden. Doch im wirklichen Wörterbuch des Lebens ist das nicht so.

Zen kennt nur ein Wörterbuch, das Wörterbuch des Universums. Die Mohammedaner haben den Koran, die Hindus haben die Veden, die Sikhs haben das Adi Granth, die Christen haben die Bibel und die Juden den Talmud. Wenn ihr mich fragt, was die Schrift des Zen ist, dann würde ich euch sagen, dass es im Zen keine Schrift gibt, dass das Universum ihre Schrift ist. Das ist die Schönheit von Zen. In jedem Stein ist eine Predigt verborgen, und in jedem Vogelgezwitscher spricht Gott. In jeder Bewegung um dich herum tanzt das Leben selbst.

Mitgefühl bedeutet, dass du dieses ewige Lied durch dich hindurchfließen, durch dich hindurchpulsieren lässt – dass du mit dieser Göttlichkeit zusammenarbeitest, dass du Hand in Hand mit ihr gehst. Es hat nichts mit dir zu tun; du musst sogar verschwinden, damit es da sein kann. Damit Mitgefühl fließen kann, musst du vollkommen verschwinden – es kann nur in deiner Abwesenheit fließen.

Kultivierte Güte macht einen sehr egoistisch. Ihr könnt das leicht beobachten: Gütige Menschen sind sehr egoistisch, egoistischer als grausame Menschen. Das ist seltsam – aber ein grausamer Mensch fühlt sich wenigstens ein bisschen schuldig. Doch die sogenannten gütigen Menschen fühlen sich vollkommen in Ordnung, sogar heiliger als die anderen, besser als die anderen. Sie sind sich ihrer selbst und dessen, was sie tun, immer ganz genau bewusst, und jeder Akt der Güte gibt ihrem Ego mehr Energie, mehr Stärke. Sie werden jeden Tag größer und größer. Ihr gesamtes Verhalten ist ein einziger Egotrip.

Das ist der erste Punkt, den man verstehen muss: dass Mitgefühl nichts mit der sogenannten Güte zu tun hat. Es besitzt die essentiellen Qualitäten von Güte – Weichheit, Empathie, Einfühlungsvermögen, Kreativität, Sorge für die anderen. Doch nichts geschieht dabei aus dir heraus; alles fließt einfach nur durch dich hindurch. Es kommt vom Leben, und du bist glücklich und dem Leben dankbar, dass es dich als Werkzeug gewählt hat. Du wirst durchlässig, und Mitgefühl fließt durch dich hindurch. Du wirst zu einem durchsichtigen Glas, sodass die Sonne durch dich hindurchscheinen kann – du hinderst sie nicht daran. Das ist reine Güte ohne jedes Ego darin.

Der zweite Punkt ist, dass es sich bei Mitgefühl auch nicht um eure sogenannte Liebe handelt. Mitgefühl besitzt die essentielle Qualität von Liebe, doch es ist nicht das, was ihr als Liebe kennt.

Die Menschheit leidet unter der Krankheit der sogenannten Liebe. Wenn ihr es euch genauer anseht, werdet ihr einfach nur Lust und Verlangen dahinter finden.

Eure Liebe ist einfach nur Lust, die sich als Liebe ausgibt. Eure Liebe hat nichts mit wahrer Liebe zu tun – sie ist vielmehr eine Art Ausbeutung des anderen, unter einem wunderbaren Begriff, unter einem großartigen Slogan.

Ihr sagt dauernd: »Ich liebe dich«, doch habt ihr jemals tatsächlich jemanden geliebt? Ihr habt andere einfach nur benutzt, ihr habt sie nicht geliebt. Wie kann ein Benutzen des anderen Liebe sein? Tatsächlich ist das Benutzen eines anderen Menschen die destruktivste Verhaltensweise, die in dieser Welt möglich ist – andere als Mittel zum Zweck zu benutzen ist kriminell.

Immanuel Kant erklärt in seinen ethischen Schriften, dass es unmoralisch sei, einen anderen Menschen zu benutzen – der grundlegend unmoralische Akt schlechthin. Niemals sollte man einen anderen Menschen als Mittel zum Zweck benutzen, denn jeder Mensch ist ein Zweck an sich. Respektiere den anderen als einen Zweck an sich. Wenn man den anderen so respektiert, dann liebt man ihn. Wenn man anfängt, den anderen zu benutzen – ob nun der Mann seine Frau benutzt oder die Frau ihren Mann –, dann stehen egoistische Motive dahinter. Und das lässt sich überall beobachten.

Die Menschen werden nicht durch Hass zerstört, sie werden durch eure sogenannte Liebe zerstört. Und weil man es Liebe nennt, können sie es sich nicht genauer ansehen. Weil man es Liebe nennt, glauben sie, dass es gut und in Ordnung ist. Doch das ist es nicht. Die Menschheit leidet unter der Krankheit der sogenannten Liebe. Wenn ihr es euch genauer anseht, werdet ihr einfach nur Lust und Verlangen dahinter finden. Lust ist keine Liebe. Lust möchte bekommen, Liebe möchte geben. Bei der Lust liegt die Betonung darauf, so viel wie möglich zu bekommen und so wenig wie möglich zu geben. »Gib weniger, bekomme mehr. Und wenn du schon geben musst, dann gib nur als Köder.«

Lust ist nur ein Geschäft. Ja, du musst etwas geben, weil du etwas bekommen möchtest – doch die Idee dahinter ist, mehr zu bekommen und weniger zu geben als der andere. Das entspricht dem geschäftstüchtigen Verstand. Wenn du etwas bekommen kannst, ohne etwas zu geben, wunderbar! Wenn es nicht ohne Geben funktioniert, dann gib nur ein kleines bisschen; tu so, als würdest du viel geben, und nimm vom anderen so viel wie nur möglich.

Lust ist Ausbeutung. Liebe ist keine Ausbeutung. Mitgefühl ist also nicht Liebe im üblichen Sinn, doch sie ist Liebe im wahren Sinn. Mitgefühl gibt einfach nur, ohne die Erwartung, etwas zurückzubekommen. Nicht, dass man nichts zurückbekommt – glaub das nur nicht! Wenn du gibst ohne jede Erwartung, etwas zurückzubekommen, wirst du alles tausendfach zurückbekommen. Doch das ist etwas ganz anderes; das hat nichts mit dir zu tun. Und wenn du zu viel erwartest, dann wirst du enttäuscht; dann bekommst du gar nichts. Am Ende bist du dann nur desillusioniert.

Jede Liebesbeziehung endet in Enttäuschung und Desillusionierung. Habt ihr es noch nicht beobachtet, dass euch jede Liebesbeziehung am Ende in einem Loch von Traurigkeit und Depression und mit einem Gefühl des Betrogenseins zurücklässt? Mitgefühl kennt keine Desillusionierung, denn Mitgefühl beginnt nicht mit einer Illusion. Mitgefühl fragt nicht nach einer Gegenleistung, denn das ist nicht nötig. Erstens, weil der mitfühlende Mensch das Gefühl hat: »Es ist nicht meine Energie, die ich weitergebe, es ist die Energie des Lebens selbst. Wer bin ich denn, dafür etwas zu verlangen? Selbst ein Danke dafür zu verlangen wäre unangemessen.«

Ein Beispiel dafür ist die Geschichte, als ein Mann zu Jesus kam, und Jesus berührte ihn und der Mann war geheilt. Der Mann dankte Jesus – natürlich, denn er war voller Dankbarkeit. Er hatte schon seit Jahren unter dieser Krankheit gelitten, und es gab kein Mittel dagegen, und die Ärzte hatten zu ihm gesagt: »Wir können nichts dagegen tun, du musst es einfach akzeptieren.« Und nun ist er geheilt! Doch Jesus sagt: »Nein, danke nicht mir, sondern danke Gott. Das ist etwas, was zwischen dir und Gott geschehen ist! Ich spiele dabei gar keine Rolle. Es war dein Glauben, der dich geheilt hat, und es war Gottes Energie, die aufgrund deines Glaubens für dich verfügbar wurde. Ich war allerhöchstens eine Brücke – eine Brücke, über die Gottes Energie und dein Glauben sich verbinden konnten. Du brauchst dich um mich nicht zu kümmern, du brauchst mir nicht zu danken. Danke dem Göttlichen, danke deinem eigenen Glauben. Etwas ist zwischen dir und dem Göttlichen geschehen. Ich spiele dabei gar keine Rolle.«

Das ist Mitgefühl. Mitgefühl gibt, doch ohne ein Gefühl des Gebens, ohne das Gefühl »Ich bin der Gebende«. Und dann antwortet das Leben in tausenderlei Formen. Du gibst ein wenig Liebe, und von überallher beginnt Liebe zu fließen. Ein Mensch mit Mitgefühl versucht anderen nichts wegzunehmen, er ist nicht gierig. Er wartet nicht, bis er eine Belohnung bekommt, er gibt einfach immer weiter. Er bekommt auch immer mehr zurück, doch das ist überhaupt nicht seine Absicht.

Der zweite Punkt ist also, dass es sich bei Mitgefühl nicht um eure sogenannte Liebe handelt, sondern um wirkliche Liebe.

Und der dritte Punkt: Mitgefühl ist Intelligenz, aber nicht Intellekt. Wenn Intelligenz frei ist von allen Formen, frei von allen logischen Strukturen, frei von aller Argumentation, frei von der sogenannten Rationalität – denn Rationalität ist eine Einschränkung –, wenn Intelligenz Freiheit ist, dann ist sie Mitgefühl. Ein Mensch mit Mitgefühl ist ungeheuer intelligent, doch er ist kein Intellektueller. Er hat einen vollkommen klaren Blick, er sieht durch und durch, er hat wirklich Augen zum Sehen, nichts bleibt ihm verborgen – und es ist kein Rätselraten. Er erkennt nicht durch Logik, nicht durch Deduktion, sondern durch eine klare Sicht der Dinge.

Ein Mensch mit Mitgefühl ist intelligent, doch er ist nicht intellektuell. Er weiß – doch er denkt nicht. Wozu sollte man denken, wenn man weiß? Euer Denken ist nur ein Ersatz für Wissen. Weil ihr nicht wisst, deshalb denkt ihr.

Denkt daran, ein Mensch mit Mitgefühl ist intelligent, doch er ist nicht intellektuell. Er besitzt eine enorme Intelligenz, er ist geradezu die Verkörperung von Intelligenz. Er ist reines Strahlen. Er weiß – doch er denkt nicht. Wozu sollte man denken, wenn man weiß? Euer Denken ist nur ein Ersatz für Wissen. Weil ihr nicht wisst, deshalb denkt ihr. Weil ihr nicht wissen könnt, deshalb denkt ihr. Denken ist nur ein Ersatz – und es ist ein armseliger Ersatz. Wer würde noch versuchen zu denken, wenn er wissen kann, wenn er sehen kann?

Ein Mensch mit Mitgefühl weiß; ein Intellektueller denkt. Der Intellektuelle ist ein Denker und der mitfühlende Mensch ist ein Nicht-Denker, ein Nicht-Intellektueller. Er besitzt Intelligenz, enorme Intelligenz, doch seine Intelligenz funktioniert nicht nach dem Muster des Intellekts. Seine Intelligenz funktioniert intuitiv.

Und der vierte Punkt: Mitgefühl ist kein Gefühl – denn Gefühle beinhalten viele Dinge, die ganz und gar nicht zum Mitgefühl gehören. Gefühle beinhalten Sentimentalität, Emotionalität – diese Dinge sind beim Mitgefühl nicht vorhanden. Ein mitfühlender Mensch fühlt, doch ohne jede Emotionalität. Er fühlt, doch ohne jede Sentimentalität. Er tut, was notwendig ist, doch er bleibt davon unberührt. Das muss man sehr gründlich verstehen. Denn sobald man Mitgefühl verstanden hat, versteht man, was ein Buddha ist.

Jemand leidet – ein Mensch mit Gefühl beginnt zu weinen. Weinen hilft aber nicht. Ein Haus brennt – ein Mensch mit Gefühl jammert und klagt und rauft sich die Haare. Das wird aber nicht helfen. Ein mitfühlender Mensch setzt sich sofort in Bewegung! Er weint nicht, denn das wäre sinnlos. Tränen können nicht helfen. Tränen können das Feuer nicht löschen, Tränen sind kein Heilmittel für die Leidenden, Tränen können einen Ertrinkenden nicht retten. Jemand ertrinkt, und du stehst am Ufer und jammerst und klagst – klagst voller Leidenschaft. Dann bist du ein Mensch mit Gefühl, doch kein Mensch mit Mitgefühl. Ein Mensch mit Mitgefühl beginnt sofort zu handeln. Sein Handeln geschieht unmittelbar; er zögert auch nicht den kleinsten Augenblick. Sein Handeln ist unmittelbar – in dem Augenblick, in dem etwas in seinem Gesichtsfeld auftaucht, wird es sofort in Handeln umgesetzt. Es ist gar nicht so, dass *er* es umsetzt – es *wird* umgesetzt. Sein Verstehen und sein Handeln sind zwei Aspekte eines einzigen Phänomens, sie sind keine zwei getrennten Dinge. Das Verstehen ist die eine Seite, das Handeln die andere.

Das ist der Grund, warum ich sage, dass ein religiöser Mensch von Natur aus engagiert ist und sich verpflichtet fühlt – dem Leben verpflichtet. Er wird nicht jammern und weinen. Ein Mensch mit Gefühl wirkt manchmal so, als wäre er voller Mitgefühl. Doch lasst euch nicht täuschen – ein Mensch mit Gefühl ist nutzlos. Tatsächlich erzeugt er nur noch mehr Durcheinander. Er ist keine Hilfe, sondern sorgt nur für noch mehr Verwirrung. Er hält die Dinge eher auf, als dass er eine Hilfe ist.

Ein Mensch mit Mitgefühl dagegen reagiert rasch. Ohne Tränen, ohne Emotionen geht er sofort zum Handeln über. Er ist nicht kalt, doch er ist auch nicht heiß. Er ist einfach nur warm – und kühl. Das ist das Paradox des mitfühlenden Menschen. Er ist warm, weil er liebevoll ist, und doch bleibt er kühl. Seine Distanz geht niemals verloren; was auch geschieht, er bleibt kühl, und aus dieser Kühle heraus handelt er. Und weil er kühl bleibt, kann er helfen.

Diese vier Aspekte gilt es also zu verstehen; dadurch

entsteht eine vierdimensionale Sicht davon, was Mitgefühl ist.

Wie entsteht dieses Mitgefühl? Denn es lässt sich nicht kultivieren. Wenn man es kultiviert, wird es zu Güte. Wie also lässt sich dieses Mitgefühl ins Leben bringen? Man kann sich nicht an die Schriften wenden, man kann sich nicht an das halten, was Buddha oder Jesus gesagt haben, weil das nur den Intellekt weckt, nicht aber die Intelligenz. Man kann es nicht dadurch erreichen, dass man einfach mehr und mehr liebt, so wie man bisher geliebt hat. Man kann Mitgefühl nicht dadurch erreichen, dass man sich einfach weiter in dieselbe Richtung bewegt. Eure Liebe bewegt sich nicht in der richtigen Richtung. Wenn ihr weiter auf dieselbe Art und Weise liebt – wenn ihr Buddha über Liebe sprechen hört oder Christus über Liebe sprechen hört und denkt: »Gut, ich muss also mehr lieben, mehr, als ich bisher geliebt habe« –, dann wird nur die Quantität größer, doch die Qualität wird dieselbe bleiben. Dann geht ihr weiter in dieselbe Richtung.

Doch eure Richtung ist grundlegend falsch. Ihr habt noch nie geliebt. Sobald das tief in euer Herz gesunken ist, dass ihr bis jetzt noch nie geliebt habt … Ja, es ist erschreckend, das Gefühl zu haben, dass man noch nie geliebt hat … es ist sehr hart. Wir können glauben, dass andere noch nie geliebt haben – das glauben wir sowieso – »niemand hat mich bisher geliebt, doch das ist eben so, die Menschen sind hart« – doch zu erkennen, dass du selbst noch niemals geliebt hast, vernichtet dein Ego.

Das ist der Grund, warum die Menschen die einfache Tatsache nicht sehen wollen, dass sie bisher noch nie geliebt haben. Und weil sie es nicht sehen wollen, sehen sie es auch nicht. Und weil sie es nicht sehen, können sie niemals transformiert werden. Sie werden sich immer weiter im selben Geleise bewegen; sie werden immer weiter dieselben mechanischen Gewohnheiten wiederholen. Und wieder und wieder werden sie enttäuscht werden.

Wie also kann Mitgefühl entstehen? Wenn es sich einfach nur um das handeln würde, was ihr unter Liebe versteht, könntet ihr weiter in dieselbe Richtung laufen. Dann wäre es richtig, schneller zu gehen, mit mehr Geschwindigkeit zu laufen. Dann würde mehr Quantität genügen. Doch ihr bewegt euch nicht in die richtige Richtung. Wenn ihr euch also schneller bewegt, dann bewegt ihr euch schneller davon weg statt darauf zu. Geschwindigkeit kann euch nicht helfen, denn ihr bewegt euch in der falschen Richtung – in Richtung von Lust und Verlangen. Wie also kann Mitgefühl entstehen? Und ich habe gesagt, dass es sich auch nicht um ein Gefühl handelt, denn sonst könntet ihr euch die Augen ausweinen, euch die Haare raufen, tausend Tränen um all die tausend Leiden um euch herum vergießen, sonst könntet ihr einfach sehr emotional werden. Ihr könntet mit allen Menschen in Vietnam, Korea und Pakistan oder sonstwo leiden; ihr könntet mit all diesen armen Menschen mitleiden.

Leo Tolstoj erinnert sich in seinen Memoiren an seine Mutter. Er sagt, sie sei eine sehr freundliche Frau gewesen, sehr gütig – gütig in dem Sinne, den ich beschrieben habe, nicht im Sinne von mitfühlend. Sie war sehr emotional – so emotional, dass sie im Theater die ganze Zeit über zu weinen pflegte. Die Tolstojs waren reiche Leute, sie zählten zum Adel. Wenn Tolstojs Mutter ins Theater ging, musste sie immer ein Diener mit zahllosen Taschentüchern begleiten, denn sie brauchte laufend Nachschub. Sie weinte die ganze Zeit über. Und Tolstoj schreibt:

»Doch es hat mich immer überrascht, dass sie selbst im russischen Winter, wenn es bitterkalt war, unter null Grad, und der Schnee draußen fiel, ins Theater gehen und ihren Kutscher einfach draußen sitzen lassen konnte, mitten im Schnee, wo er fror und vielleicht sogar krank wurde. Sie verschwendete niemals einen Gedanken an diesen Mann, der in der Kälte warten und leiden musste. Doch gleichzeitig vergoss sie Tränen über irgendeine Geschichte, die sie im Theater sah.«

So verhalten sich sentimentale Menschen, emotionale Menschen – es kostet sie nichts, zu weinen, Gefühle zu haben. Doch es kostet sehr viel, mitfühlend zu sein. Es kostet das gesamte Leben. Ein mitfühlender Mensch ist ein sehr realistischer Mensch. Ein emotionaler Mensch lebt einfach nur in Träumen, in vagen Gefühlen, in Fantasien. Mitgefühl entsteht also auch nicht durch Fühlen.

Wie kann es dann entstehen? Was ist die Methode des Zen, um Mitgefühl entstehen zu lassen? Die einzige Möglichkeit ist Meditation. Mitgefühl entsteht durch Meditation. Wir müssen also verstehen, was Meditation ist.

Der wahnsinnige Verstand hält niemals an.
Wenn er anhält, ist es Meditation.

Gautama Buddha, der Begründer von Zen, der Begründer aller großen meditativen Techniken dieser Welt, definierte Meditation mit einem einzigen Wort. Als ihn eines Tages jemand fragte: »Was ist Meditation? Worum geht es dabei eigentlich?«, antwortete er darauf mit einem einzigen Wort. Er sagte: »Halt!« Das war seine Definition von Meditation. Er sagte: »Meditation ist Anhalten.« Der vollständige Satz lautet: »Der wahnsinnige Verstand hält niemals an. Wenn er anhält, ist es Meditation.«

Der wahnsinnige Verstand hält niemals an – wenn er anhält, ist es Meditation. Meditation ist ein Zustand der Bewusstheit ohne Gedanken. Meditation ist ein Zustand nicht-emotionaler, nicht-sentimentaler, nicht-denkender Bewusstheit: wenn du einfach nur bewusst bist, wenn du zu einer Säule aus Bewusstheit wirst. Wenn du einfach nur wach, erwacht, aufmerksam bist. Wenn du einfach nur reine Bewusstheit bist.

Wie erreicht man diesen Zustand? Die Zen-Anhänger haben ein spezielles Wort für den Zugang dazu, sie nennen ihn *Hua t'ou*. Dieses chinesische Wort bedeutet »vor dem Wort« oder »vor dem Gedanken«. Der Verstand in dem Zustand, bevor er durch einen Gedanken erfüllt wird, wird als *Hua t'ou* bezeichnet. Zwischen zwei Gedanken befindet sich eine Lücke, und diese Lücke heißt *Hua t'ou*.

Beobachte es einmal. Ein Gedanke huscht über die Leinwand deines Verstandes – auf dem Radarschirm deines Verstandes zieht ein Gedanke wie eine Wolke vorüber. Zuerst ist er vage – er kommt näher und näher – dann befindet er sich plötzlich auf dem Schirm. Und dann bewegt er sich weiter, verlässt den Schirm, wird wieder vage und verschwindet schließlich ganz … und ein neuer Gedanke taucht auf. Zwischen diesen beiden Gedanken befindet sich eine Lücke – für einen winzigen Moment, für einen Sekundenbruchteil, ist der Schirm ohne jeden Gedanken.

Dieser reine Zustand ohne jeden Gedanken wird als *Hua t'ou* bezeichnet – vor dem Wort, vor dem Gedanken, bevor der Verstand aktiviert wird. Weil wir innerlich nicht wach sind, verpassen wir diesen Zustand ständig –

andernfalls würde jeden Augenblick Meditation geschehen. Man muss es nur beobachten, man muss sich nur bewusst werden, welchen Schatz man ständig in sich trägt. Es ist nicht so, dass Meditation von irgendwo außerhalb kommen müsste. Meditation ist bereits vorhanden, der Same ist vorhanden. Man muss ihn nur erkennen, ihn nähren, ihn pflegen, dann beginnt er zu wachsen.

Das Intervall zwischen zwei Gedanken heißt *Hua t'ou*. Das ist die Tür, durch die man Meditation betritt. *Hua t'ou* – wörtlich übersetzt bedeutet dieser Begriff »Wortkopf«. »Wort« bezeichnet das gesprochene Wort, und »Kopf« ist das, was dem Wort vorausgeht. *Hua t'ou* ist der Augenblick, bevor ein Gedanke auftaucht. Sobald ein Gedanke auftaucht, wird er zum *Hua wei* – *Hua wei* bedeutet wörtlich »Wortschwanz«. Und dann, wenn der Gedanke oder das Wort verschwunden ist und wieder eine Lücke entsteht, kommt es wieder zum *Hua t'ou*. Meditation bedeutet, sich dieses *Hua t'ou* anzusehen.

Es ist nicht so, dass Meditation von irgendwo außerhalb kommen müsste. Meditation ist bereits vorhanden, der Same ist vorhanden. Man muss ihn nur erkennen, ihn nähren und pflegen, dann beginnt er zu wachsen.

»Man sollte sich nicht vor dem Auftauchen von Gedanken fürchten«, sagt Buddha, »sondern nur davor, sich ihres Auftauchens nicht bewusst zu sein.« Das ist ein revolutionär neuer Umgang mit dem Verstand, der vor Buddha noch nie versucht worden war. Buddha sagt, dass man sich nicht vor dem Auftauchen von Gedanken fürchten soll – sondern nur davor, sich ihrer nicht bewusst zu sein, sie nicht mit dem Bewusstsein wahrzunehmen.

Wenn ein Gedanke auftaucht und gleichzeitig mit dem Gedanken auch Bewusstheit vorhanden ist – wenn du ihn auftauchen siehst, wenn du ihn kommen siehst, wenn du ihn verweilen siehst und wieder gehen siehst –, dann ist es überhaupt kein Problem. Dieses Sehen wird nach und nach zu deiner Burg. Diese Bewusstheit bringt dir zahlreiche Früchte. Wenn du erkennst, dass du nicht der Gedanke bist, kannst du zum ersten Mal wirklich klar sehen. Der Gedanke ist getrennt von dir, du bist nicht mit ihm identifiziert. Du bist Bewusstsein, und der Gedanke ist Inhalt. Er kommt und geht – er ist ein Gast, du bist der Gastgeber. Das ist die erste Erfahrung von Meditation.

Zen spricht vom »fremden Staub«. Ein Reisender hält zum Beispiel in einem Gasthaus an, wo er die Nacht verbringt oder eine Mahlzeit einnimmt. Dann packt er wieder und setzt seine Reise fort, denn er hat keine Zeit, länger zu bleiben. Der Besitzer des Gasthauses dagegen kann nirgendwo hingehen. Derjenige, der nicht bleibt, ist der Gast, und derjenige, der bleibt, ist der Gastgeber. Daher ist alles, was nicht bleibt, »fremd«. Oder ein anderes Beispiel: An einem klaren Tag, wenn die Sonne aufgeht und das Licht durch die Fenster ins Haus scheint, kann man den Staub in den Sonnenstrahlen tanzen sehen – doch der leere Raum bewegt sich nicht. Das, was unbewegt ist, ist Leere, und das, was sich bewegt, ist Staub. »Fremder Staub« ist das falsche Denken, und Leere ist die Natur deines Selbst – der Gastgeber, der dem Gast mit seinem Kommen und Gehen nicht folgt.

Das ist eine großartige Erkenntnis. Bewusstsein ist nicht der Inhalt. Du bist Bewusstsein: Gedanken kommen und gehen, du bist ihr Gastgeber. Die Gedanken sind Gäste –

sie kommen und bleiben eine Zeit lang, ruhen sich aus, nehmen Nahrung zu sich oder bleiben über Nacht, und dann ziehen sie weiter. Du dagegen bist immer da. Du bist immer derselbe, du veränderst dich niemals – du bist ewig. Du bist die Ewigkeit selbst.

Beobachte es. Manchmal bist du krank, manchmal bist du gesund, manchmal bist du deprimiert, manchmal bist du glücklich. Einst warst du ein Kind, dann wurdest zu zum Jugendlichen, und schließlich wurdest du erwachsen. Du wurdest stark; ein Tag wird kommen, an dem du schwach wirst. All diese Dinge kommen und gehen, doch dein Bewusstsein bleibt sich immer gleich. Aus diesem Grund kannst du nicht erkennen, wie alt du bist, wenn du nach innen blickst – weil es dort kein Alter gibt. Wenn du nach innen gehst und dort herauszufinden versuchst, wie alt du bist, findest du kein Alter, denn dort gibt es keine Zeit. Du bist immer noch derselbe, der du als Kind warst, der du als Jugendlicher warst. Im Inneren bist du immer vollkommen gleich. Um dein Alter zu bestimmen, musst du auf den Kalender blicken, musst du deine Tagebücher konsultieren, musst du deine Geburtsurkunde zu Rate ziehen – musst du etwas im Außen suchen. Im Inneren wirst du kein Alter und kein Altern finden. Im Inneren herrscht Zeitlosigkeit. Du bleibst immer derselbe – ob nun eine Wolke namens Depression oder eine Wolke namens Glück vorbeizieht, du bist immer derselbe.

Manchmal hängen schwarze Wolken am Himmel – doch der Himmel verändert sich durch diese Wolken nicht. Und manchmal hängen auch weiße Wolken am Himmel, und auch diese Wolken verändern den Himmel nicht. Wolken kommen und gehen, doch der Himmel bleibt immer gleich. Wolken kommen und gehen, doch der Himmel bleibt.

Du bist der Himmel, und deine Gedanken sind die Wolken. Wenn du deine Gedanken genau beobachtest, wenn du sie nicht verpasst, wenn du sie direkt ansiehst, wird als erstes diese Erkenntnis auftauchen – und es ist eine großartige Erkenntnis. Dies ist der Beginn deiner Buddhaschaft, dies ist der Beginn deines Erwachens. Du liegst nicht mehr in tiefem Schlaf, du bist nicht mehr mit den Wolken identifiziert, die kommen und gehen. Nun weißt du, dass du ewig bist. Plötzlich verschwindet alle Angst. Nichts verändert dich, nichts wird dich jemals verändern – wozu also solltest du Angst haben, wozu solltest du ängstlich sein? Wozu solltest du dir Sorgen machen? Kein Problem kann dir etwas anhaben. Diese Dinge kommen und gehen, sie sind nur Wellen an der Oberfläche. In deiner Tiefe taucht niemals auch nur eine einzige Welle auf. Und dort bist du, das bist du. Dieses Wesen bist du. Zen-Anhänger bezeichnen dies als den Zustand des Gastgebers.

Normalerweise bist du mit den Gästen identifiziert – daher dein ganzes Unglück. Es kommt ein Gast, und du hängst dein Herz an ihn. Und wenn der Gast zusammenpackt und geht, weinst du und klagst du – und gehst ein Stück weit mit, wenigstens bis zur Tür, um ihn zu verabschieden. Dann kommst du zurück und weinst und klagst weiter – ein Gast hat dich verlassen und du bist unglücklich. Dann kommt ein neuer Gast, und wieder hängst du dein Herz an ihn und identifizierst dich mit ihm, und wieder verlässt er dich …

Gäste kommen und gehen, sie bleiben nicht! Sie können nicht bleiben, es liegt nicht in ihrer Natur, zu bleiben.

Hast du deine Gedanken schon einmal genau beobachtet? Sie bleiben nicht, sie können nicht bleiben. Selbst wenn du versuchst, sie festzuhalten, gelingt es dir nicht.

Versuche es einmal. Das ist etwas, was die Menschen manchmal versuchen – sie versuchen, sich auf ein einziges Wort zu konzentrieren. Zum Beispiel versuchen sie, sich auf den Klang des Wortes *Om* zu konzentrieren. Ein paar Sekunden lang gelingt es ihnen, und dann ist es weg, einfach fort. Dann denken sie wieder an ihre Arbeit, ihre Frau, ihre Kinder … plötzlich fällt es ihnen auf – wo ist das *Om*? Es war ihnen einfach entglitten.

Gäste sind Gäste – sie sind nicht gekommen, um für immer zu bleiben. Sobald du erkannt hast, dass alles, was zu dir kommt, auch wieder geht, gibt es keinen Grund mehr, warum du dir Sorgen machen solltest. Beobachte es: Lass sie da sein, lass sie packen, lass sie gehen. Du bleibst. Kannst du den Frieden spüren, der auftaucht, wenn du erkennst, dass du immer bleibst? Das ist Stille. Das ist ein angstfreier Zustand. Das ist Gleichmut. Das Leiden endet in dem Augenblick, in dem die Identifikation aufhört. Höre auf, dich zu identifizieren – das ist alles. Und wenn du jemanden beobachten kannst, der in solch ewiger Zeitlosigkeit lebt, wirst du eine gewisse Anmut, eine Kühle, eine Schönheit um ihn herum wahrnehmen.

Es geschah einmal – diese Geschichte handelt von Buddha, und es ist eine sehr schöne Geschichte. Hört aufmerksam zu, denn sonst verpasst ihr es.

Eines Tages zur Essenszeit legte der Ehrwürdige seine Robe an, nahm seine Bettelschale und ging in die Stadt, um sich seine Mahlzeit zu erbetteln. Nachdem er von Tür zu Tür gegangen war, kehrte er wieder zurück. Als er sein Mahl gegessen hatte, räumte er seine Robe und seine Schale wieder beiseite, wusch sich die Füße, richtete seinen Platz und setzte sich hin.

Geht langsam, so als ob der Film sich sehr langsam bewegen würde. Es ist ein Buddha-Film, und Buddha-Filme bewegen sich sehr langsam. Lasst es mich noch einmal wiederholen …

Eines Tages zur Essenszeit legte der Ehrwürdige seine Robe an, nahm seine Bettelschale und ging in die Stadt, um sich seine Mahlzeit zu erbetteln. Nachdem er von Tür zu Tür gegangen war, kehrte er wieder zurück. Als er sein Mahl gegessen hatte, räumte er seine Robe und seine Schale wieder beiseite, wusch sich die Füße, richtete seinen Platz und setzte sich hin.

Stellt euch Buddha vor, der all dies tut und sich dann auf seinen Platz setzt.

Das zeigt das gewöhnliche Leben des Buddha und seine alltäglichen Verrichtungen, die denen anderer gleichen und nichts Besonderes an sich haben. Es gibt zwar etwas, das ungewöhnlich ist, aber nur sehr wenige wissen davon.

Was ist das? Was ist diese ungewöhnliche, einzigartige Qualität? – Denn Buddha macht nur gewöhnliche Dinge. Er wäscht seine Füße, er richtet seinen Platz, er setzt sich hin, er räumt seine Robe auf, er räumt seine Schale auf, er geht zu Bett, er steht wieder auf – gewöhnliche Dinge, die jeder Mensch tut.

… Subhuti, der sich in der versammelten Schar der Schüler befand, erhob sich von seinem Platz, entblößte seine rechte Schulter, kniete sich nieder, hob ehrerbietig die gefalteten Hände und sagte zu Buddha: »Das ist äußerst ungewöhnlich, o Ehrwürdiger! Das ist äußerst ungewöhnlich!«

Nun, an der Oberfläche scheint nichts besonders ungewöhnlich zu sein. Buddha kommt zurück, legt seine Robe ab, räumt seine Schale auf, richtet seinen Platz, wäscht seine Füße, setzt sich hin – nichts erscheint irgendwie ungewöhnlich. Doch dieser Mann, Subhuti ... Subhuti ist einer der erkenntnisreichsten Schüler Buddhas – viele großartige und wunderbare Geschichten über Buddha handeln von Subhuti. Dies ist eine dieser Geschichten, eine ganz besondere.

In diesem Augenblick erhob sich Subhuti, der sich in der versammelten Schar der Schüler befand, von seinem Platz, entblößte seine rechte Schulter, kniete sich nieder, hob ehrerbietig die gefalteten Hände und sagte zu Buddha: »Das ist äußerst ungewöhnlich, o Ehrwürdiger! Das ist äußerst ungewöhnlich!«

Es ist einzigartig, etwas niemals zuvor Dagewesenes.

Die alltäglichen Verrichtungen des Ehrwürdigen glichen denen aller anderen Menschen, doch es gab etwas, was anders war, und selbst jene, die ihm von Angesicht zu Angesicht gegenüber saßen, bemerkten es nicht.

An jenem Tag fiel es Subhuti plötzlich auf, und er pries es und sagte: »Wie ungewöhnlich! Wie außergewöhnlich!«

Der Ehrwürdige hatte dreißig Jahre lang bei seinen Schülern geweilt und doch wussten sie noch immer nichts über seine alltäglichen Verrichtungen. Da sie nichts darüber wussten, hielten sie diese Verrichtungen für gewöhnlich und beachteten sie nicht weiter. Sie dachten einfach nur, dass er wie andere

Menschen sei, und waren daher argwöhnisch und glaubten nicht, was er sagte. Hätte Subhuti es nicht erkannt, so würde bis heute niemand den Buddha wirklich kennen.

So erzählen es die Schriften. Wenn es keinen Subhuti gegeben hätte, hätte niemand erkannt, was im Inneren Buddhas vor sich geht. Was geht in seinem Inneren vor sich? Buddha bleibt immer der Gastgeber. Keinen einzigen Augenblick lang verliert er seine Zeitlosigkeit, seine Ewigkeit. Buddha bleibt immer meditativ. Nicht einen einzigen Augenblick lang verliert er den *Hua t'ou*. Buddha verweilt in seinem Samadhi – selbst wenn er seine Füße wäscht, wäscht er sie ganz wach, ganz bewusst, ganz aufmerksam. Und dabei ist er sich bewusst: »Diese Füße sind nicht ich.« Und er ist sich bewusst: »Diese Schale ist nicht ich.« Und: »Diese Robe ist nicht ich.« »Dieser Hunger ist nicht ich.« »Alles, was um mich herum ist, ist nicht ich. Ich bin nur ein Zeuge, ein Beobachter all dessen.«

Daher seine Anmut, daher seine überweltliche Schönheit. Er bleibt kühl. Diese Kühle ist Meditation. Sie wird erlangt, indem man sich des Gastgebers mehr bewusst wird, indem man sich des Gastes mehr bewusst wird, indem man aufhört, sich mit dem Gast zu identifizieren, indem man sich vom Gast distanziert. Gedanken kommen und gehen, Gefühle kommen und gehen, Träume kommen und gehen, Stimmungen kommen und gehen, die Atmosphäre verändert sich. Alles, was sich verändert, bist nicht du.

Gibt es etwas, was unveränderlich bleibt? Das bist du. Das ist Göttlichkeit. Es zu erkennen, es zu sein und darin zu verweilen bedeutet, *Samadhi* zu erlangen. Meditation ist die Methode, *Samadhi* ist das Ziel. Meditation, *Dhyana*, ist die Technik, mit der die Identifikation mit dem Gast aufgelöst wird. Und *Samadhi* bedeutet, mit dem Gastgeber zu verschmelzen, im Gastgeber zu verweilen, dort sein Zentrum zu finden.

Jede Nacht umarmst du einen Buddha im Schlaf,
jeden Morgen erhebst du dich mit ihm.
Ob du stehst oder sitzt, beide beobachten und folgen einander.
Ob du sprichst oder schweigst, beide befinden sich am selben Platz.
Sie trennen sich niemals auch nur für einen Augenblick,
sondern sind wie der Körper und sein Schatten.
Wenn du wissen möchtest, wo der Buddha ist:
Er ist im Klang deiner eigenen Stimme.

Das ist ein Zen-Spruch: »Jede Nacht umarmst du einen Buddha im Schlaf.« Der Buddha ist immer da, und auch der Nicht-Buddha ist da. In dir treffen sich die Welt und das *Nirvana*, in dir begegnen sich das Immaterielle und die Materie, in dir verbinden sich Körper und Seele. In dir treffen alle Mysterien des Lebens aufeinander – du bist eine Verbindung, ein Kreuzungspunkt. Auf der einen Seite die ganze Welt, auf der anderen Seite das ganze Jenseits. Du bist einfach eine Verbindung zwischen beiden. Nun ist es nur eine Frage des Schwerpunkts. Wenn du dich immer nur auf die Welt konzentrierst, bleibst du in der Welt. Wenn du deinen Fokus zu verändern beginnst, wenn du deinen Fokus verlagerst und ihn auf das Bewusstsein zu richten beginnst, wirst du zum Gott. Nur eine kleine Veränderung – so als würde man im Auto einen anderen Gang einlegen – so einfach.

»Jede Nacht umarmst du einen Buddha im Schlaf, jeden Morgen erhebst du dich mit ihm.« Er ist immer da, denn das Bewusstsein ist immer vorhanden; es geht nicht einen einzigen Augenblick lang verloren.

»Ob du stehst oder sitzt, beide beobachten und folgen einander.« Der Gastgeber und der Gast – beide sind da. Die Gäste wechseln dauernd, doch immer befindet sich der eine oder andere Gast im Gasthaus. Es ist niemals leer – außer wenn du aufhörst, dich mit den Gästen zu identifizieren. Dann entsteht eine Leere. Dann kann es manchmal geschehen, dass dein Gasthaus leer ist; dann sitzt nur noch der Gastgeber in aller Ruhe da, ohne von irgendwelchen Gästen belästigt zu werden. Der Verkehr hört auf, es kommen keine Leute mehr. Solche Augenblicke sind voll Seligkeit, solche Augenblicke sind voll tiefem Segen.

»Ob du sprichst oder schweigst, beide befinden sich am selben Platz.« Auch wenn du sprichst, ist etwas in dir still. Auch wenn du Verlangen verspürst, ist etwas in dir jenseits von Verlangen. Auch wenn du Begierde verspürst, gibt es einen Teil in dir, der nichts begehrt. Beobachte es, und du wirst diesen Teil finden. Du bist ihm sehr nahe, und doch seid ihr sehr verschieden. Ihr begegnet euch, und doch begegnet ihr euch nicht. Ihr begegnet euch wie Wasser und Öl; es bleibt eine Trennung. Der Gastgeber kommt dem Gast sehr nahe. Manchmal halten sie sich sogar bei den Händen und umarmen sich, doch der Gastgeber bleibt immer der Gastgeber, und der Gast bleibt immer der Gast. Der Gast ist derjenige, der kommt und geht; der Gast wird sich immer wieder verändern. Und der Gastgeber ist derjenige, der verweilt, der unverändert bleibt.

»Sie trennen sich niemals auch nur für einen Augenblick, sondern sind wie der Körper und sein Schatten. Wenn du wissen möchtest, wo der Buddha ist: Er ist im

Klang deiner eigenen Stimme.« Suche nicht irgendwo im Äußeren nach dem Buddha. Er befindet sich in dir – er befindet sich in dir als der Gastgeber.

Löse dich von allem. Dann bist du in dir selbst. Dann ist der Gastgeber zum ersten Mal allein, ohne Gast.

Wie kann man nun diesen Zustand des Gastgebers erreichen? Ich möchte euch dazu eine sehr alte Technik vorstellen, die dabei enorm hilfreich ist. Es ist eine Methode, um zu diesem Gastgeber zu gelangen, zu diesem tiefsten Mysterium deines Seins – einer der äußerst einfachen Wege, die Buddha vorgeschlagen hat:

Lege alle deine Beziehungen vollständig ab und beobachte, was du dann noch bist. Stell dir vor, du bist nicht mehr der Sohn deiner Eltern, nicht mehr der Mann deiner Ehefrau, nicht mehr der Vater deiner Kinder, kein Teil mehr deiner Verwandtschaft, kein Teil mehr deines Freundeskreises, kein Bürger mehr in deinem Land, und so weiter und so fort – bis nur noch du in dir selbst übrig bleibst.

Löse einfach alle Verbindungen. Einmal am Tag nimm dir etwas Zeit, setze dich still hin und löse dich aus allen Verbindungen. So wie man das Telefon aussteckt, so nimm dich aus allen Verbindungen heraus. Betrachte dich nicht mehr als Vater deiner Kinder – löse die Verbindung. Du bist nicht mehr der Vater deines Sohnes, und du bist auch nicht mehr der Sohn deines Vaters. Löse dich von der Vorstellung, dass du ein Ehemann oder eine Ehefrau bist; du bist keine Ehefrau mehr, kein Ehemann. Du bist kein Vorgesetzter mehr, kein Untergebener mehr. Du bist nicht mehr schwarz, nicht mehr weiß. Du bist nicht mehr indisch, chinesisch oder deutsch. Du bist nicht mehr jung, nicht mehr alt. Löse alle Verbindungen auf – und mache immer weiter damit.

Es gibt tausende von Verbindungen – mache einfach immer weiter und löse alle Verbindungen auf. Und wenn du alle Verbindungen gelöst hast, dann frage dich: Wer bin ich? Und darauf wird keine Antwort auftauchen, denn du hast bereits alle Antworten aufgelöst, die hätten auftauchen können.

»Wer bin ich?« Und es taucht die Antwort auf: »Ich bin ein Arzt.« – Doch du hast dich von deinen Patienten gelöst. Oder es taucht die Antwort auf: »Ich bin ein Professor« – doch du hast dich von deinen Studenten gelöst. Oder die Antwort: »Ich bin chinesisch« – doch du hast dich davon gelöst. Oder die Antwort: »Ich bin ein Mann, eine Frau« – doch du hast dich davon gelöst. Oder die Antwort: »Ich bin ein alter Mensch« – doch auch davon hast du dich gelöst.

Löse dich von allem. Dann bist du in dir selbst. Dann ist der Gastgeber zum ersten Mal allein, ohne Gast. Es ist gut, machmal allein und ohne Gast zu sein, denn dann kannst du dein Gastgeber-Sein genauer erkennen, es gründlicher betrachten. Die Gäste sorgen für Unruhe, die Gäste machen Lärm, sie kommen und verlangen deine Aufmerksamkeit. Sie sagen: »Mach dieses, mach jenes«, und »Wir brauchen heißes Wasser«, und »Wo bleibt das Frühstück?«, und »Wo ist mein Bett?« und »In meinem Bett sind Wanzen!« … tausend Dinge wollen die Gäste, und der Gastgeber fängt an, hinter ihnen herzurennen: »Man muss sich schließlich um all diese Leute kümmern!«

Wenn du dich vollkommen aus allen Verbindungen gelöst hast, gibt es niemanden mehr, der dich stört – niemand *kann* dich mehr stören. Plötzlich bist du ganz allein – in einem reinen Alleinsein, in einer jüngfräulichen Reinheit des Alleinseins. Du bist wie jungfräuliches Land, wie der jungfräuliche Gipfel des Himalaja, auf den noch niemals jemand seinen Fuß gesetzt hat.

Das ist es, was Jungfräulichkeit bedeutet. Das meine ich, wenn ich sage: »Ja, die Mutter Jesu war jungfräulich.« Das meine ich damit. Ich stimme darin nicht mit den christlichen Theologen überein – was sie sagen, ist alles Unsinn. Das ist es, was Jungfräulichkeit bedeutet – Jesus muss von Maria empfangen worden sein, als sie sich in einem derart losgelösten Zustand befand. Wenn man in solch einem Zustand ein Kind empfängt, kann das Kind nur ein Jesus sein, nichts anderes.

Im alten Indien gab es bestimmte Regeln, wie man ein Kind empfangen sollte. Man sollte keinen Geschlechtsverkehr haben, bevor man sich nicht in tiefe Meditation versenkt hatte. Meditation sollte die Vorbereitung für den Liebesakt sein: Das ist es, was Tantra bedeutet. Meditation sollte die Basis sein – und nur dann sollte man sich lieben. Damit lädt man höhere Seelen zu sich ein. Je tiefer die Meditation, desto größer die Seele, die eingeladen wird.

Maria muss in dem Augenblick, als Jesus empfangen wurde, aus allen Verbindungen vollkommen losgelöst gewesen sein. Sie muss sich in diesem jungfräulichen Zustand befunden haben, sie muss im Zustand des Gastgebers gewesen sein. Sie war kein Gast mehr, und sie wurde nicht mehr von Gästen belästigt und war nicht mehr mit den Gästen identifiziert. Sie war nicht der Körper, sie war nicht der Verstand, sie war nicht die Gedanken – sie war keine Ehefrau mehr, sie war niemand. In diesem Zustand von Niemand war sie, in Stille – ein reines Licht, eine Flamme ohne jeden Rauch um sich herum, jungfräulich.

Und ich sage euch, genau das war auch der Fall, als Buddha empfangen wurde oder Mahavira oder Krishna oder Nanak – denn solche Menschen können auf keine andere Art und Weise gezeugt werden. Solche Seelen können nur einen wirklich jungfräulichen Schoß betreten. Das ist mein Verständnis von Jungfräulichkeit. Es hat nichts zu tun mit den törichten Vorstellungen, die damit verbunden werden – dass sie niemals mit einem Mann zusammen war, dass Jesus nicht durch einen Mann gezeugt wurde, dass Jesus nicht der Sohn Josefs war. Aus diesem Grund sprechen die Christen immer von Jesus als Marias Sohn. Sie sprechen niemals über den Vater; er war für sie nicht der Vater. »Marias Sohn« und »Gottes Sohn« – für sie gibt es keinen Josef dazwischen. Doch warum sollte man den armen Josef so ausgrenzen? Warum kann Gott Josef nicht ebenso als Werkzeug benutzen, wie er Maria benutzt hat? Was sollte daran falsch sein? Er benutzt Maria als Schoß, ohne dass es die Geschichte verdirbt; warum kann er dann nicht auch Josef benutzen? Der Schoß ist nur die eine Hälfte der Geschichte, denn dabei wird ein Ei von der Mutter verwendet; warum sollte man nicht auch den Samen von Josef verwenden? Warum sollte man diesen armen Zimmermann so ausgrenzen?

Nein, das Leben benutzt beide. Doch ihr Bewusstseinszustand muss der des Gastgebers gewesen sein. Und wenn man der Gastgeber ist, dann ist es ja auch kein Wunder, dass man einen besonderen Gast empfängt – Jesus tritt ein! Wenn du deine Identifikation mit allen Gästen aufgelöst hast, wird das Göttliche dein Gast.

Zuerst wirst du zum Gastgeber, zum reinen Gastgeber. Dann wird das Göttliche dein Gast.

Wenn du dich aus allen Verbindungen gelöst hast, gelangst du zu dir in dir selbst. Nun frage dich: Was bist »du in dir selbst«? Diese Frage kannst du niemals beantworten – sie lässt sich nicht beantworten, weil sie von allen greifbaren Beziehungen losgelöst ist. Auf diese Weise stolpert man über das Nicht-Greifbare, das Nicht-Erkennbare; damit betritt man den Raum der Meditation. Wenn du dich darin niedergelassen hast, vollkommen darin angekommen bist, wird daraus Erleuchtung.

Nun könnt ihr die folgende Zen-Geschichte leichter verstehen.

Der Zen-Meister und der Dieb

Wenn Bankei seine Meditationsretreats abhielt, kamen immer Schüler aus allen Teilen Japans, um daran teilzunehmen. Bei einem dieser Treffen wurde einer der Schüler beim Stehlen ertappt. Die Sache wurde Bankei gemeldet, mit der Forderung, dass der Schuldige entfernt werden solle. Doch Bankei ignorierte den Vorfall.

Einige Tage später wurde der Schüler erneut auf frischer Tat ertappt, und wieder ignorierte Bankei die Sache. Das brachte die übrigen Schüler auf, die daraufhin eine Petition verfassten, in der sie verlangten, dass der Dieb entfernt werden müsse, andernfalls würden sie die Veranstaltung geschlossen verlassen.

Nachdem Bankei die Petition gelesen hatte, rief er alle Teilnehmer zu sich. »Ihr seid weise Brüder«, sagte er zu ihnen. »Ihr wisst, was richtig ist und was falsch. Wenn ihr möchtet, könnt ihr woanders hingehen, um zu lernen, doch dieser arme

Bruder kann nicht einmal richtig von falsch unterscheiden. Wer wird ihn lehren, wenn ich es nicht tue? Ich werde ihn hier behalten, auch wenn ihr anderen alle gehen wollt.«

Da floss ein Strom von Tränen über das Gesicht des Schülers, der gestohlen hatte. Alles Verlangen zu stehlen war verschwunden.

Diese Geschichte spielt in einem Meditationscamp, bei einem Meditationsretreat, also müsst ihr zuerst einmal verstehen, was Meditation ist. Daher bin ich so gründlich auf Meditation eingegangen – sonst würdet ihr den springenden Punkt der Geschichte nicht verstehen. Diese Geschichten sind keine gewöhnlichen Geschichten, sie haben einen besonderen Hintergrund. Wenn ihr nicht versteht, was Meditation ist, werdet ihr zwar lesen: *Wenn Bankei seine Meditationsretreats abhielt«* – doch ihr werdet nicht verstehen, was das bedeutet.

... kamen immer Schüler aus allen Teilen Japans, um daran teilzunehmen. Bei einem dieser Treffen wurde einer der Schüler beim Stehlen ertappt.

Solche Schüler gibt es überall, denn die Menschen sind geldgierig. Und glaubt nur nicht, dass derjenige, der stahl, sich grundlegend von jenen unterschied, die er bestahl; sie sitzen alle im selben Boot. Sie sind alle geldgierig. Die einen haben Geld, der andere nicht – das ist der einzige Unterschied. Doch sie alle sind geldgierig.

Die Sache wurde Bankei gemeldet, mit der Forderung, dass der Schuldige entfernt werden solle. Doch Bankei ignorierte den Vorfall.

Warum ignorierte er den Vorfall? Weil beide Seiten geldgierig sind. Beide sind Diebe – hier ist einfach nur ein Dieb, der versucht, von anderen Dieben zu stehlen, nichts weiter. In dieser Welt wirst du zum Dieb, wenn du Dinge hortest; wenn du Dinge besitzt, bist du ein Dieb. Es gibt zwei Sorten von Dieben in dieser Welt: Die einen sind respektable Diebe, die vom Staat anerkannt, sanktioniert, registriert, zugelassen werden – und die anderen sind nicht sanktionierte Diebe, die es von sich aus tun. Legaler Diebstahl und illegaler Diebstahl. Die legalen Diebe werden respektiert; die illegalen werden natürlich nicht respektiert, weil sie die Regeln brechen.

Menschen, die schlau sind, brechen niemals die Regeln, sondern finden Möglichkeiten, zu stehlen, indem sie die Regeln umgehen. Doch es gibt auch Leute, die nicht so schlau sind. Sie merken nur, dass sie niemals etwas besitzen werden, wenn sie die Regeln befolgen, also ignorieren sie die Regeln und fangen an, illegale Dinge zu tun. Doch im Grunde sind alle gleich geldgierig. Darum ignorierte Bankei den Vorfall.

Einige Tage später wurde der Schüler erneut auf frischer Tat ertappt, und wieder ignorierte Bankei die Sache.

Er ist sich bewusst, dass alle im selben Boot sitzen, dass es keinen großen Unterschied zwischen ihnen gibt.

Es wird euch vielleicht überraschen, wenn ich sage, dass ein Mensch respektabel wird, wenn er mit seinen Verbrechen Erfolg hat. Aber so ist es. Nur wenn er keinen Erfolg hat, wird er zum Kriminellen. Die erfolgreichen Räuber werden zu Herrschern, und die erfolglosen Herrscher werden zu Räubern. Es ist nur eine Frage des Erfolgs. Wenn man mächtig ist, ist man ein großer Herrscher. Was war denn Alexander, der große Alexander? Ein großer Räuber – aber ein erfolgreicher.

Alle eure sogenannten Politiker sind Räuber. Sie versuchen andere Räuber auszuschalten – sie sind gegen Schmuggelei, sie sind gegen Diebstahl, sie sind gegen dieses und jenes. Im Grunde sind sie selbst die größten Schmuggler, die größten Diebe. Doch sie machen diese Dinge auf legale Weise – oder schaffen es wenigstens, sie legal aussehen zu lassen. Und sie haben Erfolg damit, wenigstens so lange, wie sie an der Macht sind. Wenn die Macht verschwunden ist, dann verschwinden auch all die schönen Geschichten über sie.

Sobald ein Politiker abgesetzt ist, wird er zu einem hässlichen Phänomen, ob es sich nun um einen Richard Nixon handelt oder um eine Indira Ghandi. Sobald ein Politiker abgesetzt ist, sobald seine Macht verschwunden ist und ihn nicht mehr schützt, wird alles aufgedeckt. Wenn man weiß, wie jemand reich geworden ist, wird man ihn nicht mehr respektieren. Doch wenn jemand wirklich reich ist, kann er dafür sorgen, dass die Leute den Mund halten. Und außerdem haben die Menschen ein sehr kurzes Gedächtnis – sie vergessen.

In irgendeinem Buch habe ich einmal eine Geschichte über zwanzig Männer gelesen, die aus England verbannt wurden, weil sie Piraten waren. Und was war dreißig Jahre später? Einige von diesen zwanzig Männern waren nach Australien gegangen, andere nach Amerika. Ein paar waren Politiker geworden, andere Bankiers oder Hoteliers – alle zwanzig waren sehr angesehene Leute geworden.

Aus diesem Grund ignorierte Bankei den Vorfall. Er schenkte ihm nicht viel Beachtung, er nahm ihn nicht besonders wichtig. »Das ist nichts Besonderes, so laufen die

Dinge eben in der Welt.« Jemand, der nicht geldgierig ist, ignoriert so etwas einfach.

Das brachte die übrigen Schüler auf, die daraufhin eine Petition verfassten, in der sie verlangten, dass der Dieb entfernt werden müsse, andernfalls würden sie die Veranstaltung geschlossen verlassen.

Nun, offenbar waren diese Leute nicht wirklich gekommen, um zu meditieren. Wenn man kommt, um zu meditieren, hat man einige Voraussetzungen verstanden – dass es darum geht, weniger geldgierig zu werden und eine gewisse Distanz zu allen Besitztümern zu entwickeln. Dass es keine große Rolle spielt, ob jemand ein paar Rupien gestohlen hat – dass das nicht so wichtig ist, dass es keine Sache auf Leben und Tod ist. Dass es darum geht zu verstehen, wie der Verstand funktioniert und warum die Menschen geldgierig sind.

Sie sind gegen den Dieb, weil er ihr Geld genommen hat. Doch war es wirklich ihres? Sie müssen es auf irgendeine Art und Weise anderen abgenommen haben – denn niemand kommt mit Geld in die Welt, alle kommen mit leeren Händen. Alles, was wir besitzen, nennen wir einfach nur unser eigen, doch in Wahrheit gehört nichts irgendjemandem. Wenn also jemand wirklich gekommen ist, um zu meditieren, wird das seine Einstellung sein – dass nichts irgendjemandem gehört. Er wird immer weniger an den Dingen anhaften.

Doch diese Menschen waren besitzorientiert. Und wenn man besitzorientiert ist, kommt sofort Politik hinzu. Als sie sahen, dass der Dieb zweimal ignoriert worden war, müssen sie sich gedacht haben: »Was für ein Meister ist das? Es scheint so, als wäre er für den Dieb!« Sie konnten nicht verstehen, weshalb er es ignorierte. Er ignorierte es nur deshalb, um ihnen zu zeigen, dass sie ihre Besitzorientierung aufgeben sollten. Ja, Stehlen ist nicht in Ordnung, doch ihre Besitzorientierung ist ebenfalls nicht in Ordnung.

Als die Schüler jedoch sahen, dass sie zweimal ignoriert worden waren, wurden sie zornig. Sie verfassten eine Petition – sofort kommt Politik hinzu, Protest, eine Petition –,

in der sie verlangten, dass der Dieb entfernt werden müsse, andernfalls würden sie die Veranstaltung geschlossen verlassen.

Nun, offensichtlich waren sie nicht wirklich gekommen, um zu meditieren. Wenn sie wirklich meditieren wollten, wäre ihre Herangehensweise an dieses Problem vollkommen anders gewesen. Sie hätten diesem Mann und seiner Gier nach Geld gegenüber etwas mehr Mitgefühl verspürt. Wären sie wahre Meditierende gewesen, hätten sie Geld gesammelt und es diesem Mann gegeben: »Hier, nimm lieber dieses Geld, als es zu stehlen.« Das wäre ein Hinweis gewesen, dass sie gekommen waren, um zu meditieren, um transformiert zu werden.

Doch sie verfassten eine Petition und verlangten die Entfernung des Diebs. Und nicht nur das – sie fügten auch noch die Drohung hinzu, dass sie das Retreat geschlossen verlassen würden, wenn er nicht hinausgeworfen würde.

Einem Meister wie Bankei kann man nicht drohen.

Nachdem Bankei die Petition gelesen hatte, rief er alle Teilnehmer zu sich. »Ihr seid weise Brüder«, sagte er zu ihnen. »Ihr wisst, was richtig ist und was falsch. Wenn ihr möchtet, könnt ihr woanders hingehen, um zu lernen, doch dieser arme Bruder kann nicht einmal richtig von falsch unterscheiden. Wer wird ihn lehren, wenn ich es nicht tue? Ich werde ihn hier behalten, auch wenn ihr anderen alle gehen wollt.«

Hier gibt es viele Dinge zu verstehen. Wenn der Meister sagt: »Ihr seid weise Brüder«, dann verspottet er sie damit, dann gibt er ihnen damit eins auf die Nase. Er sagt damit nicht, dass sie weise sind, sondern dass sie vollkommene Narren sind. Doch alle Narren halten sich für weise. Tatsächlich ist es das Kennzeichen eines Narren, sich für weise zu halten. Wirklich weise Menschen halten sich nicht für weise. Doch Narren denken immer, sie seien weise.

Diese Menschen sind also Narren. Sie waren doch nicht gekommen, um an Geld zu denken, sie waren nicht gekommen, um Geld zu erwerben – sie waren da, um etwas Größeres zu erwerben, etwas weitaus Wertvolleres, doch das hatten sie vollkommen vergessen. Tatsächlich hatte ihnen dieser Mann eine Gelegenheit gegeben, das zu erkennen. Wären sie wahrhaft Meditierende gewesen, wären sie zu diesem Mann gegangen und hätten sich bei ihm bedankt: »Du hast uns eine Gelegenheit gegeben, zu erkennen, wie sehr wir an unserem Geld hängen. So sehr hast du uns mit deinem Verhalten abgelenkt! Wir haben überhaupt nicht mehr an Meditation gedacht, wir haben vollkommen vergessen, wozu wir gekommen waren. Wir haben sogar Meister Bankei vergessen.«

Sie waren hunderte von Meilen gereist, vielleicht sogar tausende. Sie müssen monatelang unterwegs gewesen sein, denn damals war das Reisen noch nicht so einfach. Sie waren gekommen, sie hatten von diesem Meister gehört, und sie waren von weither gekommen, um bei ihm zu meditieren. Und jemand stiehlt, und sie vergessen das alles! Sie hätten sich bei dem Dieb bedanken sollen: »Du hast uns etwas zu Bewusstsein gebracht – unsere unterschwellige Besitzorientierung ist aufgetaucht und an die Oberfläche getreten.«

Wenn Bankei sagt: »Ihr seid weise Brüder«, dann ist das nur ironisch. Er meint damit: »Ihr seid vollkommene Narren. Doch ihr denkt, ihr seid weise, ihr denkt, dass ihr wisst, was richtig und was falsch ist. Ihr versucht sogar, *mich* zu lehren, was richtig und was falsch ist. Ihr sagt zu mir: ›Wirf diesen Mann hinaus, sonst werden wir gehen.‹ Ihr versucht, mir Vorschriften zu machen. Ihr glaubt zu wissen, was richtig und was falsch ist? Dann könnt ihr woanders hingehen – denn wenn ihr so weise seid, werdet ihr überall lernen können. Doch wohin soll dieser Mann gehen? Er ist solch ein Narr!«

Versteht ihr das, erkennt ihr die Ironie dahinter? Denkt daran, die Selbstgerechtigkeit der Gerechten ist niemals gerecht. Menschen, die glauben, dass sie im Recht sind, sind fast immer dumm. Das Leben ist so komplex und so subtil, dass sich nicht so leicht entscheiden lässt, ob man im Recht ist und jemand anderer im Unrecht. Tatsächlich wird sich jemand, der auch nur ein wenig Einsicht besitzt, immer vor der Falle der Selbstgerechtigkeit hüten.

Doch diese Schüler von Bankei denken, dass sie wissen, was richtig und was falsch ist; und dieser Dieb hat ein Unrecht begangen, und der Meister soll ihn hinauswerfen. Und wenn der Meister ihn nicht hinauswirft, dann ist der Meister ebenfalls im Unrecht. Jetzt sind sie zu weit gegangen mit ihrer Weisheit – sie glauben, sie wissen alles. Sie können das Mitgefühl des Meisters nicht erkennen, sie können seine meditative Haltung nicht erkennen. Sie erkennen nicht, dass dieser Meister ein

Buddha ist – Bankei war einer der großen Zen-Meister Japans. Sie sehen nicht, wer vor ihnen steht, und sie protestieren und drohen ihm.

Die Menschen sind so dumm – jahrhundertelang haben sie alle möglichen Dummheiten begangen. Und die größten Dummheiten wurden immer begangen, wenn ein Buddha unter ihnen war – denn die Menschen konnten ihn nicht verstehen, konnten nicht sehen, mit wem sie es zu tun hatten. Sie machten weiter mit ihren kindischen und pubertären Spielchen; sie redeten weiter Unsinn.

Bankei sagte also:

»Ihr seid weise Brüder, ihr wisst, was richtig ist und was falsch. Wenn ihr möchtet, könnt ihr woanders hingehen, um zu lernen, doch dieser arme Bruder kann nicht einmal richtig von falsch unterscheiden. Wer wird ihn lehren, wenn ich es nicht tue?«

Also geht ruhig, doch ihn werde ich hier behalten, um ihn zu lehren.

»Ich werde ihn hier behalten, auch wenn ihr anderen alle gehen wollt.«

Manchmal ist es schwieriger, jene zu lehren, die glauben, dass sie im Recht sind, als jene, die wissen, dass sie im Unrecht sind. Es ist leichter, einen Verbrecher zu lehren, als einen Heiligen. Es ist leichter, jemanden zu lehren, der tief im Innern das Gefühl hat, dass er etwas falsch macht – denn er ist bereit zu lernen. Er selbst möchte sich aus diesem Zustand befreien. Doch ein Mensch, der das Gefühl hat, dass er das Richtige tut, der möchte nicht von diesem Zustand befreit werden, weil er vollkommen zufrieden damit ist. Es ist nicht möglich, ihn zu verändern.

Warum sagt der Meister: »Ihr könnt alle gehen, doch ich werde diesen Mann hier behalten, diesen armen Bruder«? Warum? Weil dieser arme Bruder ein Potential in sich trägt, eine Möglichkeit.

Es geschah einmal, dass ein Mann, ein großer Verbrecher, ein Mörder und Sünder, zu Buddha kam, um von ihm initiiert zu werden. Als er kam, befürchtete er, dass die Menschen ihm keinen Zutritt gewähren würden, dass Buddhas Schüler ihm nicht erlauben würden, vor Buddha zu treten. Also kam er zu einer Zeit, als nicht viele Menschen da waren. Und er ging nicht zum Tor hinein, sondern sprang über eine der Mauern.

Zufällig war Buddha gerade nicht da – er war betteln gegangen –, und der Mann wurde gefasst. Er sagte zu den Schülern: »Ich bin nicht gekommen, um zu stehlen, ich hatte einfach nur Angst, dass ihr mich nicht einlassen würdet. Jeder kennt mich hier, ich bin eine bekannte Gestalt. Ich bin hier in der Gegend der am meisten gehasste und gefürchtete Mensch, und jeder kennt mich. Also hatte ich Angst, das ihr mich nicht einlassen würdet, dass ihr mir nicht glauben würdet, dass ich tatsächlich ein Schüler Buddhas werden möchte.«

Also brachten sie den Mann zu einem von Buddhas wichtigsten Schülern, Sariputra – der außerdem Astrologe war und die Fähigkeit besaß, auf telepathischer Ebene die vergangenen Inkarnationen eines Menschen zu sehen. Sie baten Sariputra: »Schau dir diesen Mann an. Wir wissen, dass er in diesem Leben ein Mörder ist, ein Dieb, ein Verbrecher, und dass er alle möglichen Dinge begangen hat. Doch vielleicht hat er sich in seinen vergangenen Inkarnationen Verdienste erworben – vielleicht möchte er aus diesem Grund ein Sannyasin werden. Sieh dir doch einmal seine vergangenen Leben an.«

Sariputra sah sich also seine achtzigtausend vergangenen Leben an ... und er war immer dieselbe Art von Mensch gewesen! Selbst Sariputra begann zu zittern, als er das sah. Dieser Mensch ist gefährlich – achtzigtausendmal ein Mörder, ein Verbrecher, immer ein Sünder. Er ist ein etablierter Sünder! Unmöglich – diesen Mann auch nur im geringsten zu verändern ist nicht möglich. Nicht einmal Buddha kann da etwas machen!

Sariputra sagte also: »Werft diesen Mann hinaus, bringt ihn weg – denn nicht einmal Buddha wird diesem Mann helfen können. Er ist ein etablierter Sünder. So wie Buddha ein etablierter Buddha ist, ist er ein etablierter Sünder. Achtzigtausend Leben habe ich gesehen, und mehr will ich gar nicht sehen. Genug ist genug!«

Der Mann wurde also weggeschickt. Er war sehr bestürzt, dass es keine Rettung für ihn gab. Lebendig konnte er nicht zu Buddha gelangen – also beschloss er, Selbstmord zu begehen. Er ging vor dem Tor um die Ecke und fing an, mit dem Kopf gegen die Mauer zu schlagen, um sich umzubringen. Da kam Buddha von seiner Bettelrunde zurück und sah diesen Mann. Und er griff ein und nahm ihn mit und initiierte ihn.

Und die Geschichte erzählt weiter, dass er innerhalb von nur sieben Tagen zum *Arhat* wurde – dass er in sieben Tagen erleuchtet wurde. Darüber staunten natürlich alle sehr. Sariputra ging zu Buddha und sagte: »Was ist da passiert? Ist all meine Hellsichtigkeit, all meine Astrologie nur Unsinn? Ich habe achtzigtausend Leben dieses Mannes gesehen! Wenn dieser Mann in sieben Tagen erleuchtet werden kann, wozu dann die vergangenen

Inkarnationen von Menschen betrachten? Dann ist das doch alles absurd. Wie kann so etwas geschehen?«

Und Buddha antwortete: »Du hast in seine Vergangenheit geschaut, doch nicht in seine Zukunft. Und die Vergangenheit ist vergangen! In dem Augenblick, in dem ein Mensch beschließt, sich zu verändern, kann er sich verändern – allein seine Entscheidung ist entscheidend. Und wenn ein Mensch achtzigtausend Leben im Elend verbracht hat, kennt er das Elend – er sehnt sich nach Veränderung, und die Intensität seines Willens zur Veränderung ist enorm. Daher kann es in sieben Tagen geschehen.

Sariputra, du bist noch nicht erleuchtet. Du bist ein guter Mensch, du hattest gute Leben – du fühlst dich von deiner Vergangenheit nicht so belastet. Du trägst eine gewisse Selbstgerechtigkeit in dir. Du bist schon seit vielen Leben ein Brahmane, ein Gelehrter, ein geachteter Mann. Doch schau dir diesen Mann an. In all diesen achtzigtausend Leben trug er eine Last, und er wollte endlich frei sein. Er wollte wirklich frei sein – daher das Wunder. In nur sieben Tagen befreite er sich aus dem Gefängnis. Die Intensität seiner Vergangenheit trieb ihn an.«

Das ist eine der grundlegenden Tatsachen, die man über die Transformation von Menschen wissen muss. Menschen, die sich schuldig fühlen, lassen sich leicht transformieren. Menschen, die sich gut fühlen, die sich rechtschaffen fühlen, lassen sich nur schwer transformieren. Religiöse Menschen lassen sich nur sehr schwer transformieren, unreligiöse Menschen lassen sich leichter transformieren. Wenn also religiöse Menschen zu mir kommen, nehme ich nicht viel Notiz von ihnen. Doch wann immer ein unreligiöser Mensch kommt, bin ich sehr an ihm interessiert. Ich wende mich ihm zu, ich bin bei ihm, ich bin für ihn, denn bei ihm gibt es eine Möglichkeit.

Aus diesem Grund sagte Bankei:

»Wer wird ihn lehren, wenn ich es nicht tue? Ich werde ihn hier behalten, auch wenn ihr anderen alle gehen wollt.«

Da floss ein Strom von Tränen über das Gesicht des Schülers, der gestohlen hatte. Alles Verlangen zu stehlen war verschwunden.

Durch diesen Strom des Mitgefühls vom Meister ist der Dieb kein Dieb mehr, ist er vollkommen verwandelt. Er beginnt zu weinen, und diese Tränen reinigen sein Herz. *Da floss ein Strom von Tränen über das Gesicht des Schülers, der gestohlen hatte, und alles Verlangen zu stehlen war verschwunden.* Das ist das Wunder der Präsenz eines Meisters. Doch die Geschichte erzählt nichts weiter über jene anderen, politischen Menschen.

Das ist das Mysterium des Lebens. Seid niemals selbstgerecht, glaubt niemals, dass ihr im Recht seid – verrennt euch niemals in diese Vorstellung. Und glaubt niemals von jemand anderem, dass er im Unrecht ist, denn diese beiden Dinge gehören zusammen – wenn du dich selbst im Recht fühlst, dann verurteilst du andere und glaubst, dass jemand anderer im Unrecht ist. Verurteile niemals jemand anderen, und preise niemals dich selbst, sonst wirst du es verfehlen. Akzeptiere die Menschen so, wie sie sind. So sind sie, und wer bist du, zu entscheiden, ob sie im Recht oder im Unrecht sind? Wenn sie im Unrecht sind, werden sie leiden, und wenn sie im Recht sind, werden sie Segen empfangen. Doch wer bist du, sie zu verurteilen?

Dein Verurteilen weckt nur das Ego in dir. Das ist der Grund, warum die Menschen so viel über das Unrecht anderer sprechen – es gibt ihnen das Gefühl, rechtschaffen zu sein. Jemand ist ein Mörder, und das gibt ihnen ein gutes Gefühl: »Ich bin kein Mörder – wenigstens bin ich kein Mörder.« Jemand ist ein Dieb, und sie fühlen sich besser: »Ich bin kein Dieb.« Und so weiter und so fort, und ihr Ego wird immer größer. Die Menschen reden gern über die Sünden und die Verbrechen anderer und über all das, was im Leben anderer Menschen falsch läuft. Die Menschen reden gern darüber. Sie übertreiben es, und sie genießen es – denn es gibt ihnen das Gefühl: »Ich bin gut.« Doch dieses Gefühl wird zum Hindernis.

Seid mitfühlend, seid intelligent, seid liebevoll. Betrachtet andere ohne Verurteilung. Und seid niemals selbstgerecht, fühlt euch niemals heilig. Werdet niemals zu »Eurer Heiligkeit«. Niemals.

Bleibt gewöhnlich, bleibt niemand. Und in diesem Zustand des Niemand kommt der größte Gast … in diesem Zustand des Niemand wirst du zum Gastgeber.

Herz und Verstand – Antworten auf Fragen

Was bedeutet es, einem anderen Menschen helfen zu wollen? Oft scheint es eher ein Versuch zu sein, den anderen zu verändern, als ihn zu respektieren und bedingungslos zu lieben. Kannst du dazu etwas sagen?

Es ist ein enormer und bedeutsamer Unterschied zwischen Helfen und dem Versuch, jemanden zu verändern. Wenn du jemandem hilfst, dann hilfst du ihm, er selbst zu sein; wenn du versuchst, jemanden zu verändern, versuchst du ihn nach deiner Vorstellung zurechtzubiegen. Wenn du versuchst, jemanden zu verändern, versuchst du ihn zu einer Kopie zu machen. Du bist nicht an der Person selbst interessiert; du hast eine bestimme Ideologie, eine feste Vorstellung, ein Ideal, und du versuchst den anderen nach diesem Ideal zu formen. Das Ideal ist wichtiger, der wirkliche Mensch ist überhaupt nicht wichtig.

Tatsächlich ist es gewalttätig, jemanden nach irgendeinem Ideal zu formen. Es ist eine Aggression, es ist ein Versuch, den anderen zu zerstören. Es ist keine Liebe, es ist kein Mitgefühl. Mitgefühl erlaubt dem anderen immer, er selbst zu sein. Mitgefühl hat keine Ideologie, Mitgefühl ist nur ein Klima, eine Atmosphäre. Es gibt dir keine Richtung vor, es gibt dir nur Energie. Dann kannst du dich allein bewegen. Dann kann sich dein Samen seiner eigenen Natur gemäß entwickeln. Niemand zwingt dir irgendetwas auf.

Wenn ich sage: »Geht hin und helft anderen«, dann meine ich damit, helft ihnen, sie selbst zu sein. Wenn ich sage, die Welt ist unreligiös, weil es allzu viele gibt, die predigen, dann meine ich damit, dass allzu viele Menschen nur versuchen, die anderen entsprechend ihrer eigenen Ideologie umzuformen, zu verändern, zu konvertieren. Ideologien sollten nicht wichtiger sein als der Mensch. Selbst die gesamte Menschheit ist nicht wichtiger als ein einzelner Mensch. Die Menschheit ist nur eine Vorstellung; der einzelne Mensch ist eine Realität.

Vergesst die Menschheit, denkt an den Menschen – den wirklichen, konkreten, lebendigen, pulsierenden Menschen. Es ist sehr einfach, Menschen für die Menschheit zu opfern.

Vergesst also die Menschheit, denkt an den Menschen – den wirklichen, konkreten, lebendigen, pulsierenden Menschen. Es ist sehr einfach, Menschen für die Menschheit zu opfern. Es ist sehr einfach, Menschen für den Islam, das Christentum, den Hinduismus zu opfern; es ist sehr einfach, sie für die Idee eines Christus oder eines Buddha zu opfern. Hilf ihnen, doch opfere sie nicht. Wer bist du, jemanden zu opfern? Jeder Einzelne hat seinen eigenen Sinn und Zweck. Verwende ihn nicht als Mittel zum Zweck.

Das ist gemeint, wenn Jesus sagt: »Der Sabbat ist für den Menschen da, nicht der Mensch für den Sabbat.« Alles ist für den Menschen da, der Mensch ist der oberste Wert. Selbst die Vorstellung von Gott ist für den Menschen da, nicht der Mensch für die Vorstellung. Opfere alles für den Menschen, doch opfere niemals den Menschen für irgendetwas anderes. Dann hilfst du.

Wenn du anfängst, den Menschen zu opfern, dann hilfst du nicht. Dann zerstörst du den anderen, dann verkrüppelst du ihn. Dann bist du gewalttätig, kriminell. Alle eure sogenannten religiösen Lehrer, die versuchen, andere zu verändern, sind kriminell. Man kann nur lieben, helfen und bereit sein, bedingungslos zu geben.

Gib von dir, doch lass die anderen ihrem eigenen Schicksal folgen. Dieses Schicksal ist unbekannt; niemand weiß, was in einem Menschen zur Blüte kommen möchte. Gib also kein Muster vor, sonst zerstörst du damit die Blüte. Und denk daran, dass jedes einzelne Wesen vollkommen einzigartig ist. Niemals zuvor gab es dasselbe Wesen, und niemals wird es wieder dasselbe Wesen geben. Das Leben wiederholt sich nicht, es ist nicht repetitiv. Es bringt ständig Neues hervor.

Wenn du versuchst, jemanden Jesus ähnlich zu machen, bist du destruktiv. Jesus lässt sich nicht wiederholen. Und das ist auch nicht notwendig! Einer ist wunderbar, viele wären nur langweilig. Versuche auch nicht, jemanden Buddha ähnlich zu machen. Lass ihn zu sich selbst finden; das ist seine Buddhaschaft. Und weder du noch der andere wissen, was er in sich trägt. Nur die Zukunft kann zeigen, was es ist. Nicht nur du wirst überrascht sein, auch der andere wird überrascht sein, wenn seine Blüte sich öffnet. Jeder trägt in sich eine Blüte unendlichen Potenzials, unendlicher Möglichkeiten, unendlicher Kraft.

Hilf dem anderen, gib ihm Energie, gib ihm Liebe. Akzeptiere den anderen und gib ihm das Gefühl, dass er willkommen ist. Gib ihm kein Gefühl von Schuld, gib ihm nicht die Vorstellung, dass er verdammt ist. Alle, die versuchen, einen Menschen zu verändern, geben ihm ein Gefühl von Schuld, und Schuldgefühle sind Gift.

Wenn jemand sagt: »Sei wie Jesus!«, dann hat er dich so, wie du bist, verurteilt. Immer wenn jemand von dir verlangt, wie jemand anderer zu sein, wirst *du* dabei nicht akzeptiert. Du bist nicht willkommen, du bist ein Außenseiter. Solange du nicht zu einem anderen wirst, wirst du nicht geliebt. Was für eine Liebe ist das, die dich zerstört, die dich nur liebt, wenn du falsch wirst, wenn du unecht wirst?

Wenn du authentisch bleiben willst, kannst du nur du selbst sein. Alles andere muss falsch sein, alles andere kann nur eine Maske sein, eine Persönlichkeit, aber nicht deine Essenz. Du kannst dich mit der Persönlichkeit Buddhas schmücken, doch sie wird niemals dein Herz berühren. Sie wird niemals einen Bezug, niemals eine Verbindung zu dir haben. Sie wird nur an der Oberfläche bleiben. Ein Gesicht, aber nicht dein Gesicht.

Jemand, der dich zu jemand anderem zu machen versucht und zu dir sagt: »Ich liebe dich nur, wenn du wie Buddha wirst oder wie Christus ...«, der liebt dich nicht wirklich. Er liebt vielleicht Christus, doch dich hasst er. Und seine Liebe zu Christus kann ebenfalls nicht sehr tief sein, denn wenn er Jesus wirklich lieben würde, wäre ihm die vollkommene Einzigartigkeit jedes Menschen aufgegangen.

Liebe bedeutet tiefes Verstehen. Wenn du einen anderen Menschen wirklich liebst, weckst du damit eine ganz neue Qualität des Sehens in dir. Von nun an kannst du klarer sehen. Wenn du Jesus liebst, dann wirst du die Realität jedes Menschen erkennen, der dir begegnet, die Realität dieses konkreten menschlichen Wesens, dieses Potentials hier und jetzt. Und du wirst diesen Menschen lieben, du wirst ihm helfen, das zu werden, was er oder sie werden kann. Du wirst nichts anderes von ihm erwarten. Jede Erwartung ist eine Verurteilung, jede Erwartung ist eine Ablehnung, jede Erwartung ist eine Zurückweisung. Du wirst einfach nur deine Liebe geben – ohne jede Erwartung einer Belohnung, eines Ergebnisses. Du wirst dem anderen einfach nur helfen, ohne dabei die Zukunft im Blick zu haben.

Wenn Liebe ohne jeden Gedanken an die Zukunft fließt, besitzt sie enorme Energie. Wenn Liebe ohne jede Motivation fließt, hilft sie mehr als alles andere. Sobald du das Gefühl hast, dass auch nur ein einziger Mensch dich so akzeptiert, wie du bist, fühlst du dich zentriert, fühlst du dich in diesem Leben willkommen. Wenigstens ein einziges menschliches Wesen akzeptiert dich bedingungslos. Das gibt dir eine gewisse Verwurzelung, eine Zentrierung; das gibt dir ein Gefühl, zu Hause zu sein. Wenn du weit von dir selbst entfernt bist, bist du weit vom Leben entfernt, bist du weit von deinem Zuhause entfernt. Die Entfernung zwischen dir und dir selbst ist die Entfernung zwischen dir und deinem Zuhause, und es gibt keine andere Entfernung. Wenn also jemand zu dir sagt: »Werde zu jemand anderem«, dann vertreibt er dich aus deinem Zuhause. Dann wirst du falsch werden, dann wirst du Masken tragen. Dann wirst du eine Persönlichkeit haben, einen Charakter, und tausend andere Dinge, doch keine Seele; das Essentielle wird dir fehlen. Dann wirst du keine Bewusstheit sein, sondern eine Illusion: nur falscher Schein, nichts Authentisches.

Wenn ich von Helfen spreche, dann meine ich damit, dass ihr ein bestimmtes Klima für andere schaffen sollt. Wo immer ihr seid, stellt ein Klima von Liebe und Mitgefühl zur Verfügung und helft den anderen, sie selbst zu sein.

Wenn ich also von Helfen spreche, dann meine ich damit, dass ihr ein bestimmtes Klima für andere schaffen sollt. Wo immer ihr seid, stellt ein Klima von Liebe und Mitgefühl zur Verfügung und helft den anderen, sie selbst zu sein.

Das ist das Schwierigste in dieser Welt – anderen zu helfen, sie selbst zu sein –, denn es richtet sich gegen das Ego. Dein Ego möchte aus anderen Menschen gern Kopien machen. Du hättest gern, dass alle dich nachahmen; du wärst gern der Archetyp, dem alle folgen. Dadurch würde sich dein Ego enorm erfüllt fühlen. Du könntest dich selbst als den Prototyp sehen, und alle anderen würden dich einfach nur nachahmen. Du würdest zum Zentrum werden, und alle anderen wären falsch.

Nun, dem Ego würde diese Vorstellung gefallen. Es möchte gern andere nach seinem Muster verändern. Doch wer bist du, dass du irgendjemanden verändern könntest? Diese Verantwortung solltest du nicht übernehmen. Es ist gefährlich; so entstehen Adolf Hitlers. Sie übernehmen die Verantwortung, die ganze Welt nach ihren Vorstellungen zu verändern.

An der Oberfläche besteht ein großer Unterschied zwischen einem Mahatma Gandhi und einem Adolf Hitler. Doch in der Tiefe besteht überhaupt kein Unterschied, weil beide die Welt nach ihren Vorstellungen zu verändern versuchen. Der eine verwendet gewaltsame Methoden, der andere gewaltfreie, doch beiden verwenden Methoden, um andere nach ihrer eigenen Vorstellung zu verändern. Der eine verwendet Gewehre, und der andere droht damit, dass er so lange fasten wird, bis man ihm folgt. Der eine droht damit, dich umzubringen, und der andere droht damit, sich selbst umzubringen, wenn man ihm nicht folgt, doch beide setzen Zwang ein. Beide schaffen Situationen, in denen du gezwungen werden kannst, etwas zu sein, was du nicht sein möchtest, was du niemals sein wolltest. Beide sind Politiker. Weder Hitler noch Gandhi lieben dich. Gandhi spricht von Liebe, doch er liebt nicht. Er kann nicht lieben, weil seine Vorstellung – die Idealvorstellung, wie man sein sollte – es verhindert.

Es gibt nur eine Möglichkeit, andere Menschen zu lieben – und zwar so, wie sie sind. Und das ist das Schöne daran: Wenn du sie so liebst, wie sie sind, verändern sie sich. Nicht nach deinen Vorstellungen – sondern entsprechend ihrer eigenen Realität. Wenn du sie liebst, werden sie verwandelt. Nicht konvertiert – verwandelt. Sie werden neu, sie erreichen neue Höhen des Seins. Doch das geschieht in ihrem eigenen Wesen, und es geschieht entsprechend ihrer eigenen Natur.

Hilf den Menschen, natürlich zu sein, frei zu sein, ganz sie selbst zu sein, und versuche niemals, sie zu etwas zu zwingen, sie hierhin oder dorthin zu ziehen und zu zerren, sie zu manipulieren. Das sind die Methoden des Egos. Und das ist es, was Politik ist.

Wann wird das Sorgen für einen anderen Menschen zu einer Einmischung in sein Leben?

In dem Moment, in dem eine Ideologie hinzukommt, wird aus Sorge Einmischung. Liebe wird bitter, wird beinahe zu einer Art Hass, und aus dem Beschützen wird ein Gefängnis. Ideologie macht den Unterschied aus.

Hast du jemals jemanden so geliebt, wie er oder sie ist? Du willst den anderen nicht verbessern, du willst ihn nicht verändern; deine Akzeptanz ist vollkommen, absolut – dann weißt du, was Sorgen ist.

Als Mutter zum Beispiel sorgst du für dein Kind. Das Kind braucht dich und kann ohne dich nicht überleben. Du bist ein Muss. Es braucht Nahrung, es braucht Liebe, es braucht Sorge – doch es braucht nicht deine Ideologie. Es braucht nicht deine Ideale. Nicht dein Christentum, deinen Hinduismus, deinen Islam, deinen Buddhismus. Nicht deine Schriften, nicht deinen Glauben. Nicht deine Vorstellungen davon, wie es sein sollte. Vermeide einfach jede Art von Ideologie, Idealen, Zielen, Vorstellungen – dann ist Sorgen wunderbar, dann ist Sorgen unschuldig. Andernfalls wird Sorgen berechnend.

Wenn dein Sorgen ohne jede Ideologie geschieht – wenn du dein Kind nicht zu einem Christen machen möchtest, wenn du es nicht zu diesem oder jenem machen möchtest, zu einem Kommunisten oder Faschisten, zu einem Geschäftsmann oder einem Arzt oder einem Ingenieur ... wenn du keine festen Vorstellungen für dein Kind hast. Du sagst: »Ich liebe dich, und wenn du heranwächst, entscheidest du. Sei das, was für dich natürlich ist. Was immer das ist, du hast meinen Segen dafür, und alles, wofür du dich entscheidest, ist von meiner Seite aus akzeptiert und willkommen. Nicht dass ich dich nur lieben werde, wenn du zum Präsidenten wirst, oder dass ich dich nicht mehr liebe und mich deiner schäme, wenn du nur Tischler wirst. Nicht dass du mir nur willkommen bist, wenn du mit einem Prädikatsexamen von der Universität zurückkommst, und ich mich deiner schäme, wenn du keinen Abschluss schaffst. Nicht dass du nur mein Kind bist, wenn du gut, tugendhaft, moralisch, dies oder jenes bist – und andernfalls bin ich nicht mehr mit dir verwandt, bist du nicht mehr mit mir verwandt.«

In dem Augenblick, in dem du eine Vorstellung in die Beziehung hineinbringst, bringst du Gift hinein. Sorgen ist wunderbar, doch wenn das Sorgen mit einer Vorstellung verbunden ist, ist es berechnend. Dann ist es ein Handel, dann unterliegt es Bedingungen. Und unsere Liebe ist nur allzu oft berechnend; daher das ganze Elend in dieser Welt, diese ganze Hölle. Nicht dass es kein Sorgen gäbe – Sorgen ist vorhanden, aber mit zu viel Berechnung verbunden. Die Mutter sorgt, der Vater sorgt, der Ehemann sorgt, die Ehefrau sorgt, der Bruder, die Schwester – alle sorgen sie. Ich sage nicht, dass niemand sorgen würde. Die Menschen sorgen so viel, doch trotzdem ist die Welt eine Hölle. Etwas ist falsch gelaufen, etwas ist fundamental falsch gelaufen.

Was ist es, das so fundamental falsch gelaufen ist? Wo laufen die Dinge falsch? Das Sorgen ist mit Bedingungen verbunden: »Tu dies! Sei jenes!« Hast du jemals jemanden bedingungslos geliebt? Hast du jemals jemanden so geliebt, wie er oder sie ist? Du willst den anderen nicht verbessern, du willst ihn nicht verändern; deine Akzeptanz ist vollkommen, absolut – dann weißt du, was Sorgen ist. Durch solches Sorgen wirst du erfüllt, und der andere wird dadurch enorm unterstützt.

Und denke daran, wenn dein Sorgen keine Bedingungen enthält, keinen Ehrgeiz, dann wird der Mensch, für den du gesorgt hast, dich ewig lieben. Doch wenn dein Sorgen Vorstellungen enthält, dann wird dir der Mensch, für den du gesorgt hast, das niemals vergeben können. Das ist der Grund, warum Kinder ihren Eltern nicht vergeben können. Gehe hin und frage die Psychologen, die Psychoanalytiker – in fast allen Fällen, die bei ihnen auftauchen, haben die Eltern zu viel gesorgt, als sie Kinder waren; und diese Sorge war berechnend, war kalt, war kalkuliert. Sie wollten durch ihr Kind ihren eigenen Ehrgeiz stillen.

Liebe muss ein Geschenk sein. In dem Augenblick, in dem sie mit einem Preisschild versehen ist, ist sie keine Liebe mehr.

Mitgefühl in Aktion

Die grundlegende Voraussetzung ist, sich selbst so vollkommen zu lieben, dass die Liebe überfließt und andere erreicht. Ich bin nicht gegen Geben und Teilen, doch ich bin absolut gegen Altruismus.

Niemand kann selbstlos sein – außer Heuchlern.

Das Wort »selbstsüchtig« hat einen sehr negativen Beigeschmack, weil alle Religionen es immerzu verdammt haben. Sie möchten, dass ihr selbstlos seid. Doch wozu? Um anderen zu helfen ...

Das erinnert mich an eine Geschichte: Ein Kind unterhielt sich einmal mit seiner Mutter, und die Mutter sagte zu ihm: »Vergiss niemals, anderen Menschen zu helfen.« Darauf fragte das Kind: »Und was machen dann die anderen?« Natürlich antwortete die Mutter: »Sie helfen ebenfalls anderen.« Darauf meinte das Kind: »Das ist doch ziemlich umständlich. Warum helfen nicht alle sich selbst, statt es immer weiterzugeben und die Dinge unnötig kompliziert zu machen?«

Selbstsucht ist natürlich. Ja, es kommt sogar ein Augenblick, in dem du aus Selbstsucht anderen gibst. Wenn du so voller Freude bist, dass deine Freude überfließt, dann kannst du anderen geben. Im Augenblick ist es so, dass unglückliche Menschen anderen unglücklichen Menschen helfen und Blinde andere Blinde führen. Welche Hilfe können sie schon geben? Es ist eine sehr gefährliche Vorstellung, die da über Jahrhunderte hinweg herrschte.

In einer kleinen Schule erzählte die Lehrerin einmal ihren Schülern: »Wenigstens einmal in der Woche solltet ihr eine gute Tat vollbringen.« Darauf fragte einer der Jungen: »Geben Sie uns doch bitte ein Beispiel, was eine gute Tat ist. Wir wissen sonst nicht genau, was wir machen sollen.« Also erklärte sie: »Wenn beispielsweise eine blinde Frau die Straße überqueren möchte, solltet ihr helfen. Das ist eine gute Tat; das ist tugendhaft.«

Die Woche darauf fragte die Lehrerin: »Und, habt ihr an das gedacht, was ich euch gesagt habe?« Drei Kinder hoben die Hand. Sie meinte: »Das ist nicht gut – fast die gesamte Klasse hat nichts gemacht. Aber es ist schön, dass wenigstens drei von euch eine gute Tat vollbracht haben.« Sie fragte den ersten: »Und, was hast du gemacht?« Er antwortete: »Genau das, was Sie gesagt haben: Ich habe einer blinden alten Frau über die Straße geholfen.«

Die Lehrerin meinte dazu: »Das ist wunderbar. Gott wird dich segnen.« Dann fragte sie den zweiten: »Und was hast du gemacht?« Er antwortete: »Dasselbe – ich habe einer blinden alten Frau über die Straße geholfen.« Die Lehrerin wunderte sich ein wenig – wo finden sie nur so viele blinde alte Frauen? Doch es ist eine große Stadt; vielleicht haben sie tatsächlich zwei Frauen gefunden. Also fragte sie den dritten, und er antwortete: »Ich habe dasselbe gemacht wie die beiden anderen – einer blinden alten Frau über die Straße geholfen.«

Da fragte die Lehrerin: »Wo habt ihr nur drei blinde alte Frauen gefunden?« Darauf antworteten die Jungen: »Aber es waren keine drei Frauen, es war nur eine einzige blinde alte Frau. Und es war so schwierig, ihr über die Straße zu helfen! Sie schlug auf uns ein und schrie und kreischte, weil sie nicht hinübergehen wollte, aber wir wollten einfach unsere gute Tat vollbringen. Die Leute standen um uns herum und schrien uns an, aber wir haben zu ihnen gesagt: »Machen Sie sich keine Sorgen. Wir bringen sie auf die andere Straßenseite.« Aber sie wollte einfach nicht gehen!«

Den Menschen wird beigebracht, anderen zu helfen, doch sie sind in ihrem Inneren leer. Ihnen wird gesagt, sie sollen andere lieben – liebe deinen Nächsten, liebe deine Feinde –, doch niemals sagt man ihnen, dass sie sich selbst lieben sollen. Alle Religionen sagen den Menschen – direkt oder indirekt –, dass sie sich selbst hassen sollen. Ein Mensch, der sich selbst hasst, kann aber niemand anderen lieben; er kann höchstens so tun, als ob er lieben würde.

Die grundlegende Voraussetzung ist, sich selbst so vollkommen zu lieben, dass die Liebe überfließt und andere erreicht. Ich bin nicht gegen Geben und Teilen, doch ich bin absolut gegen Altruismus. Ich bin für das Geben, doch zuerst musst du etwas haben, das du geben kannst. Und dann tust du nichts mehr aus Pflichtgefühl anderen gegenüber – im Gegenteil, der andere, der etwas von dir empfängt, tut dir damit einen Gefallen. Du solltest ihm dankbar sein, denn er hätte deine Gabe auch zurückweisen können; er war jedoch großzügig und hat sie angenommen.

Ich bestehe absolut darauf, dass jeder Einzelne so glücklich, so glückselig, so still, so zufrieden sein sollte, dass er aus diesem Zustand der Erfüllung heraus zu geben beginnt. Er hat so viel, er ist wie eine Regenwolke – er muss es einfach regnen lassen.

Wenn dadurch der Durst der anderen gelöscht wird, wenn dadurch der Durst der Erde gelöscht wird, ist das nur zweitrangig. Wenn jeder Einzelne voller Freude ist, voller Licht, voller Stille, wird er das alles weitergeben, ohne dass es ihm jemand sagen muss, denn Geben macht so viel Freude. Jemandem etwas zu geben ist sehr viel befriedigender, als etwas zu bekommen.

Doch die ganze Struktur sollte dabei verändert werden. Man sollte den Menschen nicht beibringen, altruistisch zu sein. Sie sind unglücklich – was können sie da schon tun? Sie sind blind – was können sie da schon tun? Sie haben ihr Leben verfehlt – was können sie da schon tun? Man kann nur geben, was man hat. Daher geben die Menschen Unglück, Leid, Angst und Sorgen an alle weiter, die mit ihnen in Kontakt kommen. Das ist Altruismus! Nein, ich würde es vorziehen, wenn alle vollkommen selbstsüchtig wären.

Jeder Baum ist selbstsüchtig: Er zieht das Wasser zu seinen Wurzeln, er transportiert den Saft in seine Zweige, seine Blätter, seine Blüten, seine Früchte. Und wenn er blüht, schenkt er allen seinen Duft: Bekannten und Unbekannten, Vertrauten und Fremden. Wenn er voller Früchte ist, teilt er sie mit anderen, gibt er sie weiter. Doch wenn ihr den Bäumen beibringt, altruistisch zu sein, werden sie sterben, so wie die ganze Menschheit tot ist – alle nur wandelnde Leichname. Und wohin gehen sie? Zum Friedhof, um schließlich in ihren Gräbern zu ruhen.

Das Leben sollte ein Tanz sein. Und das Leben jedes Menschen kann ein Tanz sein. Es sollte ein Lied sein – und dann kannst du anderen etwas geben, dann musst du einfach an andere weitergeben. Niemand muss es dir dann mehr sagen, denn das ist eines der grundlegenden Gesetze des Lebens: Je mehr du deine Glückseligkeit mit anderen teilst, desto größer wird sie.

Doch zunächst lehre ich Selbstsucht.

Sei kein Jurist, sondern ein Liebender

Bei Matthäus 22 heißt es:

Und einer von ihnen, ein Gesetzesgelehrter, wollte ihn auf die Probe stellen und fragte ihn: Meister, welches Gebot im Gesetz ist das wichtigste?

Jesus antwortete ihm: Du sollst den Herrn, deinen Gott, lieben mit ganzem Herzen, mit ganzer Seele und mit all deinen Gedanken. Das ist das wichtigste und erste Gebot. Ebenso wichtig ist das zweite: Du sollst deinen Nächsten lieben wie dich selbst. An diesen beiden Geboten hängt das ganze Gesetz samt den Propheten.

Zwei Worte – Gebote und Liebe – sind hier von besonderer Bedeutung. Sie repräsentieren zwei verschiedene Arten des Denkens, zwei polare Gegensätze. Das juristische Denken kann niemals lieben, und ein Mensch, der liebt, kann niemals juristisch denken. Die juristische Einstellung ist unreligiös; sie ist politisch, sie ist sozial. Und die Einstellung der Liebe ist weder politisch noch sozial – sie ist individuell, persönlich, religiös.

Moses, Manu, Marx, Mao – das waren die juristischen Köpfe der Geschichte; sie gaben der Welt ihre Gebote. Jesus, Krishna, Buddha, Lao-tse – das waren Menschen der Liebe. Sie gaben der Welt keine Gebote und Gesetze, sie gaben ihr eine vollkommen andere Sichtweise.

Ich habe einmal eine Geschichte über den preußischen König Friedrich den Großen gehört – er hatte einen juristischen Verstand. Eine Frau kam zu ihm und beklagte sich über ihren Ehemann. Sie sagte zu ihm: »Eure Majestät, mein Mann behandelt mich sehr schlecht.«

Friedrich der Große antwortete: »Das geht mich nichts an.«

Doch die Frau blieb hartnäckig. Sie sagte: »Nicht nur das, Majestät, er spricht auch schlecht von Ihnen.«

Darauf meinte Friedrich der Große: »Das geht dich nichts an.« So reagiert der juristische Verstand.

Der juristische Verstand denkt immer nur an Gesetze, niemals an Liebe. Der juristische Verstand denkt nur an Gerechtigkeit, niemals an Mitgefühl; doch Gerechtigkeit ohne Mitgefühl kann niemals gerecht sein. Gerechtigkeit, die kein Mitgefühl enthält, muss einfach ungerecht sein; und Mitgefühl kann niemals ungerecht sein, selbst wenn es ungerecht erscheint. Es liegt in der Natur von Mitgefühl, dass es gerecht ist; Gerechtigkeit folgt auf Mitgefühl wie ein Schatten. Doch Mitgefühl folgt nicht auf Gerechtigkeit wie ein Schatten, denn Mitgefühl ist das Wahre, Liebe ist das Wahre. Dein Schatten folgt dir; du folgst nicht deinem Schatten. Der Schatten kann nicht führen, der Schatten muss folgen.

Wenn eine Gesellschaft auf dem Gesetz aufgebaut ist, wird sie ständig in Angst leben. Wenn eine Gesellschaft auf Liebe aufgebaut ist, verschwindet die Angst und das Gesetz wird nicht mehr gebraucht.

Das war immer schon eine der großen Kontroversen in der menschlichen Geschichte – ob Gott Liebe oder Gesetz verkörpert, ob Gott gerecht oder mitfühlend ist.

Der juristische Verstand sagt: Gott ist das Gesetz, Gott ist gerecht. Doch der juristische Verstand weiß überhaupt nicht, was Gott ist, denn Gott ist nur ein anderer Begriff für Liebe. Der juristische Verstand kann diese Dimension überhaupt nicht erreichen. Der juristische Verstand bürdet immer anderen die Verantwortung auf – der Gesellschaft, der ökonomischen Struktur, der Geschichte. Für den juristischen Verstand ist immer jemand anderer verantwortlich. Liebe übernimmt selbst Verantwortung: Immer trage ich die Verantwortung, niemals du.

Sobald du verstanden hast, dass du die Verantwortung trägst, beginnst du zu erblühen. Gesetze sind nur eine Ausrede. Sie sind ein Trick des Verstandes, sodass du dich selbst schützen kannst, dich verteidigen kannst. Liebe ist verwundbar, und Gesetze und Gebote sind ein Schutzmechanismus. Wenn du jemanden liebst, sprichst du nicht über Gebote. Wenn du liebst, verschwinden alle Gebote – denn Liebe ist das oberste Gebot. Es braucht kein anderes Gebot, es genügt sich selbst. Und wenn Liebe dich schützt, brauchst du keinen anderen Schutz. Denke nicht juristisch, sonst wirst du alles Schöne im Leben versäumen. Sei kein Jurist, sondern ein Liebender; sonst wirst du dich immer weiter schützen – nur um am Ende festzustellen, dass es nichts zu schützen gab – du hast nur ein leeres Ego geschützt. Und du wirst immer Mittel und Wege finden, um das leere Ego zu schützen.

Ich habe einmal eine Geschichte über Oscar Wilde gehört. Sein erstes Stück kam auf die Bühne und war ein totaler Misserfolg; es war ein kompletter Flop. Als er aus dem Theater kam, fragten ihn seine Freunde: »Wie ist es gelaufen?« Und er antwortete: »Es war ein großer Erfolg. Aber das Publikum war ein kompletter Misserfolg.«

Das ist der juristische Verstand; er versucht immer das leere Ego zu beschützen – nichts als eine Seifenblase, im Inneren hohl und leer und nichts darin enthalten. Doch die Gesetze schützen es. Denkt daran, in dem Augenblick, in dem ihr juristisch denkt, in dem Augenblick, in dem ihr das Leben durch die Brille der Gesetze betrachtet – ob es sich nun um die Gesetze der Regierung oder die Gebote der Kirche handelt, spielt dabei keine Rolle – in dem Augenblick, in dem ihr das Leben durch die Brille der Gesetze betrachtet, durch den Kodex der Moral, der Schriften, der Gebote, beginnt ihr es zu verfehlen.

Man muss verwundbar sein, um zu erkennen, was das Leben ist; man muss vollkommen offen und ungeschützt sein. Man muss bereit sein, beim Erkennen des Lebens zu sterben – nur dann wird man es kennenlernen. Wenn man sich vor dem Tod fürchtet, wird man das Leben niemals kennenlernen, denn Angst kann es niemals erkennen. Wenn du dich vor dem Tod nicht fürchtest, wenn du bereit bist zu sterben, um es zu erkennen, dann wirst du das Leben kennenlernen, ewiges Leben, das niemals stirbt. Gesetze sind versteckte Angst, Liebe ist gelebte Furchtlosigkeit.

Wenn du liebst, verschwindet alle Angst – hast du das schon einmal beobachtet? Wenn du liebst, gibt es keine Angst. Wenn du einen Menschen liebst, verschwindet die Angst. Je mehr du liebst, desto mehr verschwindet die Angst. Wenn du vollkommen liebst, ist jegliche Angst verschwunden. Angst taucht nur auf, wenn du nicht liebst. Angst ist ein Fehlen von Liebe, Gesetze sind ein Fehlen von Liebe, denn Gesetze sind im Grunde nichts anderes als ein Schutz für dein innerstes, zitterndes Herz – du hast Angst, und du möchtest dich schützen.

Wenn eine Gesellschaft auf dem Gesetz aufgebaut ist, wird sie ständig in Angst leben. Wenn eine Gesellschaft auf Liebe aufgebaut ist, verschwindet die Angst und das Gesetz wird nicht mehr gebraucht. Gerichte werden nicht mehr gebraucht, Himmel und Hölle werden nicht mehr gebraucht. Die Hölle ist eine Erfindung des juristischen Verstands; jede Form von Bestrafung stammt aus dem juristischen Verstand. Das Gesetz sagt, wenn du etwas Böses tust, wirst du bestraft, und wenn du etwas Gutes tust, wirst du belohnt. Und dann gibt es sogenannte Religionen, die sagen, wenn du eine Sünde begehst, wirst du in der Hölle landen. Und seht euch nur einmal ihre Hölle an! Die Menschen, die die Vorstellung von der Hölle erfunden haben, müssen enorm sadistisch gewesen sein. So wie sie sich die Hölle ausgemalt haben, haben sie alles entsprechend eingerichtet, um euch leiden zu lassen. Und sie haben auch den Himmel erfunden – den Himmel für sich selbst und jene, die ihnen folgen, und die Hölle für alle, die ihnen nicht folgen und nicht an sie glauben. Doch das sind juristische Vorstellungen, genauso wie die Bestrafung von Kriminellen. Und auch das funktioniert nicht.

Verbrechen lassen sich durch Bestrafung nicht verhindern, und sie wurden durch Bestrafung auch noch nie reduziert. Sie nehmen sogar noch weiter zu, weil der juristische Verstand und der kriminelle Verstand nur die zwei Seiten ein und derselben Münze sind; sie sind nicht voneinander verschieden. Der juristische Verstand ist im Grunde kriminell, und jeder kriminelle Verstand kann ein guter juristischer Verstand werden – das Potential ist vorhanden. Es handelt sich nicht um zwei getrennte Welten, beide sind Teil einer einzigen Welt. Die Verbrechen nehmen immer weiter zu, und das Gesetz wird immer komplizierter und komplexer.

Die Menschen wurden durch Bestrafung nicht verändert; tatsächlich wurden sie dadurch nur noch mehr verdorben. Gerichte haben die Menschen nicht verändert, sie haben sie nur noch mehr verdorben. Und auch die Konzepte von Belohnung, Himmel und Ehrbarkeit haben nicht weitergeholfen. Denn die Wirkung der Hölle beruht auf Angst und die des Himmels auf Gier – Angst und Gier sind aber die grundlegenden Probleme. Wie kann man die Menschen dadurch verändern? Sie sind die Krankheiten, doch der juristische Verstand behauptet weiter, sie seien die Heilmittel.

Eine vollkommen andere Einstellung ist notwendig, die Einstellung der Liebe. Christus brachte die Liebe in die Welt. Er zerstörte das Gesetz, er zerstörte seine gesamte Grundlage. Das war sein Verbrechen, dafür wurde er gekreuzigt – weil er die Grundlage dieser kriminellen Gesellschaft zerstörte, weil er den Grundstein dieser kriminellen Welt, der Welt der Kriege und der Gewalt und der Aggression, zerstörte. Er legte einen vollkommen neuen Grundstein. Diese wenigen Zeilen muss man wirklich zutiefst verstehen:

Und einer von ihnen, ein Gesetzesgelehrter, wollte ihn auf die Probe stellen und fragte ihn …

Er wollte ihn auf die Probe stellen … Er versuchte Jesus in eine juristische Diskussion zu verwickeln. Es gibt viele Beispiele in der Bibel, in denen versucht wird, Jesus auf die Probe zu stellen und ihn aus der Höhe der Liebe in die tiefen Täler des Gesetzes zu ziehen. Und die Menschen, die ihn auf die Probe stellten, waren sehr raffiniert. Ihre Fragen waren dergestalt, dass Jesus auf sie hereingefallen wäre, wenn er nicht ein wahrhaft Erleuchteter gewesen wäre. Sie präsentierten ihm Fragen, die in der Logik als Dilemma bezeichnet werden – Fragen, bei denen jede Antwort falsch ist. Wenn man das eine antwortet, hat man sich verfangen; wenn man das Gegenteil antwortet, hat man sich ebenfalls verfangen.

Bestimmt kennt ihr jene berühmte Geschichte … Jesus

sitzt am Fluss, eine Menschenmenge kommt und bringt eine Frau herbei. Sie sagen zu ihm, dass diese Frau die Sünde des Ehebruchs begangen hat: »Was sagst du dazu?« Sie stellen ihn damit auf die Probe, denn es heißt in den alten Schriften, dass eine Frau, die Ehebruch begangen hat, zu Tode gesteinigt werden soll. Damit stellen sie Jesus vor zwei Alternativen. Wenn er zu ihnen sagt, dass sie die Schrift befolgen sollen, dann werden sie ihn fragen: »Und was ist mit deinem Konzept von Liebe und Mitgefühl? Kannst du ihr nicht vergeben? All diese Worte von Liebe sind also nur Worte?« Dann hat er sich selbst widersprochen. Doch wenn er sagt: »Vergebt ihr«, dann werden sie ihm antworten: »Dann bist du also gegen die Schrift; und dabei hast du doch gesagt: ›Ich bin gekommen, und die Schrift zu erfüllen, nicht um sie aufzuheben.‹« Das ist ein Dilemma; das sind die beiden Alternativen.

Doch dem juristischen Verstand ist nicht bewusst, dass ein Mensch der Liebe eine dritte Möglichkeit hat, von der der juristische Verstand nichts wissen kann, weil er nur in Gegensätzen denken kann. Für den juristischen Verstand existieren nur zwei Alternativen, ja oder nein. Er weiß nichts von einer dritten Alternative, die von de Bono als *po* bezeichnet wurde – ja, nein, und die dritte Alternative ist *po*. Sie lautet weder ja noch nein; sie ist vollkommen anders. Jesus war der erste Mensch in der Geschichte, der *po* sagte. Er verwendete natürlich nicht diesen Begriff, der Begriff wurde von de Bono erfunden – aber er sagte *po*, er war der erste, der das tatsächlich tat. Er sagte zu den Menschen in der Menge: »Jene unter euch, die niemals gesündigt haben und niemals an Sünde gedacht haben, sollen vortreten. Ihr dürft Steine aufheben und diese Frau töten.« Nun gab es aber keinen einzigen unter ihnen, der nicht schon Ehebruch begangen oder daran gedacht hatte.

Es mag Menschen unter ihnen gegeben haben, die keinen Ehebruch begangen hatten, doch dafür haben sie vermutlich ständig daran gedacht. Tatsächlich müssen sie ständig daran gedacht haben. Menschen, die Ehebruch begehen, denken weniger daran. Jene, die es nicht tun, denken ständig daran und fantasieren darüber. Und für den innersten Kern deines Wesens spielt es keine Rolle, ob du nur darüber nachdenkst oder auch entsprechend handelst.

Nach und nach begann die Menge sich aufzulösen. Die Leute, die in der vordersten Reihe standen, zogen sich nach hinten zurück – die juristischen Experten der Gesellschaft, die prominenten Bürger der Stadt begannen sich zurückzuziehen. Dieser Mann hatte eine dritte Alternative eingesetzt. Er sagte nicht ja, er sagte nicht nein. Er sagte: »Ja, tötet die Frau – doch nur jene, die niemals eine Sünde begangen oder daran gedacht haben, sollen sie töten.« Die Menge löste sich auf und verschwand. Jesus blieb allein mit der Frau zurück; sie fiel vor ihm auf die Knie und sagte: »Ich habe wirklich Ehebruch begangen, ich bin eine schlechte Frau. Du kannst mich ruhig bestrafen.«

Jesus antwortete ihr: »Wer bin ich, dich zu verurteilen? Das ist eine Sache zwischen dir und Gott. Das ist eine Sache zwischen dir und dem Leben. Wer bin ich, dass ich mich da einmische? Wenn du erkennst, dass du etwas Falsches getan hast, dann mache es einfach in Zukunft nicht mehr.«

Solche Situationen tauchten immer wieder auf. Die Menschen versuchten dauernd, Jesus in Diskussionen zu verwickeln, in denen der juristische Verstand gewinnt.

Mit dem juristischen Verstand kann man nicht diskutieren – wenn man gegen ihn argumentiert, wird man unterliegen, denn mit Argumenten kann der juristische Verstand hervorragend umgehen. Es spielt keine Rolle, welche Position man dabei einnimmt; man wird auf jeden Fall unterliegen.

Jesus war niemals unterlegen, weil er niemals argumentierte. Das ist eines der Anzeichen dafür, eines der Kennzeichen, dass er die Liebe tatsächlich erreicht hatte. Er blieb immer auf seinem Gipfel; niemals stieg er von ihm herab.

Und einer von ihnen, ein Gesetzesgelehrter, wollte ihn auf die Probe stellen und fragte ihn: Meister, welches Gebot im Gesetz ist das wichtigste?

Das ist nun eine sehr schwierige Frage. Welches Gebot ist das größte, welches ist das wichtigste, welches ist das grundlegendste innerhalb des Gesetzes? Das ist eine sehr schwierige Frage, denn jedes Gesetz hängt von anderen Gesetzen ab – sie sind alle miteinander verbunden. Man kann kein grundlegendes Gesetz finden, denn kein Gesetz ist grundlegend. Sie hängen alle voneinander ab; sie sind interdependent.

In Indien gibt es schon seit langer Zeit eine Debatte darüber, was grundlegender ist – Gewaltlosigkeit oder Wahrheit. Wenn man sich in einer Situation befindet, in der man zwischen Wahrheit oder Gewaltlosigkeit wählen muss – wenn man die Wahrheit sagt, wird das zu Gewalt führen, und wenn man die Wahrheit verschweigt, lässt sich die Gewalt vermeiden –, was soll man dann tun? Soll man die Wahrheit sagen und dazu beitragen, dass die Gewalt geschieht?

Wenn man zum Beispiel an einer Kreuzung steht und eine Gruppe von Polizisten kommt und fragt: »Haben Sie einen Mann gesehen, der diesen Weg entlang gekommen ist? Er ist aus dem Gefängnis ausgebrochen. Wir müssen ihn wieder einfangen, damit er hingerichtet werden kann, denn er ist zum Tode verurteilt.« Du hast diesen Mann gesehen. Du kannst die Wahrheit sagen, doch dann wirst du für den Tod dieses Mannes verantwortlich sein. Du kannst auch sagen, dass du ihn nicht gesehen hast, oder den Polizisten sogar falsche Hinweise geben; dann wird der Mann gerettet. Du hast dann gewaltlos gehandelt, doch du bist dabei unaufrichtig gewesen. Was also soll man tun? Es scheint unmöglich, zwischen diesen beiden Alternativen zu wählen, fast unmöglich. Welches Gesetz ist das grundlegendere?

Jesus antwortete ihm: Du sollst den Herrn, deinen Gott, lieben mit ganzem Herzen, mit ganzer Seele und mit all deinen Gedanken.

Das ist *po*: Er antwortet nicht wirklich auf die Frage; er antwortet etwas ganz anderes. Er steigt nicht in die juristische Welt hinab; er bleibt auf seinem Gipfel der Liebe. Er sagt: »Das ist das erste und wichtigste Gebot: Liebe Gott mit deinem ganzen Herzen, mit deiner ganzen Seele und mit all deinen Gedanken.« Die Frage drehte sich um Recht, und die Antwort handelt von Liebe. Tatsächlich hat er die Frage nicht beantwortet; oder man könnte auch sagen, dass er die Frage beantwortet hat, weil dies die einzig mögliche Antwort ist, weil es keine andere Antwort geben kann.

Das ist etwas, was man verstehen muss. Nur von einer höheren Ebene aus lässt sich die Frage einer tieferen

Ebene beantworten; bleibt man auf derselben Ebene, ist keine Antwort möglich. Dort, wo du bist, taucht beispielsweise eine Frage auf, tauchen viele Fragen auf. Wenn du jemanden fragst, der sich auf derselben Ebene wie du befindet, kann er dir nicht antworten. Seine Antworten mögen relevant wirken, doch sie können nicht relevant sein, weil er sich in derselben Situation befindet wie du. Es ist so, als würde ein Verrückter einem anderen Verrückten helfen, als würde ein Blinder einen Blinden führen, als würde ein Verwirrter einem anderen Verwirrten zu Klarheit verhelfen wollen. Daraus kann nur mehr Verwirrung, mehr Unklarheit entstehen. Genau das ist in der Welt geschehen – jeder gibt jedem Ratschläge. Nichts ist billiger als guter Rat. Tatsächlich kostet er überhaupt nichts, man bekommt ihn jederzeit umsonst; jeder ist nur allzu gern bereit, gute Ratschläge zu verteilen. Weder du selbst noch jene, die dir die Ratschläge geben, denken daran, dass sie sich auf derselben Ebene befinden und dass ihre Ratschläge darum einfach nutzlos sind. Sie können sogar schädlich sein. Nur jemand, der sich auf einer höheren Ebene als du befindet, kann dir helfen – jemand, der eine klarere Wahrnehmung, eine tiefere Klarheit, ein stärker kristallisiertes Wesen besitzt. Nur diese Art von Mensch kann deine Fragen beantworten.

Es gibt drei Möglichkeiten des Dialogs: Die erste besteht darin, dass zwei unwissende Menschen miteinander sprechen. Sie sagen viel, doch nichts entsteht daraus; es ist einfach nur viel Lärm um nichts. Sie reden, doch sie meinen nicht, was sie sagen, und sie sind sich dessen, was sie sagen, nicht einmal bewusst – es ist einfach nur eine Beschäftigung, und es fühlt sich gut an, beschäftigt zu sein. Sie sprechen mechanisch, wie zwei Computer, die miteinander kommunizieren.

Dann gibt es die Möglichkeit, dass zwei erleuchtete Menschen miteinander kommunizieren. Sie sprechen nicht; zwischen ihnen braucht es keine Sprache. Die Kommunikation geschieht schweigend; sie verstehen sich ohne Worte. Wenn zwei unwissende Menschen miteinander sprechen, gibt es viele Worte und kein Verstehen. Wenn sich zwei erleuchtete Menschen begegnen, gibt es keine Worte, nur Verstehen.

Den ersten Fall gibt es jeden Tag millionenfach auf der ganzen Erde. Den zweiten Fall gibt es nur selten, nur alle paar Jahrhunderte einmal – denn nur selten geschieht es, dass sich zwei Erleuchtete begegnen.

Und es gibt noch eine dritte Möglichkeit – dass ein erleuchteter Mensch zu einem nicht erleuchteten spricht. Dann gibt es zwei Ebenen: Der eine befindet sich auf der Erde, der andere im Himmel; der eine bewegt sich in einem Ochsenkarren, der andere sitzt in einem Flugzeug. Der Mensch auf der Erde stellt eine Frage, und der Mensch im Himmel antwortet etwas ganz anderes. Doch das ist die einzige Möglichkeit, wie dem Menschen auf der Erde geholfen werden kann.

Der Gesetzesgelehrte hatte nach dem Gesetz gefragt: *Meister, welches Gebot im Gesetz ist das wichtigste?* Er fragt nicht nach Liebe. Jesus versucht ihn zur Liebe zu verführen – er hat den gesamten Kontext verändert. Sobald die Frage in Jesu Hand ist, nimmt er dich mit in eine Dimension, die dir unbekannt ist, in das Unbekannte, in das Nicht-Erkennbare.

Jesus antwortete ihm: Du sollst den Herrn, deinen Gott, lieben mit ganzem Herzen, mit ganzer Seele und mit all deinen Gedanken.

»Mit ganzem Herzen« bedeutet mit all deinem Gefühl. Das ist es, was Andacht bedeutet. Wenn all deine Gefühle verbunden sind, zu einer Einheit verbunden, ist es Andacht. Andacht ist das ganze Herz, das voller Sehnsucht nach dem Unbekannten pulsiert, voll tiefem Sehnen, voll tiefem Fragen nach dem Unbekannten, jeder Herzschlag voller Hingabe.

»Mit all deinen Gedanken« – das ist die Bedeutung von Meditation, wenn all deine Gedanken eins geworden sind. Wenn all deine Gedanken eins geworden sind, verschwindet das Denken; wenn all deine Gefühle eins geworden sind, verschwindet das Gefühl. Wenn du viele Gefühle hast, bist du sentimental. Wenn deine Gefühle eins sind, verschwindet alle Sentimentalität – du bist voller Herz, doch ohne jede Sentimentalität. Andacht ist keine Sentimentalität. Andacht bedeutet eine solche Harmonie der Gefühle, eine solche Einheit der Gefühle, dass sich die Qualität der Gefühle unmittelbar verändert. So wie man Wasser erhitzen kann, bis es wärmer und wärmer, heißer und heißer wird – bis 99 Grad Celsius ist es immer noch Wasser. Dann wird der Punkt von 100 Grad erreicht, und plötzlich kommt es zu einer Verwandlung. Das Wasser ist kein Wasser mehr, es beginnt zu verdampfen – die Qualität verändert sich. Wasser hat die Eigenschaft, immer nach unten zu fließen; doch wenn es verdampft, hat der Dampf die Eigenschaft, nach oben zu steigen. Die Dimension hat sich verändert.

Wenn du in deinen Gefühlen lebst, in vielen Gefühlen, bist du nur ein Chaos, ein Irrenhaus. Wenn alle Gefühle integriert sind, kommt ein Augenblick der Verwandlung. Wenn sie alle eins sind, befindest du dich am 100-Grad-Punkt, dem Verdampfungspunkt. An diesem Punkt verwandelt sich die ursprüngliche Eigenschaft der Gefühle, nach unten zu fließen, und stattdessen beginnen sie wie Dampf in Richtung Himmel zu steigen. Das ist Andacht.

Und dasselbe geschieht, wenn alle deine Gedanken eins sind – das Denken hört auf. Nur wenn viele Gedanken vorhanden sind, ist Denken möglich; wenn die Gedanken eins werden, kommt ein Augenblick, in dem diese Einheit der Gedanken gleichbedeutend wird mit der Freiheit von Gedanken. Nur einen einzigen Gedanken zu haben bedeutet, keine Gedanken zu haben, denn ein Gedanke allein kann nicht existieren. Ein Gedanke kann nur in Verbindung mit vielen anderen Gedanken existieren, kann nur in einer Menge von Gedanken existieren. Wenn die Menge verschwunden ist, verschwindet auch der eine Gedanke und es tritt ein Zustand ohne Gedanken ein.

So hat Jesus also in diesem einen kleinen Satz das Wesen von Religion zusammengefasst:

Du sollst den Herrn, deinen Gott, lieben mit ganzem Herzen – darum geht es beim Gebet.

... mit all deinen Gedanken – darum geht es bei der Meditation.

... und mit ganzer Seele ... Die Seele transzendiert Denken und Fühlen. Die Seele liegt jenseits von Gebet und Meditation. Die Seele ist deine innerste Natur – das transzendentale Bewusstsein in dir.

Sieh dich selbst als ein Dreieck – auf der unteren Basis liegen Denken und Fühlen. Doch Denken und Fühlen sind alles, was du bisher erfahren hast, das Dritte kennst du noch nicht. Das Dritte zeigt sich erst, wenn das Gefühl zu Andacht wird und sich nach oben zu bewegen beginnt und wenn das Denken zu Meditation wird und sich nach oben zu bewegen beginnt. Dann treffen sich Gebet und Meditation schließlich an einem bestimmten Punkt – und dieser Punkt ist die Seele. Irgendwo treffen sich dein Herz und dein Verstand – das bist du, das ist etwas Jenseitiges. Das ist es, was Jesus hier als Seele bezeichnet.

Das ist das wichtigste und erste Gebot.

Nun benutzt er die Sprache des Gesetzesgelehrten. Er hat gesagt, was er sagen wollte; nun geht er zur Sprache des Gesetzes über. Der erste Satz gehört zur Ebene, auf der Jesus sich befindet; der zweite Satz gehört zur Ebene des Gesetzesgelehrten. Und Jesus versucht, eine Brücke zwischen beiden zu schlagen.

Das ist das wichtigste und erste Gebot. Liebe ist das erste und wichtigste Gebot. Tatsächlich ist Liebe überhaupt kein Gebot, denn man kann niemandem befehlen zu lieben; niemand kann gezwungen werden zu lieben. Man kann Liebe nicht befehlen und kontrollieren. Liebe ist größer als du, höher als du – wie könntest du sie kontrollieren? Und wenn jemand dir befiehlt zu lieben, wenn jemand kommt wie in der Armee: »Rechts kehrt! Links kehrt!« – wenn jemand kommt und befiehlt: »Liebe!«, was kannst du dann tun? »Rechts kehrt« ist in Ordnung. »Links kehrt!« ist in Ordnung. Aber »Liebe!« – da weißt du nicht, wohin du dich wenden sollst, wohin du gehen sollst. Du kennst den Weg nicht, er lässt sich nicht befehlen.

Ja, du kannst so tun, als ob; du kannst etwas vorspielen. Genau das ist in dieser Welt geschehen. Der größte Fluch, der über diese Erde gekommen ist, ist, dass Liebe erzwungen wurde. Von Kindheit an wird jedem beigebracht zu lieben, als ob Liebe anerzogen werden könnte: »Liebe deine Mutter, liebe deinen Vater, liebe deine Brüder und Schwestern.« Liebe dies und liebe jenes – und das Kind versucht es, denn wie soll das Kind wissen, dass Liebe nicht gemacht werden kann? Liebe geschieht. Man kann sie nicht erzwingen.

Ihr habt die Liebe verfehlt, weil ihr euch zu sehr angestrengt habt. Und jeder sucht nach Liebe – ihr mögt von Gott sprechen oder eine andere Bezeichnung dafür verwenden, doch tief im Innern seid ihr auf der Suche nach Liebe. Doch ihr seid nicht fähig zu lieben – nicht, weil ihr es nicht versucht hättet, sondern weil ihr es zu sehr versucht habt.

Liebe ist etwas, was geschieht; sie lässt sich nicht befehlen. Weil man euch befohlen hat zu lieben, war eure Liebe von Anfang an falsch, von Anfang an vergiftet.

Liebe ist etwas, was geschieht; sie lässt sich nicht befehlen. Weil man euch befohlen hat zu lieben, war eure Liebe von Anfang an falsch, von Anfang an vergiftet. Sagt niemals zu einem Kind – begeht niemals die Sünde, zu einem Kind zu sagen: »Liebe deine Mutter.« Liebt das Kind und lasst Liebe geschehen. Sagt nicht: »Liebe mich, weil ich deine Mutter bin, liebe mich, weil ich dein Vater bin. Liebe mich.« Macht es nicht zu einem Gebot, sonst wird das Kind es wieder und wieder verfehlen. Liebt einfach nur das Kind, und in einer liebevollen Umgebung wird diese Saite in ihm plötzlich zum Schwingen kommen. Die Harmonie ist im Innersten eures Wesens begründet. Etwas beginnt, eine Melodie, eine Harmonie taucht auf, und dann wisst ihr, dass das eure eigene Natur ist. Doch dann versucht ihr es niemals zu machen; dann entspannt ihr euch einfach und lasst es geschehen.

Das ist das erste und wichtigste Gebot. Jesus verwendet

die Sprache des Gesetzesgelehrten, weil er ihm antwortet; ansonsten ist Liebe kein Gebot und kann auch niemals ein Gebot sein.

Ebenso wichtig ist das zweite: Du sollst deinen Nächsten lieben wie dich selbst.

Das Wichtigste ist also, Gott zu lieben. »Gott« bedeutet das Ganze, das Tao, das Brahma. Gott ist kein gutes Wort dafür; Tao ist sehr viel besser – das Ganze, das Leben, die Existenz – liebe die Existenz. Das ist das Wichtigste, das Grundlegendste.

Ebenso wichtig ist das zweite: Du sollst deinen Nächsten lieben wie dich selbst.

... denn es ist schwierig, Gott zu finden, und es ist schwierig, Gott zu lieben, wenn du ihn noch nicht gefunden hast. Wie kannst du Gott lieben, der dir unbekannt ist? Wie kannst du das Unbekannte lieben? Es braucht eine Brücke, etwas Bekanntes – wie kann man Gott lieben? Es wirkt absurd; es *ist* absurd. Daher das zweite Gebot.

Ebenso wichtig ist das zweite: Du sollst deinen Nächsten lieben wie dich selbst.

Ich habe einmal eine Geschichte gelesen, die mir sehr gefallen hat. Ein Gelehrter kam zu Rabbi Abraham und fragte ihn: »Es heißt, dass du den Menschen geheimnisvolle Drogen gibst und dass diese Drogen sehr wirksam sind. Gib mir doch eine, damit ich Ehrfurcht vor Gott bekomme.«

»Ich kenne keine Droge, die Ehrfurcht vor Gott bewirkt«, antwortete der Rabbi. »Doch wenn du möchtest, kann ich dir eine geben, die Liebe zu Gott schenkt.«

»Das ist ja sogar noch besser!«, rief der Gelehrte aus. »Bitte gib sie mir.«

»Es ist die Liebe zu deinen Mitmenschen«, antwortete ihm der Rabbi.

Wenn du Gott wirklich lieben möchtest, musst du damit anfangen, deine Mitmenschen zu lieben, denn sie sind dir am nächsten. Nach und nach werden sich die Wellen deiner Liebe dann ausbreiten. Liebe ist wie ein Kieselstein, den man in einen stillen See wirft, sodass Wellen entstehen, die sich schließlich bis zu den weit entfernten Ufern ausbreiten. Doch das erste ist der Kieselstein, der in den See fällt; von ihm gehen die Wellen aus, und dann breiten sie sich weiter und immer weiter aus.

Zuerst musst du jene lieben, die so sind wie du – denn sie kennst du und mit ihnen hast du eine gewisse Vertrautheit, ein gewisses Heimatgefühl. Dann kann sich die Liebe weiter ausbreiten. Dann kannst du auch Tiere lieben und Bäume und Felsen. Und erst dann kannst du die Existenz an sich lieben, nicht davor.

Wenn du also die Menschen lieben kannst, hast du den ersten Schritt gemacht. Doch in dieser unglücklichen Welt ist genau das Gegenteil passiert – die Menschen lieben Gott und bringen ihre Mitmenschen um. Tatsächlich sagen sie, sie müssten sie umbringen, weil sie Gott so sehr lieben. Christen töten Mohammedaner, Mohammedaner töten Christen, Hindus töten Mohammedaner, Mohammedaner töten Hindus, weil sie alle Gott lieben – im Namen Gottes töten sie andere Menschen. Ihre Götter sind alle falsch. Denn wenn dein Gott echt ist, wenn du wirklich erkannt hast, was Göttlichkeit bedeutet, selbst wenn du es nur ein wenig erkannt hast, wenn du nur den Hauch einer Ahnung verspürt hast, wirst du deine Mitmenschen lieben. Du wirst die Tiere lieben, du wirst die Bäume lieben, du wirst die Felsen lieben – du wirst lieben! Liebe wird dein natürlicher Seinszustand sein. Und wenn du andere Menschen nicht lieben kannst, dann mach dir nichts vor – kein Tempel kann dir dann weiterhelfen.

Du kannst nein zu Gott sagen, doch sage niemals nein zu anderen Menschen, denn wenn du nein zu den Menschen sagst, ist der Weg versperrt; dann wirst du niemals in der Lage sein, Göttlichkeit zu erreichen. Du kannst nein zur Kirche sagen, zum Tempel; das ist alles kein Problem. Doch sage niemals nein zur Liebe, denn das ist der wahre Tempel. Alle anderen Tempel sind nur Surrogate, Kopien, nicht echt. Es gibt nur einen wahren Tempel, und dieser Tempel ist Liebe. Sag also niemals nein zur Liebe – und du wirst Göttlichkeit finden; sie kann dir nicht lange verborgen bleiben.

Das zweite Gebot, sagt Jesus, lautet: *Du sollst deinen Nächsten lieben wie dich selbst.* Denn in Wahrheit bist du die ganze Menschheit, in vielen Gestalten, mit vielen Gesichtern. Kannst du es nicht selbst erkennen – dass dein Nächster niemand anderer ist als du selbst, dein eigenes Wesen in einer anderen Form und Gestalt?

Viele Flüsse der Welt sind nach Farben benannt. In China gibt es den Gelben Fluss, irgendwo in Südafrika gibt es einen Roten Fluss. In den USA, so habe ich gehört, gibt es einen Weißen Fluss und einen Grünen Fluss. Der Fluss selbst hat keine Farbe; Wasser ist farblos. Doch der Fluss nimmt die Farbe der Umgebung an, durch die er fließt, er reflektiert die Farbe seiner Umgebung. Wenn er durch eine Wüste fließt, nimmt er automatisch eine andere Farbe an; wenn er durch einen Wald fließt, reflektiert er den Wald – das Buschwerk, die grüne Umgebung – und nimmt eine andere Farbe an; wenn er durch ein Gelände fließt, in dem der Schlamm gelb ist, wird er gelb. Doch der Fluss selbst hat keine Farbe. Und jeder Fluss, ob er nun als weiß, grün oder gelb bezeichnet wird, erreicht irgendwann sein Ende, seine Bestimmung, und fließt in den Ozean und wird ozeanisch.

Eure Unterschiede sind nur auf die Umgebung zurückzuführen. Eure Hautfarben sind unterschiedlich aufgrund eurer Umgebung. Doch die innerste Qualität eures Seins ist farblos; sie ist identisch. Der eine ist schwarz, ein anderer ist weiß, wieder ein anderer liegt genau dazwischen, eine Rothaut; jemand anderer ist gelb, ein Chinese – so viele verschiedene Farben. Doch denkt daran, das sind nur die Farben der Umgebung, durch die euer Körper sich bewegt. Es sind nicht eure Farben; ihr selbst seid farblos. Ihr seid nicht der Körper, und ihr seid auch nicht der Verstand oder das Herz. Euer Verstand ist unterschiedlich, denn er wurde unterschiedlich konditioniert; euer Körper ist unterschiedlich, denn er ist durch eine unterschiedliche Umgebung geprägt, durch ein unterschiedliches Erbe; doch ihr selbst seid nicht verschieden.

Jesus sagt: *Du sollst deinen Nächsten lieben wie dich selbst.*

Liebe deinen Nächsten so, wie du dich selbst liebst. Und eines ist dabei sehr grundlegend, auch wenn die Christen vollkommen vergessen haben, dass Jesus es sagt: »Liebe dich selbst.« Wenn du dich selbst nicht liebst, kannst du auch deinen Nächsten nicht lieben. Alles, was das so genannte Christentum euch beigebracht hat, ist Hass gegen euch selbst, Verurteilung eurer selbst. Liebe dich selbst, denn du bist der Göttlichkeit am nächsten.

Hier muss die erste Welle entstehen. Liebe dich selbst! Selbstliebe ist das Grundlegendste – wenn du jemals religiös werden möchtest, ist Selbstliebe die Basis. Doch alle eure sogenannten Religionen lehren euch Selbsthass: »Verurteile dich selbst, denn du bist ein Sünder, du bist schuldig, du bist dies und jenes – du bist wertlos.«

Akzeptiere dich selbst, liebe dich selbst. Nur dann kannst du deinen Nächsten lieben, andernfalls ist es nicht möglich.

Ihr seid keine Sünder. Man hat euch dazu gemacht. Ihr seid nicht schuldig; man hat euch falsche Ansichten über das Leben beigebracht. Akzeptiere dich selbst, liebe dich selbst. Nur dann kannst du deinen Nächsten lieben, andernfalls ist es nicht möglich. Wie kannst du ein anderes Wesen lieben, wenn du dich selbst nicht liebst? Ich lehre euch Selbstliebe. Tut wenigstens das, wenn ihr schon sonst nichts tun könnt – liebt euch selbst. Und aus dieser Selbstliebe wird nach und nach Liebe fließen und sich ausdehnen, und sie wird den Nächsten erreichen.

Das ganze Problem heute besteht darin, dass ihr euch selbst hasst und die anderen lieben wollt – das ist nicht möglich. Und die anderen hassen sich ebenfalls selbst und möchten andere lieben. Aber die Lektion der Liebe muss zuerst in euch selbst gelernt werden.

Fragt nur einmal Freud und die Psychoanalytiker, denn sie haben eine sehr grundlegende Tatsache entdeckt. Sie sagen, dass das Kind zunächst autoerotisch ist; das Kind liebt sich selbst. Dann wird das Kind homosexuell – Jungen lieben Jungen und spielen nur mit Jungen, Mädchen spielen nur mit Mädchen; sie mischen sich nicht untereinander. Und danach entsteht Heterosexualität – der Junge möchte einem Mädchen begegnen und ein Mädchen lieben; das Mädchen möchte einen Jungen kennenlernen und ihn lieben. Zunächst also autoerotisch, danach homoerotisch und dann heteroerotisch – so verhält es sich in der Sexualität. Dasselbe gilt auch für die Liebe.

Zuerst liebst du dich selbst. Dann liebst du deinen Nächsten, liebst du andere Menschen. Und dann gehst du auch darüber noch hinaus und liebst die ganze Existenz. Doch die Basis bist du selbst. Verurteile dich also nicht, lehne dich nicht ab. Nimm dich an. Das Göttliche hat in dir eine Wohnstatt gefunden. Die Existenz liebt dich so sehr, dass sie sich in dir niedergelassen hat. Sie hat einen Tempel aus dir gemacht; das Göttliche lebt in dir. Wenn du dich selbst ablehnst, lehnst du das Göttliche ab, das dir am nächsten ist. Doch wenn du das Nächste ablehnst, kannst du unmöglich das weiter Entfernte lieben.

Wenn Jesus sagt: *Du sollst deinen Nächsten lieben wie dich selbst,* dann sagt er damit zwei Dinge: Liebe zuerst dich selbst, damit du dann fähig wirst, deinen Nächsten zu lieben.

An diesen beiden Geboten hängt das ganze Gesetz samt den Propheten.

Tatsächlich handelt es sich nur um ein einziges Gebot: Liebe. Liebe ist die einzige und alleinige Ordnung der Dinge. Wenn du die Liebe verstanden hast, hast du alles verstanden. Wenn du die Liebe nicht verstanden hast, magst du vielleicht viele Dinge wissen, doch all dieses Wissen ist einfach nur Müll. Wirf es auf die Müllkippe und vergiss es. Beginne noch einmal von vorn. Werde wieder zum Kind und fang wieder damit an, dich selbst zu lieben.

So wie ich es sehe, hat dein See noch keine Wellen. Der erste Kieselstein der Liebe ist noch nicht hineingefallen.

Ich habe einmal eine dänische Geschichte gehört. Merke sie dir gut, lass sie Teil deiner Bewusstheit werden. Die Geschichte erzählt von einer Spinne, die hoch oben in den Balken einer alten Scheune lebte. Eines Tages seilte sie sich an einem langen Faden auf einen niedrigeren Balken ab, wo sie feststellte, dass es mehr Fliegen gab und diese leichter zu fangen waren. Sie beschloss also, dauerhaft auf dieser tieferen Ebene zu bleiben, und spann sich hier ein schönes Netz. Doch eines Tages fiel ihr der Faden auf, über den sie gekommen war und der sich in die Dunkelheit über ihr erstreckte. »Den brauche ich nicht mehr«, sagte sie sich. »Der ist mir nur im Weg.« Sie durchtrennte ihn also, und damit zerstörte sie ihr ganzes Netz, das von diesem Faden gehalten worden war.

Das ist auch die Geschichte des Menschen. Ein Faden verbindet ihn mit dem Höchsten und Letzten – nennt es Tao, Existenz oder Göttlichkeit. Möglicherweise habt ihr vollkommen vergessen, dass ihr von dort gekommen seid. Ihr kommt aus dem Ganzen, und ihr müsst dorthin zurückkehren. Alles kehrt zu seiner ursprünglichen Quelle zurück; so muss es einfach sein. Dann ist der Kreis vollendet und man ist erfüllt. Und vielleicht habt ihr wie diese Spinne manchmal das Gefühl, dass dieser Faden, der euch mit dem Höchsten verbindet, nur im Weg ist. Ein ums andere Mal könnt ihr bestimmte Dinge seinetwegen nicht tun; wieder und wieder ist er euch im Weg. Ihr könnt nicht so gewalttätig sein, wie ihr gern wärt; ihr könnt nicht so aggressiv sein, ihr könnt nicht so sehr hassen, wie ihr gern hassen würdet – der Faden ist immer im Weg. Manchmal fühlt ihr euch vielleicht wie diese Spinne – ihr würdet ihn am liebsten abschneiden, ihn durchtrennen, damit euer Weg frei ist.

Das ist es, was Nietzsche machte, als er sagte: »Gott ist tot.« Er durchtrennte den Faden. Doch darauf wurde er wahnsinnig. In dem Augenblick, in dem er sagte: »Gott ist tot«, wurde er wahnsinnig, denn damit ist man von der ursprünglichen Quelle des Lebens abgeschnitten. Dann fehlt einem etwas Wichtiges, etwas Essentielles. Dann fehlt einem etwas, auch wenn man sich überhaupt nicht bewusst war, dass es sich dabei um die Basis des Lebens handelte. Die Spinne durchtrennte den Faden, und damit zerstörte sie ihr Netz, das an ihm hing.

Wo immer du dich befindest, und sei es auch in der tiefsten Nacht, bist du stets durch einen Faden aus Licht mit der Existenz verbunden. Das ist dein Leben; dadurch bist du lebendig. Finde diesen Faden, denn er ist der Weg zurück nach Hause.

> O'Henry lag im Sterben. Freunde waren bei ihm. Draußen wurde es dunkel. Plötzlich öffnete er die Augen und sagte: »Macht das Licht an. Ich möchte nicht im Dunkeln nach Hause gehen.« Das Licht wurde angemacht, er schloss die Augen, lächelte und verschied.

Der Faden, der euch verbindet, der Lichtstrahl, der euch lebendig macht, ist der Weg zurück nach Hause. Wie weit ihr auch gegangen seid, ihr seid immer mit dem Leben verbunden – anders wäre es gar nicht möglich. Ihr habt es vielleicht vergessen, doch die Existenz hat euch nicht vergessen; und das ist das Einzige, was zählt. Versucht, das in euch zu finden, was euch mit der Existenz verbindet. Sucht danach, und ihr werdet zu dem Gebot kommen, von dem Jesus spricht. Wenn ihr danach sucht, werdet ihr feststellen, dass es Liebe ist, die euch mit der Existenz verbindet. Nicht Reichtum, nicht Wissen, nicht Macht, nicht Ruhm – es ist Liebe, die euch mit der Existenz verbindet. Und wann immer ihr Liebe fühlt, macht es euch glücklich, denn mehr und mehr Leben kann dann durch euch hindurchfließen.

Jesus oder Buddha sind wie Honigbienen. Eine Honigbiene fliegt aus und findet wunderschöne Blumen in einem Tal. Sie kommt zurück und tanzt einen Tanz der Ekstase vor ihren Freunden, um ihnen zu berichten, dass sie ein wunderbares Tal voller Blumen gefunden hat. »Kommt, folgt mir nach.« Jesus ist einfach nur eine Biene, die die ursprüngliche Quelle des Lebens gefunden hat – ein Tal voller schöner Blumen, Blumen der Ewigkeit. Er kommt und tanzt vor euch, um euch die Botschaft zu übermitteln: »Kommt, folgt mir nach.«

Wenn ihr versucht, es zu verstehen, und in eurem Innern forscht, werdet ihr feststellen, dass Liebe in eurem Wesen das Wichtigste und Essentiellste ist. Lasst sie nicht verhungern. Fördert ihr Wachstum, damit sie zu einem großen Baum werden kann, sodass die Vögel des Himmels in euch Zuflucht finden können, sodass sich müde Wanderer auf dem Weg in eurer Liebe ausruhen können, sodass ihr eure Liebe mit anderen teilen könnt, sodass ihr selbst ebenfalls zu einer Biene werden könnt. In eurer Ekstase könnt ihr dann ebenfalls mit den Menschen teilen, was ihr gefunden habt.

Verbrechen und Strafe

Die Todesstrafe ist ein schändlicher Beweis für die menschliche Unmenschlichkeit. Sie zeigt, dass der Mensch immer noch auf der Stufe der Barbarei steht.

Die Todesstrafe ist ein schändlicher Beweis für die menschliche Unmenschlichkeit. Sie zeigt, dass der Mensch immer noch auf der Stufe der Barbarei steht. Zivilisation ist nichts weiter als eine Idee – sie ist noch nicht zur Realität geworden.

Wir müssen es von allen Seiten betrachten, um zu verstehen, warum eine so unsinnige Sache wie die Todesstrafe immer noch in so vielen Zivilisationen, Kulturen und Nationen gebräuchlich ist. Selbst in Ländern, in denen sie bereits abgeschafft war, wurde sie teilweise wieder eingeführt. In anderen Ländern, in denen sie abgeschafft ist, wurde sie durch lebenslange Haft ersetzt – was noch schlimmer ist als die Todesstrafe. Besser in einem einzigen Augenblick sterben, als langsam über fünfzig, sechzig Jahre hinweg. Der Ersatz der Todesstrafe durch lebenslange Haft ist keine Bewegung in Richtung Zivilisation, sondern führt nur noch tiefer in Barbarei, finstere Unmenschlichkeit, Unbewusstheit.

Zunächst einmal muss man die Tatsache verstehen, dass die Todesstrafe nicht wirklich eine Strafe ist. Wenn man Leben nicht zur Belohnung geben kann, kann man auch nicht den Tod zur Bestrafung geben. Das ist einfache Logik, darüber kann es keine Diskussion geben. Wenn man den Menschen das Leben nicht geben kann, welches Recht hat man dann, ihnen das Leben zu nehmen?

Das erinnert mich an eine wahre Geschichte. Es geschah einmal, dass zwei Einbrecher große Beute machten. Die Beute war so verlockend, dass einer der beiden beschloss, sie nicht mit dem anderen zu teilen. Nun hätte er den anderen zwar töten können, doch dabei hätte man ihm auf die Spur kommen können. Er wollte aber auf keinen Fall ein Risiko eingehen, nachdem die gesamte Beute nun in seinem Besitz war.

Er ging also auf sehr raffinierte Weise vor. Er verschwand und sorgte dafür, dass das Gerücht auftauchte, dass er ermordet worden war, und er hinterließ Spuren und Beweise, die darauf hindeuteten, dass sein Komplize ihn ermordet hatte. Sein Freund wurde verhaftet, und die Hinweise waren so schlüssig, dass jener seine Unschuld nicht beweisen konnte. Alles sprach gegen ihn, und so wurde schließlich die Todesstrafe über ihn verhängt. Er wusste aber, dass er seinen Freund nicht ermordet hatte; er wusste, dass das Ganze nur ein Komplott gegen ihn war. Sein Freund war nicht tot; es war nur ein Trick gewesen, um die ganze Beute für sich selbst zu behalten.

Der Mann konnte aus dem Gefängnis fliehen, bevor er hingerichtet wurde. Zwölf Jahre später, als er erfuhr, dass sein Freund – der seine Identität geändert hatte und ein angesehener Politiker geworden war – gestorben war, ging er damit vor Gericht. Er erzählte dem Richter – demselben, der ihn damals verurteilt hatte: »Ich bin derjenige, den Sie vor zwölf Jahren zum Tod verurteilt haben, doch ich konnte entfliehen. Ich war vollkommen unschuldig, aber ich konnte es nicht beweisen.«

Tatsächlich lässt sich Unschuld niemals beweisen. Beweise gibt es immer nur für oder gegen das Verbrechen, doch für Unschuld gibt es keine Beweise. Er sagte also: »Nun ist der Mann, wegen dessen Ermordung ich vor zwölf Jahren angeklagt wurde, gestorben – es ist derselbe Mann. Also kann ich ihn vor zwölf Jahren nicht ermordet haben. Das einzige Verbrechen, das ich begangen habe, ist mein Ausbruch aus dem Gefängnis, aber kann man das als Verbrechen bezeichnen? Wenn man einen Unschuldigen mit dem Tod bestraft, wer ist dann der Verbrecher – Sie oder ich?«

Diese Geschichte zieht viele Folgerungen nach sich. Der Mann fragte: »Wenn ich zum Tod verurteilt worden und nicht entflohen, sondern hingerichtet worden wäre, was wäre dann jetzt? Wenn bekannt würde, dass der angeblich Ermordete die ganze Zeit über immer noch am Leben war, könnten Sie mir dann das Leben zurückgeben? Und wenn Sie mir das Leben nicht zurückgeben können, welches Recht haben Sie dann, es mir zu nehmen?«

Es heißt, dass der Richter daraufhin zurücktrat, sich bei dem Mann entschuldigte und sagte: »Möglicherweise habe ich in meinem Leben viele Verbrechen begangen.«

Auf der ganzen Welt ist es in Wahrheit so, dass man schuldig ist, wenn man seine Unschuld nicht beweisen kann. Das steht im Widerspruch zu allen humanitären Idealen, Demokratie, Freiheit, Respekt vor dem Individuum, zu allem. Das Gesetz besagt zwar, dass man unschuldig ist, solange die Schuld nicht bewiesen ist – so steht es geschrieben –, doch in Wahrheit ist es genau umgekehrt.

Die Menschen sagen immer das eine und tun dann genau das Gegenteil. Sie reden von Zivilisation und Kultur – und sind doch keineswegs zivilisiert, kultiviert. Die Todesstrafe ist ausreichend Beweis dafür.

Sie ist das Kennzeichen einer barbarischen Gesellschaft: Auge um Auge, Zahn um Zahn, Kopf um Kopf. In einer barbarischen Gesellschaft gilt die einfache Regel, dass jemandem, der dir eine Hand abhackt, ebenfalls eine Hand abgehackt wird. So galt es über die Jahrhunderte hinweg, und bei der Todesstrafe verhält es sich genauso: »Auge um Auge. Wenn ein Mensch jemanden getötet hat, soll er ebenfalls getötet werden.« Doch ist das nicht seltsam: Wenn es ein Verbrechen ist, jemanden zu töten, wie kann man dann das Verbrechen in der Gesellschaft ausrotten, indem man dasselbe Verbrechen noch einmal begeht? Ein Mensch wurde getötet; nun wird ein weiterer Mensch getötet. Und es ist vielleicht gar nicht wirklich sicher, dass jener Mensch den anderen getötet hat, denn es ist nicht einfach, einen Mord nachzuweisen.

Wenn Töten falsch ist, dann macht es keinen Unterschied, ob die Tat von einem Einzelnen oder von der Gesellschaft und ihren Richtern begangen wird.

Wenn Töten falsch ist, dann macht es keinen Unterschied, ob die Tat von einem Einzelnen oder von der Gesellschaft und ihren Richtern begangen wird.

Töten ist ganz sicher ein Verbrechen. Die Todesstrafe ist ein Verbrechen, das von der Gesellschaft an einem hilflosen Einzelnen begangen wird. Ich kann sie nicht als Strafe bezeichnen – sie ist ein Verbrechen.

Doch man kann verstehen, warum sie verhängt wird: Sie ist ein Mittel, um Rache zu nehmen. Die Gesellschaft rächt sich, weil der Mensch die Regeln nicht befolgt hat. Die Gesellschaft ist bereit, ihn zu töten – doch niemand kümmert sich darum, dass ein Mord in Wahrheit ein Anzeichen dafür ist, dass derjenige psychisch krank ist. Statt ihn in ein Gefängnis zu stecken oder hinzurichten, sollte man ihn in eine Anstalt bringen, in der man sich um ihn kümmert – physisch, psychisch, spirituell. Er ist krank; er braucht das Mitgefühl der Gesellschaft, keine Bestrafung.

Ja, es stimmt – ein Mensch wurde getötet. Doch daran lässt sich nun nichts mehr ändern. Oder glaubt ihr vielleicht, der andere Mensch würde dadurch wieder lebendig, dass ihr den Mörder ermordet? Wenn das möglich wäre, wäre ich vollkommen dafür, dass der Mörder entfernt wird – er ist es nicht wert, Teil der Gesellschaft zu sein – und der andere wiederbelebt wird. Doch das ist nicht möglich. Der andere ist unwiederbringlich tot; er kann nicht wieder zum Leben erweckt werden. Nur eines kann man noch tun – man kann auch den Mörder töten. Das ist wie ein Versuch, Blut mit Blut abzuwaschen, Schlamm mit Schlamm abzuwaschen.

Euch ist vermutlich nicht bewusst, was in der Vergangenheit häufig geschah. Vor dreihundert Jahren galten Wahnsinnige in vielen Kulturen als Simulanten. In anderen Kulturen hielt man sie für von Geistern Besessene. Und in wieder anderen galten sie zwar als verrückt, aber durch Bestrafung behandelbar. Das waren die drei Arten, wie man mit wahnsinnigen Menschen umging.

Man behandelte sie mit Prügeln – seltsame Behandlung! – und indem man sie zur Ader ließ. Heute gibt man Menschen Bluttransfusionen, und damals machte man genau das Gegenteil – man ließ sie zur Ader, weil man dachte, dass sie über zu viel Energie verfügten. Wenn sie genügend Blut verloren hatten, wurden sie natürlich schwach, zeigten sie Anzeichen von Schwäche, weil sie so viel Blut verloren hatten, und dann dachte man, sie seien von ihrem Wahnsinn geheilt.

Und manchmal konnte es tatsächlich geschehen, dass

jemand durch Prügel wieder zur Vernunft kam. Fast so, als würde jemand schlafen, und man beginnt auf ihn einzuprügeln, bis er aufwacht. Ein Wahnsinniger hat irgendwie den Kontakt zu seinem bewussten Verstand verloren; wenn man ihn kräftig prügelt, kann es gelegentlich vorkommen, dass er wieder zu Bewusstsein kommt. So etwas galt dann immer als Beweis dafür, dass Prügel die richtige Behandlung waren. Natürlich geschah das nur gelegentlich; in neunundneunzig Prozent der Fälle war es eine unnötige Tortur. Doch die Ausnahme wurde zur Regel gemacht.

Man dachte, dass Verrückte von bösen Geistern besessen seien; auch deshalb dachte man, dass Prügel hilfreich seien. Denn wenn die Menschen von einem Geist besessen waren, wirkten die Schläge nur auf den Geist, nicht auf den Menschen. Man schlug damit nicht wirklich den Menschen, sondern den Geist, der in den Menschen gefahren war, und aufgrund der Prügel würde der Geist den Menschen wieder verlassen. Und gelegentlich kam jemand dadurch tatsächlich wieder zu Bewusstsein – doch nur sehr selten, in weniger als einem Prozent der Fälle, nicht öfter.

Ich war einmal an einem Ort, der berühmt war für die Behandlung Verrückter. Hunderte wahnsinniger Menschen wurden dorthin gebracht. Es handelte sich um einen Tempel an einem Flussufer, und der Priester dieses Tempels muss mindestens einige hundert Leben lang ein Schlächter gewesen sein. Er sah auch aus wie ein Schlächter, und er ließ jedem der Verrückten Prügel zukommen. Die Verrückten waren angekettet, bekamen nichts zu essen, erhielten starke Abführmittel und wurden geschlagen. Und tatsächlich kam gelegentlich einer von ihnen wieder zu Sinnen. Die starken Abführmittel und einige Tage Fasten reinigten ihr inneres System, und die Prügel brachten sie wieder ein wenig zu Bewusstsein. Nichts zu essen, Hunger – ein hungriger Mensch kann es sich nicht leisten, wahnsinnig zu sein, weil sein Körper zu sehr leidet. Um wahnsinnig zu sein, braucht man ein wenig Komfort in seiner Umgebung.

Ihr könnt es beobachten – je mehr Komfort eine Gesellschaft bietet, je mehr Luxus, je mehr Reichtum, desto mehr Menschen werden wahnsinnig. Je ärmer eine Gesellschaft, je hungriger, desto weniger Menschen werden verrückt. Für Wahnsinn braucht es zu allererst einmal einen Verstand. Doch ein hungriger Mensch hat keine Nahrung für den Verstand. Er ist unterernährt, sodass sein Verstand nicht in einer Situation ist, in der er wahnsinnig werden könnte. Dafür braucht der Verstand mehr Energie, als er hat, wenn der Mensch nur mit Überleben beschäftigt ist. Wahnsinn ist eine Erkrankung reicher Menschen. Die Armen können sich das nicht leisten.

Wenn man einen Menschen also hungrig werden lässt und ihm Abführmittel gibt, reinigt das sein inneres System und macht ihn so hungrig, dass er wieder mehr auf seinen Körper orientiert ist. Er vergisst den Verstand, seine erste Sorge gilt dem Körper. Er ist nicht mehr am Verstand und seinen Spielchen interessiert.

Wahnsinn ist ein Spiel des Verstandes.

Gelegentlich konnte man also tatsächlich beobachten, dass in diesem Tempel Menschen geheilt wurden, und das eine Prozent, das geheilt wurde, sorgte dafür, dass sich das Gerücht verbreitete, dass solchen Menschen hier geholfen wurde, und bald wurden hunderte von Leuten dorthin gebracht. Der Tempel wurde sehr reich. Ich war dort viele Male zu Besuch, doch nur einmal traf ich einen Mann, der geheilt worden war; andere kehrten einfach nur halb verhungert und zusammengeschlagen nach Hause zurück – noch kränker als zuvor, noch schwächer als zuvor. Viele starben sogar an der Behandlung dieses Priesters.

Doch in Indien gilt es nicht als Verbrechen, wenn man durch die Behandlung eines Priesters in einem Tempel, an einem heiligen Ort, stirbt. Tatsächlich gilt man als glücklich, wenn man an einem heiligen Ort gestorben ist. Man wird dann auf einer höheren Bewusstseinsebene wiedergeboren. Es gilt also nicht als Verbrechen. Und Priester haben Wahnsinnige schon seit Jahrhunderten auf diese Art und Weise behandelt, auf der ganzen Welt.

Inzwischen wissen wir, dass ein Verrückter nicht auf diese Weise behandelt werden kann. Verrückte wurden ins Gefängnis gesteckt, in Isolationshaft. Auch das geschieht immer noch in der ganzen Welt, denn wir wissen nicht, was wir sonst tun sollen. Wir stecken die Wahnsinnigen einfach ins Gefängnis, um unsere Unwissenheit zu verbergen, sodass wir sie vergessen können; dann können wir wenigstens die Tatsache ignorieren, dass sie existieren.

Freunde von mir in unserer Stadt hatten einen Onkel, der wahnsinnig war. Sie waren reiche Leute. Ich pflegte sie häufig zu besuchen, doch selbst mir wurde erst nach Jahren bewusst, dass ein Onkel von ihnen in einem Kellerraum eingesperrt war, angekettet.

Ich fragte sie: »Warum macht ihr das?«

Sie antworteten: »Er ist verrückt. Es gab nur zwei Möglichkeiten: Entweder behalten wir ihn hier zu Hause, angekettet … und natürlich können wir ihn nicht hier oben angekettet halten, sonst würden die Leute, die zu Besuch kommen, sich deshalb beunruhigen und Sorgen machen. Und für seine Frau und seine Kinder wäre es furchtbar, ihren Ehemann und Vater in diesem Zustand zu sehen … Andererseits würde es dem Ansehen unserer Familie schaden, ihn in eine Anstalt zu stecken, also fanden wir eine andere Lösung. Wir halten ihn im Keller eingesperrt. Sein Essen wird ihm von einem Diener gebracht, ansonsten sieht ihn niemand, besucht ihn keiner.«

Ich versuchte meinen Freund zu überreden: »Ich würde deinen Onkel gern kennenlernen.«

Er antwortete: »Aber ich kann nicht mitkommen – er ist ein gefährlicher Mann, er ist wahnsinnig! Obwohl er angekettet ist, könnte er sonstwas machen.«

Darauf meinte ich: »Nun, er kann mich höchstens umbringen. Du kannst ja hier bleiben, sodass dir nichts passiert, wenn er mich umbringt – aber ich würde ihn gern sehen.«

Weil ich so sehr darauf bestand, besorgte er den Schlüssel von dem Diener, der dem Onkel immer das Essen brachte. Seit dreißig Jahren war ich der erste Mensch außer dem Diener, den er zu sehen bekam. Und dieser Mann mag vielleicht einmal verrückt gewesen sein – das kann ich nicht sagen –, doch inzwischen war er nicht mehr verrückt. Doch niemand hörte auf ihn, weil alle Verrückten behaupten, dass sie nicht verrückt sind. Wenn er also zu dem Diener sagte: »Sag meiner Familie, dass ich nicht mehr verrückt bin«, dann lachte der Diener nur. Schließlich gab es der Diener sogar an die Familie weiter, doch niemand nahm irgendeine Notiz davon.

Als ich den Mann zum ersten Mal traf, setzte ich mich zu ihm und unterhielt mich mit ihm. Er war so geistig gesund wie jeder andere – vielleicht sogar noch ein wenig gesünder, denn er sagte zu mir: »Dreißig Jahre lang hier zu sein war eine enorme Erfahrung. Tatsächlich bin ich glücklich darüber, nicht in eurer wahnsinnigen Welt zu sein. Sie denken, dass ich verrückt bin – sollen sie es doch denken, das schadet nichts –, doch tatsächlich bin ich glücklich, nicht mehr in dieser wahnsinnigen Welt zu sein. Was meinen Sie dazu?«

Ich antwortete ihm: »Damit haben Sie vollkommen recht. Die Welt da draußen ist sogar noch viel wahnsinniger als damals vor dreißig Jahren, als sie sie verlassen haben. In diesen dreißig Jahren hat sich alles enorm weiterentwickelt – auch im Bereich des Wahnsinns. Sie sollten aufhören, den Menschen zu erklären, dass Sie nicht verrückt sind; sonst holen sie Sie vielleicht tatsächlich hier raus! Und Sie leben hier ein vollkommen glückliches Leben. Sie haben genügend Platz, um herumzugehen …«

Er meinte: »Das ist die einzige körperliche Betätigung, die ich hier habe … herumgehen.«

Da brachte ich ihm Vipassana bei. Ich sagte zu ihm: »Sie befinden sich in einer perfekten Situation, um zum Buddha zu werden: keine Sorgen, keine Ablenkungen, keine Störungen. Sie sind wirklich gesegnet.« Und beim letzten Mal, als ich ihn sah, bevor er starb, konnte ich an seinem Gesicht, an seinen Augen erkennen, dass er nicht mehr derselbe war – eine Transformation, eine vollkommene Verwandlung war mit ihm geschehen.

Wahnsinnige Menschen brauchen Meditationstechniken, mit denen sie sich aus ihrem Wahnsinn befreien können. Kriminelle brauchen psychologische Hilfe, spirituelle Unterstützung. Sie sind in Wahrheit im Innersten krank, und ihr bestraft kranke Menschen.

Wahnsinnige Menschen brauchen Meditationstechniken, mit denen sie sich aus ihrem Wahnsinn befreien können. Kriminelle brauchen psychologische Hilfe, spirituelle Unterstützung. Sie sind in Wahrheit im Innersten krank, und ihr bestraft kranke Menschen. Es ist nicht ihre Schuld. Wenn jemand mordet, bedeutet das, dass er die Tendenz zum Mord schon lange Zeit in sich getragen hat. Es ist nicht so, dass ein Mensch einfach so, aus dem Nichts heraus, jemanden ermordet.

Wenn ein Mord geschieht, sollte man sich eigentlich die ganze Gesellschaft näher ansehen, sollte die ganze Gesellschaft die Strafe dafür übernehmen. Warum ist so etwas in dieser Gesellschaft geschehen? Was habt ihr mit diesem Menschen gemacht, dass er einen Mord beging? Warum wurde er so destruktiv? – Denn die Natur gibt jedem Menschen kreative Energie. Sie wird nur dann destruktiv, wenn sie behindert wird, wenn ihr natürlicher Fluss verhindert wird. Doch wann immer die Energie in ihren natürlichen Bahnen fließt, wird das von der Gesellschaft verhindert, wird die Energie in eine andere Richtung gelenkt. Irgendwann ist der Mensch dann vollkommen verwirrt. Er weiß nicht mehr, was was ist. Er weiß nicht mehr, was er macht und warum er es macht. Die ursprünglichen Gründe liegen weit zurück; er hat so viele Umwege gemacht, dass er zu einem Puzzle geworden ist.

Niemand braucht die Todesstrafe, niemand verdient sie. Und tatsächlich gilt das nicht nur für die Todesstrafe; auch jede andere Art von Bestrafung ist nicht richtig, denn Bestrafung kann einen Menschen niemals heilen. Jeden Tag nimmt die Zahl der Kriminellen weiter zu; jeden Tag werden mehr Gefängnisse erbaut. Das ist doch seltsam. So sollte es nicht sein. Das Gegenteil sollte der Fall sein, denn mit so vielen Gerichten und so viel Bestrafung und so vielen Gefängnissen sollte das Verbrechen abnehmen, sollten es weniger Kriminelle werden. Mit der Zeit sollte die Zahl der Gefängnisse zurückgehen, sollte es weniger Gerichte geben. Doch das ist nicht der Fall.

Das liegt daran, dass eure Argumentation komplett falsch ist. Durch Strafen kann man Menschen nichts beibringen. Seit Jahrhunderten sagen eure Juristen, Gesetzesgelehrten und Politiker: »Wie sollen wir den Menschen beibringen, was richtig ist, wenn wir sie nicht bestrafen? Dann werden alle anfangen, Verbrechen zu begehen. Wir müssen die Menschen bestrafen, damit sie Angst haben.« Sie denken, dass Angst die einzige Möglichkeit ist, anderen etwas beizubringen – doch Angst ist überhaupt kein Weg, anderen etwas beizubringen! Bestrafung sorgt nur dafür, dass die Menschen sich an die Angst gewöhnen, sodass der erste Schock sich irgendwann abgenutzt hat. Alle wissen, was passieren kann: »Man kann mich höchstens einsperren. Und wenn andere das überleben, werde ich es auch. Außerdem werden von hundert Dieben immer nur ein oder zwei gefasst. Wer wäre ich denn, wenn ich nicht bereit wäre, dieses Risiko einzugehen – zu achtundneunzig Prozent ein Erfolg und nur zu zwei Prozent ein Misserfolg?«

Niemand lernt etwas durch Bestrafung. Auch der Bestrafte lernt nicht das, was man ihn lehren möchte. Dafür lernt er etwas anderes; er lernt, sich ein dickes Fell zuzulegen.

Und sobald jemand ins Gefängnis geht, wird das Gefängnis zu seinem Zuhause, denn dort findet er Gleichgesinnte. Dort findet er seine wirkliche Gesellschaft. Außen war er ein Außenseiter; hier befindet er sich in seiner eigenen Welt. Alle sprechen dieselbe Sprache, und es gibt wirkliche Experten unter ihnen. Zuvor war er vielleicht nur ein Amateur, ein Anfänger; es ist vielleicht seine erste Gefängnisstrafe.

Ich habe einmal eine Geschichte gehört über einen Mann, der ins Gefängnis kommt, und in seiner dunklen Zelle sieht er einen alten Mann, der sich dort ausruht. Der alte Mann fragt ihn: »Für wie lange bist du hier?«

Der neu Angekommene antwortet: »Zehn Jahre.«

Da sagt der alte Mann zu ihm: »Dann kannst du den vorderen Platz an der Tür haben. Nur zehn Jahre! Du bist anscheinend ein Amateur. Ich bin hier für fünfzig Jahre, also bleib du ruhig im vorderen Teil. Du bist bald wieder draußen.«

Doch wenn du zehn Jahre lang mit Experten zusammen bist, wirst du natürlich alle ihre Techniken lernen, ihre Methoden und Strategien. Du lernst aus ihrer Erfahrung. Ihr werdet also feststellen, dass eure Gefängnisse eine Art Universität sind, wo Verbrechen auf Staatskosten gelehrt werden. Dort gibt es Professoren des Verbrechens, Kanzler der Kriminalfakultäten, Vizekanzler, Präsidenten – alle möglichen Leute, die jede nur vorstellbare Art von Verbrechen begangen haben. Die Neuankömmlinge werden natürlich von ihnen lernen.

Ich habe schon viele Gefängnisse besucht, und in ihnen allen herrschte im Prinzip dieselbe Atmosphäre. Die allgemeine Ansicht in all diesen Gefängnissen und Justizanstalten ist, dass es nicht das Verbrechen ist, das einen ins Gefängnis bringt, sondern das Gefasstwerden. Man muss also nur lernen, wie man die falschen Dinge auf richtige Weise macht. Die Frage lautet nicht, wie man von jetzt an keine Missetaten mehr vollbringt, sondern wie man seine Missetaten auf richtige Weise vollbringt. Und jeder Gefängnisinsasse lernt im Gefängnis, Missetaten richtig zu vollbringen. Tatsächlich habe ich mit Gefängnisinsassen gesprochen, die zu mir sagten: »Wir sind schon ganz begierig, so schnell wie möglich freizukommen, weil wir hier so viel gelernt haben, was wir anwenden möchten. All die praktischen Aspekte haben uns gefehlt, es war alles nur theoretisches Wissen, bevor wir gefasst wurden. Für das praktische Wissen braucht es die Leute im Gefängnis, die es einem beibringen können.«

Wenn ein Mensch erst einmal im Gefängnis gelandet ist, wird er sich nirgendwo sonst wieder so wohl fühlen; früher oder später wird er immer wieder ins Gefängnis zurückkommen. Mit der Zeit wird das Gefängnis zu seiner zweiten Heimat. Es ist angenehmer als die Gesellschaft draußen, und er fühlt sich hier mehr zu Hause; niemand sieht auf ihn herab. Jeder ist ein Krimineller. Niemand ist ein Priester oder ein Weiser oder ein Heiliger. Alle sind armselige Menschen mit all ihren Schwächen und Gebrechen.

Draußen dagegen wird er abgelehnt und allein gelassen.

In meiner Heimatstadt gab es einen Mann, der ständig im Gefängnis saß. Er war ein sehr schöner Mann; sein Name war Barkat Mian und er verbrachte beinahe neun Monate pro Jahr im Gefängnis und höchstens drei Monate in Freiheit. In diesen drei Monaten musste er sich jede Woche bei der Polizei melden, um zu zeigen, dass alles in Ordnung war und er immer noch da war. Ich pflegte eine enge Freundschaft mit diesem Mann. Meine Familie war darüber sehr erzürnt; sie sagten: »Warum gibst du dich mit diesem Barkat ab?« Sie sagten immer zu mir: »Man beurteilt die Menschen nach ihrem Umgang.«

Darauf antwortete ich: »Ich verstehe. Das bedeutet, dass man Barkat nach mir beurteilen wird, und es ist nicht schlecht, jemandem ein bisschen Respektabilität zu verschaffen.«

Doch sie erwiderten: »Wann wirst du die Dinge endlich einmal in der richtigen Weise sehen?«

Ich antwortete: »Ich sehe sie genau richtig. Es ist nicht so, dass Barkat mich abwertet, sondern dass ich Barkat aufwerte. Denkt ihr, sein schlechter Charakter sei stärker als mein guter Charakter? Dann vertraut ihr nicht meiner Integrität, sondern der von Barkat. Doch was immer eure Ansicht dazu ist, ich vertraue mir selbst. Barkat kann mir in keiner Weise schaden. Wenn jemand jemandem schadet, dann kann höchstens ich Barkat schaden.«

Er war ein wirklich schöner und netter Mann und er pflegte zu mir zu sagen: »Du solltest dich nicht so offen mit mir abgeben. Wenn du dich mit mir treffen und unterhalten möchtest, sollten wir uns irgendwo außerhalb treffen, am Fluss.« Er selbst lebte in der Nähe des islamischen Friedhofs, wo kein Mensch hingeht, außer wenn er tot ist; man geht nur einmal dort hin. Es war für ihn nicht möglich, in der Stadt zu leben. In der Stadt war niemand bereit, ihm eine Wohnung zu vermieten. Gleichgültig, wie viel Miete er bezahlt hätte, niemand wollte sie annehmen. Niemand wollte ihn aufnehmen.

Ich fragte Barkat: »Wie bist du eigentlich zum Dieb geworden?«

Er antwortete: »Beim ersten Mal, als ich im Gefängnis war, war ich vollkommen unschuldig, aber ich war arm und konnte mir keinen Anwalt leisten, und die Leute, die mich im Gefängnis sehen wollten, hatten ein ganz spezielles Interesse daran. Meine Eltern starben, als ich noch sehr jung war, vierzehn oder fünfzehn. Und meine übrigen Verwandten waren scharf auf die Besitztümer meiner Familie, das Haus, das Land – doch dazu mussten sie erst mich aus dem Weg räumen. Also haben sie Folgendes gemacht: Sie versteckten Diebesgut in meiner Tasche zu Hause, und als es dort gefunden wurde, gab es kein Entkommen mehr für mich und ich wurde ins Gefängnis gesteckt. Als ich wieder entlassen wurde, war alles weg, und meine Verwandten hatten das Land und das Haus verkauft und alles unter sich aufgeteilt. Ich stand auf der Straße.

Als ich zum ersten Mal ins Gefängnis kam, war ich also unschuldig, aber als ich wieder herauskam, war ich nicht mehr unschuldig, weil ich dazugelernt hatte. Ich erzählte allen im Knast, was mir passiert war – ich war erst siebzehn –, und sie sagten zu mir: ›Mach dir keine Sorgen, denn diese neun Monate werden bald vorbei sein, und in neun Monaten werden wir dir alles Nötige beibringen, sodass du dich an allen rächen kannst.‹

Zuerst rächte ich mich also an meinen Verwandten. Das war einfach nur ein ›Wie du mir, so ich dir‹. Sie hatten mich dazu gezwungen, ein Dieb zu werden, also bewies ich ihnen, dass ich nun ein Dieb war. Ich machte mich über diese ganze Horde her und stahl ihnen alles, was sie hatten. Doch nach und nach verstrickte ich mich immer mehr. Es kann zehnmal gut gehen, doch beim elften Mal wird man gefasst. Wenn man älter und geübter wird, wird man seltener gefasst. Doch inzwischen ist es kein Problem mehr; tatsächlich ist das Gefängnis ein Ruheplatz, ein Urlaub von der Arbeit und von Sorgen und allen möglichen Dingen. Ein paar Monate im Gefängnis sind gut für die Gesundheit – es ist ein sehr diszipliniertes Leben, mit regelmäßigen Schlaf- und Essenszeiten. Und immer ausreichend zu essen.«

Und er fügte hinzu: »Im Gefängnis bin ich niemals krank, außer wenn ich simuliere, um in die Krankenabteilung zu kommen und es mir dort eine Weile gut gehen zu lassen. Draußen werde ich krank, aber im Gefängnis nie. Und die Welt draußen ist mir fremd; alle sind besser als ich, und ich fühle mich unterlegen. Nur im Gefängnis habe ich ein Gefühl von Freiheit.«

Wie seltsam! Als er das sagte, musste ich nachhaken: »Du willst damit sagen, dass du dich im Gefängnis frei fühlst?«

Und er erwiderte: »Ja, nur im Gefängnis fühle ich mich frei.«

Was ist das für eine Gesellschaft, in der sich die Menschen im Gefängnis frei fühlen und draußen gefangen?

Und diese Geschichte trifft auf beinahe jeden Kriminellen zu. Am Anfang steht eine Kleinigkeit – vielleicht war er hungrig, vielleicht war ihm kalt, vielleicht brauchte er eine Decke und stahl einfach eine – kleine Bedürfnisse, die eigentlich erfüllt werden sollten. Andernfalls hätte die Gesellschaft diese Menschen nicht hervorbringen sollen. Niemand verlangt von der Gesellschaft, sie hervorzubringen. Einerseits bringt die Gesellschaft immer mehr Menschen hervor, und auf der anderen Seite ist nicht genügend für alle da, weder Nahrung noch Kleidung noch Unterkunft. Was kann man dann schon erwarten? Damit versetzt man Menschen in eine Situation, in der sie einfach kriminell werden müssen.

Die Weltbevölkerung muss um ein Drittel reduziert werden, wenn die Kriminalität verschwinden soll.

Doch niemand möchte, dass sie verschwindet, denn das Verschwinden von Kriminalität würde bedeuten, dass auch Richter, Anwälte, Juristen, Parlamente, Polizisten und Gefängniswärter verschwinden würden. Es würde zu einem riesigen Beschäftigungsproblem führen; deshalb möchte niemand, dass es sich zum Besseren verändert.

Alle sagen nur, dass sie möchten, dass sich die Dinge zum Besseren verändern, doch gleichzeitig machen sie die Dinge immer schlimmer, denn je schlimmer die Dinge sind, desto mehr Menschen sind beschäftigt. Je schlimmer die Dinge sind, desto mehr Aussicht besteht, dass man sich als etwas Besseres fühlen kann. Es braucht Verbrecher, damit ihr euch als moralische und achtbare Bürger fühlen könnt. Es braucht Sünder, damit Heilige sich als heilig fühlen können. Ohne Sünder gäbe es keine Heiligen. Würde die ganze Gesellschaft nur aus guten Menschen bestehen, würde sich kein Mensch noch zweitausend Jahre später an Jesus Christus erinnern. Wozu? Es ist die kriminelle Gesellschaft, die sich zweitausend Jahre lang an Jesus Christus erinnert.

Das ist ganz einfach zu verstehen. Warum erinnert man sich an Gautama Buddha? Würde es Millionen von Buddhas, Millionen von erwachten Menschen in der Welt geben, würde man keine Notiz mehr von ihnen nehmen. Welche Besonderheit wäre Buddha dann noch? Er würde in der Menge untergehen. Doch fünfundzwanzig Jahrhunderte sind vergangen, und er ragt immer noch wie ein Berggipfel weit über eure Köpfe hinaus.

Tatsächlich ist es nicht so, dass Buddha, Jesus, Mohammed oder Mahavira Giganten sind – vielmehr seid ihr Zwerge. Und jeder Gigant hat ein Interesse daran, dass ihr Zwerge bleibt, denn sonst wäre er kein Gigant mehr. Das ist eine einzige große Verschwörung.

Ich bin gegen diese ganze Verschwörung. Ich bin weder ein Gigant noch ein Zwerg. Ich habe kein Interesse an dem ganzen Spiel. Ich bin einfach nur ich selbst. Ich vergleiche mich nicht mit anderen, also ist niemand unter mir und niemand über mir. Aufgrund dieser einfachen Tatsache kann ich die Dinge unmittelbar erkennen; es gibt keine speziellen Interessen, die meine Sicht verzerren. Und das ist meine unmittelbare Reaktion auf die Frage nach der Todesstrafe – sie ist einfach ein Beweis dafür, dass der Mensch noch nicht zivilisiert ist, noch nicht kultiviert ist, noch keine menschlichen Werte kennt.

Niemand in dieser Welt ist kriminell und niemand war jemals kriminell. Ja, es gibt Menschen, die unser Mitgefühl brauchen – kein Gefängnis, keine Bestrafung. Alle Gefängnisse sollten in psychologische Heilanstalten umgewandelt werden.

Antworten auf Fragen rund um Leben und Tod

Meine Schwester hatte einen Unfall und kann sich seither nicht mehr bewegen, nicht mehr sehen, nicht mehr hören, nicht mehr sprechen. Wäre es besser, sie sterben zu lassen?

Das ist eine der fundamentalen Fragen, die in verschiedener Form auf der ganzen Welt immer wieder auftaucht. Denn viele Jahrhunderte lang haben wir die Vorstellung akzeptiert, dass der Tod vermieden werden sollte, dass er etwas Schlechtes ist – dass das Leben von Gott kommt und der Tod vom Teufel.

Viele Jahrhunderte lang haben wir die Vorstellung akzeptiert, dass der Tod vermieden werden sollte, dass er etwas Schlechtes ist – dass das Leben von Gott kommt und der Tod vom Teufel.

So schwor jahrhundertelang jeder angehende Arzt den hippokratischen Eid, in dem er gelobte, niemandem, auch nicht auf seine Bitte hin, ein tödliches Gift zu verabreichen, sondern die Kranken vor allem Schaden zu bewahren.

Zur Zeit des Hippokrates war das richtig, denn von zehn Kindern, die das Licht der Welt erblickten, lebte nur eines so lange, dass es erwachsen wurde. Neun von zehn Kindern starben, das war die Realität. Zur Zeit von Gautama Buddha war die Bevölkerung der gesamten Erde so gering, dass ihr euch das überhaupt nicht vorstellen könnt. Es gab nur zweihundert Millionen Menschen. Inzwischen gibt es allein in Indien fast eine Milliarde Menschen. Auf der ganzen Welt gibt es mehr als fünf Milliarden Menschen. Innerhalb von fünfundzwanzig Jahrhunderten wurden aus zweihundert Millionen mehr als fünf Milliarden Menschen auf dieser Erde. Und die medizinische Wissenschaft hat sich enorm entwickelt.

Lange Zeit hieß es, dass ein Alter von siebzig Jahren die maximale Lebenserwartung sei. Immer schon suchten Wissenschaftler nach Knochen und Skeletten, um festzustellen, wie lange die Menschen früher lebten. Und sie kamen zu der Schlussfolgerung, dass die Menschen nicht mehr als vierzig Jahre alt wurden – daher ist es ganz richtig, wenn die Leute sagen, dass in der guten alten Zeit kein Vater jemals den Tod eines Sohnes zu beklagen hatte. Das ist ganz natürlich. Wenn der Vater bereits mit vierzig stirbt, wie kann er dann den Tod seines Sohnes erleben?

Doch dabei sind die neunzig Prozent der Kinder nicht eingeschlossen, die nicht länger als zwei Jahre lebten. In Wahrheit sah jeder Vater dutzende seiner Söhne und Töchter sterben. Erst wenn ein Kind die ersten zwei Jahre überlebt hatte, bestand die Wahrscheinlichkeit, dass es vierzig Jahre alt wurde. Und bis dahin war der Vater natürlich gestorben.

Doch heute gibt es viele Menschen, die über hundert Jahre alt werden, und in manchen Regionen der Welt findet man Menschen über hundert, die immer noch wie die Jungen auf dem Feld arbeiten. Manche Wissenschaftler behaupten, dass der menschliche Körper bei richtiger Ernährung, ausreichend Bewegung und dem richtigen Umfeld mindestens dreihundert Jahre alt werden kann. Doch das ist eine gefährliche Aussicht, denn bereits nach neunzig oder hundert Jahren seid ihr des Lebens überdrüssig – was würdet ihr da mit dreihundert Jahren anfangen? Eure eigenen Familienmitglieder würden euch nicht mehr kennen. Nach dreihundert Jahren existieren so viele Generationen eurer eigenen Nachkommen, dass sie überhaupt keine Beziehung mehr zu euch hätten. Die Kluft wäre zu groß.

Und was wollt ihr in all dieser Zeit tun? Ihr habt gelebt, ihr habt geliebt. Ihr habt alles erlebt, was das Leben so bietet – Erfolge und Misserfolge, Freuden und Schmerzen, Tage und Nächte. Ihr habt alle Jahreszeiten erlebt; nun gibt es nichts Neues mehr. Es ist nur noch Wiederholung, das immer gleiche alte Rad.

Wir müssen also über die Frage des Todes ganz neu nachdenken. Meine Meinung ist, dass der freiwillige Tod nicht illegal sein sollte, wenn ein Mensch an den Punkt kommt, an dem er feststellt, dass das Leben für ihn nicht mehr sinnvoll ist, dass er genug gelebt hat. Es sollte vollkommen legal sein; jedes Krankenhaus sollte eine besondere Abteilung für jene Menschen haben, die zum Sterben kommen, sodass sie in Frieden sterben können, in Stille, mit aller angemessenen medizinischen

Unterstützung. Diese medizinische Unterstützung sollte nicht dazu dienen, sie am Leben zu erhalten, sondern um ihnen zu helfen, so friedlich und so still wie möglich zu sterben.

Mein Vorschlag wäre, dass jede dieser Abteilungen in einer Klinik einen Meditationslehrer haben sollte, der die Menschen Meditation lehren kann, bevor sie sterben, damit sie meditativ sterben können. Ihr Tod kann dann eine enorm wertvolle Erfahrung sein, vielleicht wertvoller als ihr ganzes Leben. Und sie begehen damit keine Sünde.

Man kann ihnen ausreichend Zeit geben, um darüber nachzudenken. Vielleicht ist jemand einfach nur im Moment emotional aufgewühlt. Irgendetwas ist geschehen, was die Vorstellung geweckt hat: »Es ist besser, mein Leben jetzt zu beenden.« Solchen Menschen sollte man Zeit geben, man sollte ihnen sagen: »Sie können kommen und sich einen Monat lang ausruhen und auf den Tod vorbereiten. Wir sind da, um zu helfen. Doch wenn Sie während dieses Monats Ihre Meinung ändern, dann ist das Ihre Entscheidung. Sie können jederzeit wieder gehen. Niemand zwingt Sie zu irgendetwas.«

Wenn jemand einen ganzen Monat lang entschlossen bleibt, glücklich damit ist und sich auf den Tod als ein Abenteuer freut, ist es unsere Pflicht, es diesen Menschen zu ermöglichen, ihren Körper mit so viel Anmut wie möglich loszulassen.

Und denkt daran, kein Gefühl hält länger als ein paar Minuten an. Jemand, der Selbstmord begeht, hätte es möglicherweise nicht getan, wenn er nur eine Minute länger gewartet hätte. Es ist eine momentane Sache. Doch wenn jemand einen ganzen Monat lang entschlossen bleibt, glücklich damit ist und sich auf den Tod als ein Abenteuer freut, ist es unsere Pflicht, es diesen Menschen zu ermöglichen, ihren Körper mit so viel Anmut wie möglich loszulassen.

Ich musste bei der Antwort auf diese Frage so weit ausholen, damit ihr versteht, dass der Tod nichts Schlechtes ist, dass er etwas Natürliches ist. Doch bei dieser Frage geht es nicht um einen alten Menschen. Bei dieser Frage geht es um eine jüngere Schwester, die sich nicht bewegen kann, die nicht sehen, nicht hören, nicht sprechen kann. Alle ihre Sinne sind tot. Kann man das noch Leben nennen? Das ist nur noch ein Vegetieren. Und sie muss enorm darunter leiden. Wir können das nicht erfahren, weil sie nichts sagen kann. Sie hat keine Möglichkeiten der Kommunikation. Sie ist vollkommen allein, von allem Leben abgeschnitten. Wozu soll sie noch siebzig, achtzig oder neunzig Jahre dahinvegetieren – oder vielleicht sogar noch länger? Sie ist eine Last für die ganze Familie. Sie ist eine Quelle der Trauer für die Familie und sie selbst durchlebt die reine Hölle, weil sie vollkommen eingesperrt ist.

Versetzt euch nur einmal selbst in eine solche Lage. Es kann kein schlimmeres Konzentrationslager geben: Die Augen sind einem genommen, die Ohren sind einem genommen, man kann nicht sprechen. Man befindet sich im Koma. Es gibt viele Menschen in solch einer Situation. Ich habe selbst einmal eine Frau gesehen, die bereits seit neun Monaten im Koma lag. Und die Ärzte sagten, dass sie niemals mehr zu Bewusstsein kommen kann, weil sie bereits so lange bewusstlos war, dass das empfindliche Nervensystem, das Träger des Bewusstseins ist, fast vollkommen abgestorben war. Sie zeigten mir Aufnahmen ihres Gehirns und sagten, dass alle Punkte, die für das Bewusstsein zuständig sind, abgestorben waren. Sie würde bewusstlos bleiben, vielleicht fünfzig Jahre lang, denn sie war erst dreißig, als ich sie sah. Nun ist sie eine ständige Last für die Familie, für den Ehemann, für die Kinder. Sie können nichts tun, sie sind vollkommen hilflos. Die Ärzte können ebenfalls nichts tun, sie sind hilflos. Doch das Gesetz verbietet es, jemandem Sterbehilfe zu geben. Andernfalls wären die Ärzte kriminell. Sie wären Mörder.

Das Gesetz ist primitiv. Das Gesetz kennt kein Mitgefühl. Diese Frau braucht einen gnädigen Tod. Sie kann nicht einmal um ihren Tod bitten!

Auch die Schwester dessen, der diese Frage gestellt hat, kann nicht um ihren Tod bitten. Doch jene, die sie lieben, sollten sich an die Regierung ihres Landes wenden. Sie sollten ihren Fall vor Gericht bringen und darauf bestehen, dass es gegen jedes menschliche Mitgefühl ist, sie am Leben zu erhalten. Es ist keine Liebe, es ist eine vollkommen primitive Vorstellung, die in der Gegenwart keine Gültigkeit mehr hat. Sie sollten alle wissen lassen, dass die ganze Familie dafür ist, sie aus diesem Gefängnis zu befreien, sodass sie neu geboren werden kann, mit einem neuen Körper – mit Augen, mit Ohren, mit einem Körper, mit dem sie sprechen und gehen kann. Ihr Tod wird kein Unglück sein. Ihr Tod wird ein Segen für sie sein.

Ich erkläre euch einfach, wie ich vorgehen würde. Ich sage nicht, dass ihr entsprechend handeln sollt, denn das ist in eurem Land vielleicht ungesetzlich. Dann müsst ihr euch an die Regierung wenden und eine allgemeine Diskussion darüber auslösen, denn es geht vielleicht nicht nur um deine Schwester. Möglicherweise gibt es andere junge Menschen, die auf ähnliche Weise leiden – aus keinem anderen Grund als dem, dass es das Gesetz keinem Mediziner erlaubt, Sterbehilfe zu leisten.

Es ist an der Zeit, dass wir das verstehen und dass der medizinische Berufsstand das versteht – der alte hippokratische Eid sollte für Ärzte keine Gültigkeit mehr haben. Er sollte so abgewandelt werden, dass die Medizin das Leben erhalten sollte, wenn der Mensch dadurch besser leben kann, reicher leben kann – doch wenn der Mensch nicht mehr wirklich leben kann und man ihn nur noch am Atmen hält … Atmen ist nicht Leben. Dann ist es besser, den Menschen sterben zu lassen. In beiden Fällen handelt es sich um Mitgefühl. Man dient dem Leben oder man dient dem Tod – das macht keinen Unterschied. Mitgefühl sorgt dafür, dass der Mensch in einen besseren Raum findet, in ein besseres Leben.

Und jedes Land muss entsprechende Gesetze erlassen, so wie die Gesetze der meisten Länder inzwischen die Geburtenkontrolle erlauben. Das ist das eine Ende des Lebens; man verhindert, dass Kinder geboren werden. Wenn man das akzeptiert hat, dann sollte man auch am anderen Ende allen alten Menschen, die diese Welt verlassen möchten, erlauben zu gehen. Sie können ihre Freunde und ihre Familie zusammenrufen. Sie können einen Monat lang mit der ganzen Familie verbringen, denn nun werden sie nur noch einen Monat lang hier sein.

Die Geburt liegt nicht in unseren Händen, doch wenigstens können wir die Freiheit haben, über unseren eigenen Tod zu bestimmen. Einige Regierungen der Welt werden sicher bald zulassen, dass wir auch am anderen Ende des Lebens über mehr Selbstbestimmungsrecht verfügen. Die Welt ist sowieso schon überbevölkert. Auf der einen Seite verhindern wir zusätzliche Geburten, und auf der anderen Seite sollten wir die Menschen auch gehen lassen, damit die Welt weniger voll und weniger arm ist.

Und es ist nicht nur eine Frage von Überbevölkerung und Armut, es geht auch um diese Menschen selbst. In fast allen westlichen Ländern, und vor allem in Amerika, vegetieren hunderttausende von Menschen in Krankenhäusern vor sich hin. Sie sind neunzig oder hundert Jahre alt. Sie können nicht mehr zu Hause leben, weil sie nicht einmal mehr alleine atmen können. Und wir erhalten sie weiter am Leben – wozu? Sie werden künstlich beatmet. Ich glaube nicht, dass das für diese Menschen ein Vergnügen ist. Sie werden niemals nach Hause zurückkehren. Sie werden im Krankenhaus sterben. Und ich kann nicht erkennen, wozu man sie künstlich beatmet. Wenn ihr Körper nicht mehr atmet, sollte man ihm auch erlauben, nicht mehr zu atmen! Das ist schließlich seine Sache.

Ihr mischt euch zu sehr ein. Ihr lasst sie nicht sterben. Sie sind bereits tot, doch ihr zwingt sie, weiter zu leben, obwohl ihr nicht einmal selbst einen wirklichen Sinn darin erkennen könnt. Und so erhaltet ihr tausende von Menschen am Leben, die bereits im Grab ruhen sollten, die aber unnötig Platz im Krankenhaus beanspruchen, die Zeit der Ärzte beanspruchen, Maschinen und Pflege in Anspruch nehmen – wozu? Nach zwei oder drei Jahren werden diese Menschen trotz künstlicher Beatmung irgendwann einmal sterben. Sie werden das Ganze einfach nicht mehr mitmachen. Nichts anderes wird geschehen. Doch diese drei Jahre lang erhaltet ihr sie unnötigerweise mit dieser Tortur am Leben. Und das hält man für Mitgefühl, für Dienst am Nächsten. Das hält man für christlich. Das ist einfach nur Grausamkeit!

Lasst diese armen Menschen sterben. Es gibt tausende von Menschen auf der ganzen Welt, die gern den Körper verlassen würden, weil ihr Körper nur noch Schmerz für sie bedeutet. Aufgrund von Krankheit und Gebrechen sind sie nicht mehr in der Lage, etwas zu tun. Sie sind nicht mehr fähig, etwas zu genießen.

Doch wir leben in einer seltsamen Welt. Sie folgt weiter alten Regeln, die alle Gültigkeit verloren haben, die nur noch Schatten der Vergangenheit sind und die Menschen unnötig quälen.

Meine Ansicht ist, dass deine Schwester von diesem Körper befreit werden sollte, denn dieser Körper ist nichts weiter als ein Gefängnis für sie. Wenn du sie liebst, dann musst du dich von ihr verabschieden. Unter Tränen, in Trauer, doch du musst dich verabschieden und meditieren und beten, dass sie in einem besseren Körper wiedergeboren wird. Doch wendet euch an die Regierung, macht eine große Bewegung daraus, damit nicht nur deiner Schwester damit geholfen wird. Es gibt möglicherweise viele andere Menschen, die ebenfalls in ihrer Situation sind. Und macht so viel Lärm wie möglich um diese Sache, denn nur dann wird es möglich sein, dass deine Schwester einen friedlichen Tod stirbt. Und sei nicht beunruhigt – denn das innerste Wesen stirbt nie.

Die wichtigste Maxime meiner christlichen Erziehung war, selbstlos zu sein, nicht an mich selbst zu denken. Wenn ich jetzt an mich selbst denke und meinem Drang folge, mich nach innen zu wenden, scheine ich mich durch eine Schicht von Unbehagen, Schuldgefühlen und Verwirrung kämpfen zu müssen. Kannst du dazu etwas sagen?

Alle Religionen haben dem menschlichen Wachstum enorm geschadet, doch das Christentum steht an erster Stelle, was den Schaden an der Menschheit betrifft. Sie haben wunderbare Worte verwendet, um dahinter ihr hässliches Verhalten gegen euch zu verbergen. Zum Beispiel Selbstlosigkeit – jemandem, der sich selbst nicht kennt, zu sagen, dass er oder sie selbstlos sein sollte, ist so außerordentlich töricht, dass man überhaupt nicht glauben kann, dass das Christentum das zweitausend Jahre lang gemacht hat.

Solange ihr nicht selbstsüchtig genug seid, um euch selbst zu erkennen, ist Selbstlosigkeit nicht möglich. Selbstlosigkeit entsteht als Folge davon, dass ihr euch selbst erkannt habt, dass ihr ihr selbst seid.

Sokrates sagte: »Erkenne dich selbst; alles andere ist zweitrangig.« Nur wer sich selbst kennt, kann selbstlos sein. Tatsächlich wird jemand, der sich selbst kennt, automatisch selbstlos sein; es wird keiner Anstrengung dafür mehr bedürfen. Denn wer sich selbst kennt, kennt nicht nur sein eigenes Selbst, sondern auch das aller anderen Menschen. Es ist dasselbe; es handelt sich um *ein* Bewusstsein, um *einen* Kontinent. Die Menschen sind keine Inseln. Doch ohne den Menschen beizubringen, wie sie ihr eigenes Wesen erkennen können, hat das Christentum ein gefährliches Spiel gespielt – und eines, das die Menschen anspricht, denn sie haben ein wunderbares Wort dafür verwendet – »Selbstlosigkeit«. Das klingt sehr religiös, sehr spirituell. Wenn ich sage: »Seid zunächst einmal selbstsüchtig«, dann klingt das nicht sehr spirituell.

Wir sollen selbstsüchtig sein?

Euer Verstand ist darauf konditioniert, dass Selbstlosigkeit spirituell ist. Ich weiß, dass das so ist, doch solange ihr nicht selbstsüchtig genug seid, um euch selbst zu erkennen, ist Selbstlosigkeit nicht möglich. Selbstlosigkeit entsteht als Folge davon, dass ihr euch selbst erkannt habt, dass ihr ihr selbst seid. Dann ist Selbstlosigkeit kein Akt der Tugend mehr, dann geschieht sie nicht mehr, um eine Belohnung im Himmel zu erlangen. Dann wird Selbstlosigkeit einfach zu eurer Natur, und jeder Akt der Selbstlosigkeit trägt seine eigene Belohnung in sich.

Doch das Christentum hat das Pferd hinter den Wagen gespannt – und nun bewegt sich nichts mehr, alles ist steckengeblieben. Die Pferde stecken fest, weil der Wagen vor ihnen steht, und der Wagen bewegt sich nicht, weil kein Wagen sich von allein bewegen kann, ohne Pferde davor, die ihn ziehen.

Es passiert fast jedem Christen, dass ein gewisses Schuldgefühl auftaucht, wenn er oder sie zu meditieren beginnt – du meditierst, während es der ganzen Welt so schlecht geht, während die Menschen so arm sind, während Menschen an Hunger sterben, während Menschen an AIDS leiden? Du musst vollkommen selbstsüchtig sein! Hilf zuerst den Armen, hilf zuerst den Menschen, die an AIDS leiden, hilf zuerst allen anderen.

Doch das Leben ist kurz. Wie viele selbstlose Handlungen kannst du in siebzig oder achtzig Jahren vollbringen? Und wann wirst du Zeit finden, um zu meditieren? Denn wann immer du dich in Richtung Meditation zu bewegen beginnst, stehen diese armen Menschen da, stehen Waisen da, stehen Bettler da, sind neue Krankheiten aufgetaucht.

Eine Mutter sagte einmal zu ihrem kleinen Jungen:

»Selbstlosigkeit ist die Grundlage unserer Religion. Sei niemals selbstsüchtig, sondern hilf den anderen.«

Der kleine Junge – denn Kinder sehen die Dinge klarer als die so genannten Erwachsenen – meinte darauf: »Das ist doch umständlich. Warum soll ich den anderen helfen und sie mir? Warum es nicht einfacher machen? Ich helfe mir selbst und sie helfen sich selbst.«

Diese Grundlage eurer Religion ist sehr kompliziert – unnötig kompliziert.

Tatsächlich hat das Christentum die östlichen Religionen aus dem einfachen Grund verdammt, weil sie so selbstsüchtig wirken. Mahavira, der Mystiker der Jaina, meditierte zwölf Jahre lang … er hätte in einer Schule lehren oder in einem Krankenhaus arbeiten sollen. Er hätte sich um Waisenkinder kümmern sollen, wie Mutter Teresa, um einen Nobelpreis dafür zu bekommen.

Es ist ganz klar, dass kein Meditierender jemals einen Nobelpreis bekommen hat. Wofür auch? – Sie haben ja nichts Selbstloses getan. Sie sind die selbstsüchtigsten Menschen der ganzen Welt, sie meditieren nur und genießen ihre Stille, ihren Frieden, ihre Glückseligkeit, sie finden die Wahrheit, finden Göttlichkeit, werden vollkommen frei von jedem Gefängnis. Das alles ist selbstsüchtig. Der christliche Verstand tut sich also ein wenig schwer damit, die Vorstellung von Meditation zu akzeptieren. Im Christentum gibt es keine Meditation, nur Gebet.

Man kann Gautama Buddha nicht wirklich als religiösen Menschen bezeichnen, denn was hat er für die Armen getan? Was hat er für die Kranken getan? Was hat er für die Alten getan? Er wurde erleuchtet – das ist doch die größte Selbstsucht!

Doch der Osten hat eine vollkommen andere Einstellung – und eine, die sehr viel logischer, vernünftiger und einleuchtender ist. Der Osten hat es immer so gesehen, dass man niemandem eine Hilfe sein kann, solange man nicht Frieden und Stille im Herzen trägt, ein Lied in seinem Wesen, ein Licht, das die innere Erleuchtung nach außen strahlt. Solange man das nicht hat, ist man selbst krank, ist man selbst eine Waise, denn man hat die letzte Sicherheit des Lebens, die ewige Sicherheit des Lebens, noch nicht gefunden. Man ist selbst so arm, dass im Inneren nichts als Dunkelheit herrscht. Wie kann man dann anderen helfen? Man ist selbst am Ertrinken. Dann ist es gefährlich, anderen zu helfen; höchstwahrscheinlich führt das nur dazu, dass der andere ebenfalls ertrinkt. Zuerst muss man schwimmen lernen; erst dann kann man jemandem helfen, der am Ertrinken ist.

Zuerst muss man selbstsüchtig sein und all das entdecken, was in einem selbst enthalten ist – all die Freude und Seligkeit und Ekstase. Darauf wird Selbstlosigkeit folgen, so wie der Schatten dem Körper folgt.

Meine Herangehensweise ist vollkommen klar. Zuerst muss man selbstsüchtig sein und all das entdecken, was in einem selbst enthalten ist – all die Freude und Seligkeit und Ekstase. Darauf wird Selbstlosigkeit folgen, so wie der Schatten dem Körper folgt – denn man muss teilen, um den Tanz des Herzens zu erleben, um die Göttlichkeit des eigenen Seins zu erfahren. Man kann das nicht wie ein Geizhals für sich behalten, denn Geiz ist der Tod des inneren Wachstums.

Die Ökonomie des inneren Wachstums unterscheidet sich von der Ökonomie der äußeren Welt. In der üblichen Ökonomie gilt, dass man umso weniger hat, je mehr man gibt. Doch in der spirituellen Ökonomie gilt, dass man umso weniger hat, je weniger man gibt; je mehr man gibt, desto mehr hat man. Die Gesetze der äußeren und der inneren Welt verhalten sich hier genau entgegengesetzt.

Zuerst werde also in deinem Inneren reich, werde zu einem Kaiser. Dann hast du so viel zu geben, dass du es nicht einmal mehr Selbstlosigkeit nennen wirst. Und du wirst keine Sehnsucht nach irgendeiner Belohnung haben, weder hier noch im Jenseits. Du wirst von demjenigen, dem du gegeben hast, nicht einmal Dankbarkeit erwarten; im Gegenteil, du wirst dem anderen dankbar sein, dass er deine Liebe, deine Seligkeit, deine Ekstase nicht zurückgewiesen hat. Der andere war empfänglich, er hat dir erlaubt, ihm dein Herz und dein Lied und deine Musik zu schenken.

Die christliche Vorstellung von Selbstlosigkeit ist reine Torheit. Der Osten hat niemals auf diese Art und Weise gedacht. Die gesamte Geschichte des Ostens und seine Suche nach der Wahrheit ist schon sehr alt und hat eine einfache Tatsache erbracht – dass man sich zuerst um sich selbst kümmern muss; erst danach kann man sich um andere kümmern.

Die Fragestellerin hat bei sich ein gewisses Gefühl von Schuld beobachtet. Sie sagt: »Ich scheine mich durch eine Schicht von Unbehagen, Schuldgefühlen und Verwirrung kämpfen zu müssen.«

Das ist ein ganz einfaches Phänomen. Das Christentum hat Millionen von Menschen auf den falschen Weg geführt. Und fundamentale Christen sind die fanatischsten, bigottesten Menschen, die man sich nur vorstellen kann.

Inzwischen hat sogar der Osten seinen Gipfel des Ruhms vergessen – die Zeit Gautama Buddhas und Mahaviras. Heute lassen sich sogar Menschen, die keine Christen sind, von der christlichen Ideologie beeinflussen. Die moderne indische Verfassung erklärt, dass Wohltätigkeit darin besteht, den Armen zu helfen, den Armen Bildung zu ermöglichen, für die Armen Krankenhäuser zu errichten. Nichts davon findet sich in den Lehren von Gautama Buddha. Nicht, weil er dagegen wäre, den Armen zu helfen, sondern weil er weiß, dass man ihnen als Meditierender einfach von sich aus helfen wird, doch ohne damit zu prahlen. Es ist einfach eine ganz natürliche, selbstverständliche Sache.

Doch Meditation zu lehren ist keine Wohltätigkeit – ein Krankenhaus zu errichten dagegen schon. Eine Schule zu errichten und Geographie und Geschichte zu lehren ist Wohltätigkeit. Doch was wirst du den Schülern in Geographie beibringen? Wo Timbuktu liegt, wo Konstantinopel liegt. Was wirst du den Schülern in Geschichte beibringen? Die Taten von Dschingis Khan, Tamerlan, Nadir Schah, Alexander dem Großen, Iwan dem Schrecklichen. Das soll Wohltätigkeit sein? Doch die Menschen zu lehren, still zu sein, friedvoll zu sein, liebevoll, fröhlich, zufrieden, erfüllt, ist keine Wohltätigkeit. Selbst Menschen, die keine Christen sind, sind inzwischen von dieser Krankheit angesteckt.

Mahatma Gandhi war mindestens dreimal in seinem Leben kurz davor, ein Christ zu werden. Tatsächlich war er sowieso zu neunzig Prozent ein Christ. Dr. Ambedkar, der Autor der indischen Verfassung, hatte seit Jahren darüber nachgedacht, ob er und seine Anhänger, die Unberührbaren, Christen werden sollten. Schließlich entschied er, dass sie Buddhisten werden sollten. Doch in der gesamten indischen Verfassung kann man den Einfluss des Christentums erkennen. In der gesamten indischen Verfassung wird Meditation mit keinem Wort erwähnt – obwohl das doch der Beitrag des Ostens war, und zwar sein wertvollster Beitrag. Stattdessen reflektiert die Verfassung das, was die christlichen Missionare lehrten. Sie reflektiert nicht Gautama Buddha, Kabir oder Nanak.

Aber ich sehe nicht, wie es ohne Meditation jemals Wohltätigkeit geben kann.

Dein Schuldgefühl ist also einfach nur eine falsche Konditionierung. Lass es los, ohne einen weiteren Gedanken daran zu verschwenden. Du wirst selbstlos werden, indem du zunächst vollkommen selbstsüchtig bist. Zuerst musst du innerlich reich werden – so reich, so voller Überfluss, dass du diesen Überfluss einfach mit anderen teilen musst, so wie eine Regenwolke ihren Regen mit der durstigen Erde teilen muss. Doch zuerst muss die Wolke voller Regen sein. Zu leeren Wolken zu sagen: »Ihr solltet selbstloser sein«, ist einfach nur irrational.

Ab und zu kommen Leute zu mir, Wohltätige, Menschen mit guten Absichten, und sagen: »Das ist ein seltsamer Platz hier. Du solltest ein Krankenhaus für die Armen eröffnen, du solltest Straßenkinder aufnehmen, du solltest Kleidung an die Armen verteilen, du solltest jenen helfen, die Hilfe benötigen.« Aber meine Vorgehensweise ist eine vollkommen andere. Man sollte den Armen Mittel zur Geburtenkontrolle zur Verfügung stellen, damit es keine Straßenkinder mehr gibt. Man sollte den Armen die Pille zur Verfügung stellen, um die Bevölkerungsexplosion zu verhindern, denn ich sehe nicht, wozu das Ganze gut sein soll – zuerst sorgt man dafür, dass zu viele Kinder geboren werden, und dann baut man Waisenhäuser und kümmert sich um sie und verschwendet damit sein Leben.

Als ich in den 60er Jahren mit meinen Vorträgen begann, hatte Indien eine Bevölkerung von vierhundert Millionen. Seit damals habe ich immer wieder erklärt, dass Geburtenkontrolle einc absolute Notwendigkeit ist. Doch die Christen sind gegen Geburtenkontrolle, und innerhalb von nur fünfunddreißig Jahren hat sich die Bevölkerung Indiens mehr als verdoppelt. Aus vierhundert Millionen wurden neunhundert Millionen. Fünfhundert Millionen Menschen hätten verhindert werden können, und dann hätte es keine Mutter Teresa gebraucht, dann wäre es nicht notwendig gewesen, dass der Papst nach Indien reist und Selbstlosigkeit predigt.

Doch die Menschen sind seltsam – zuerst lässt man die anderen krank werden, und dann gibt man ihnen Medizin. Und die Leute haben wunderbare Methoden dafür gefunden. In jedem Lions Club, in jedem Rotary Club gibt es für die Mitglieder Behälter, in denen nicht verwendete Medikamente gesammelt werden. Wenn man ein Medikament verschrieben bekommen hat und gesund ist, bevor das Medikament vollkommen aufgebraucht ist, dann spendet man es dem Club. So sammeln sie Medikamente, und dann sind sie großartige, selbstlose Menschen, die Medikamente spenden. Dienst am Nächsten ist ihr Motto. Aber es ist ein sehr schlauer Dienst am Nächsten. Diese Medikamente wären weggeworfen worden – was soll man mit der restlichen Medizin machen, wenn man wieder gesund ist? Es ist eine großartige Idee, all diese Medikamente zu sammeln und sie an die Armen zu verteilen – und dabei das wunderbare Gefühl zu haben, anderen zu dienen.

Aus meiner Sicht ist ein meditatives Bewusstsein das,

was die Menschen als erstes benötigen. Und sobald man ein meditatives Bewusstsein besitzt, wird alles, was man tut, allen anderen dienen; dann kann man niemandem mehr schaden, man kann nur noch mitfühlend und liebevoll handeln.

Ich wiederhole also: Zuerst seid selbstsüchtig. Erkennt euch selbst, seid ihr selbst, und dann wird euer Leben nur noch ein Teilen sein, ein selbstloses Teilen, ohne nach einer Belohnung in dieser oder einer anderen Welt zu fragen.

Jeder Mensch wird so erzogen, dass er zum Idealisten wird. Niemand ist realistisch. Idealismus ist die generelle Krankheit der Menschheit.

Jeder Mensch wird so erzogen, dass er glaubt, dass er irgendetwas sein muss, irgendjemand sein muss, irgendwann in der Zukunft. Man gibt ihm ein Bild, und er muss es erreichen. Das verursacht eine Spannung, denn er ist das nicht, er ist etwas anderes, und doch muss er es erreichen.

So verdammen alle das Wahre zugunsten des Unwahren – doch das Unwahre ist unwahr. Und das Ideal zieht euch ständig aus der Gegenwart in die Zukunft.

Das Ideal wird zu einem andauernden Alptraum, denn es verdammt euch. Was immer ihr tut, ist unvollkommen, weil ihr ein Ideal von Vollkommenheit in euch tragt. Was immer ihr erreicht, ist nicht genug, weil ihr eine verrückte Erwartung in euch tragt, die niemals erfüllt werden kann.

Seid ganz. Kümmert euch nicht um Perfektion. Und wenn ich sage, seid ganz, meine ich damit, seid echt, seid hier; was immer ihr tut, tut es vollkommen, tut es total. Ihr werdet dabei unvollkommen sein, doch eure Unvollkommenheit wird voller Schönheit sein, denn sie wird voller Totalität sein.

Ihr seid menschlich, in einer bestimmten Zeit, in einer bestimmten Umgebung, innerhalb bestimmter Grenzen. Akzeptiert diese Grenzen. Perfektionisten befinden sich immer am Rande des Wahnsinns. Sie sind Besessene – was immer sie tun, es ist niemals gut genug. Und es gibt keine Möglichkeit, etwas perfekt zu machen – Perfektion ist für den Menschen nicht möglich. Tatsächlich können wir immer nur unvollkommen sein.

Was also lehre ich euch hier? Ich lehre euch keine Perfektion, ich lehre euch Ganzheit. Das ist etwas vollkommen anderes. Seid ganz. Kümmert euch nicht um Perfektion. Und wenn ich sage, seid ganz, meine ich damit, seid echt, seid hier; was immer ihr tut, tut es vollkommen, tut es total. Ihr werdet dabei unvollkommen sein, doch eure Unvollkommenheit wird voller Schönheit sein, denn sie wird voller Totalität sein.

Versucht niemals, perfekt zu sein, denn damit erzeugt ihr nur Angst. Es gibt schon genügend Probleme; erschafft euch nicht noch mehr Probleme.

Ich habe einmal folgende Geschichte gehört:

> Ein abgerissener alter Jude saß im Zug mit einem dreijährigen Jungen auf dem Schoß. Alle paar Minuten gab der Alte dem Jungen eine Ohrfeige.
>
> »Wenn Sie diesen Jungen noch ein einziges Mal schlagen«, meinte da eine Frau, die ihm gegenüber saß, »dann werde ich Ihnen so viele Probleme machen, dass Sie es nie mehr vergessen werden!«
>
> »Probleme?«, meinte darauf der Alte. »*Sie* wollen mir Probleme machen? Mein Partner hat mir mein gesamtes Geld gestohlen und ist mit meiner Frau und meinem Auto durchgebrannt. Meine Tochter sitzt im Speisewagen, im sechsten Monat schwanger und ohne

Mann. Mein Gepäck ist verloren gegangen, ich sitze im falschen Zug, und dieser kleine Stinker hat eben die Fahrkarten aufgegessen und mich anschließend vollgekotzt. Und *Sie* wollen mir Probleme machen?«

Wie viel mehr Probleme kann man noch haben? Genug ist doch wohl genug!

Das Leben ist so kompliziert, dass ihr ein bisschen netter zu euch selbst sein solltet. Setzt euch keine Ideale. Das Leben bringt schon genug Probleme mit sich, doch diese Probleme lassen sich lösen. Wenn man im falschen Zug sitzt, kann man den Zug wechseln; wenn die Fahrkarten verloren gegangen sind, kann man neue kaufen; wenn einem die Frau weggelaufen ist, kann man sich eine andere suchen. Die Probleme, die das Leben macht, lassen sich alle lösen, doch die Probleme, die Idealismus mit sich bringt, lassen sich niemals lösen … sie sind nicht zu lösen.

Jemand versucht vielleicht, wie Jesus zu werden … Nun, das geht nicht; es ist nicht möglich, die Natur erlaubt es nicht. Es gibt nur einen Jesus, und niemals einen zweiten; die Natur toleriert keine Wiederholungen. Jemand versucht, wie Buddha zu werden – damit versucht er etwas Unmögliches. Es passiert einfach nicht, es kann nicht passieren; es ist gegen die Natur. Man kann nur man selbst sein. Also seid total und vollkommen ihr selbst. Wo immer ihr seid und was immer ihr tut, tut es total. Begebt euch vollkommen hinein, lasst es zu eurer Meditation werden. Macht euch keine Sorgen, ob es perfekt ist oder nicht – es wird niemals perfekt sein. Wenn es total ist, ist das genug. Wenn es total war, dann habt ihr es genossen, dann seid ihr dadurch erfüllt, dann habt ihr euch vollkommen hineinbegeben, dann wart ihr vollkommen davon absorbiert und seid neu, frisch, verjüngt wieder daraus hervorgegangen.

Eine Handlung, die total ist, verjüngt, und eine Handlung, die total ist, wird niemals zu einer Verstrickung führen. Liebe total, und es wird dich nicht in Abhängigkeit führen; liebe nur teilweise, und du wirst abhängig werden. Lebe total, und du wirst dich nicht vor dem Tod fürchten; lebe nur zum Teil, und du wirst Angst vor dem Tod haben.

Doch vergesst das Wort »Perfektion«! Es ist einer der schlimmsten Begriffe. Dieses Wort sollte aus allen Sprachen der Welt entfernt werden, es sollte aus dem menschlichen Verstand entfernt werden. Niemand war jemals perfekt, und niemand kann jemals perfekt sein. Könnt ihr das nicht erkennen? Selbst wenn Gott vor euch stünde und ihr ihm begegnen würdet, würdet ihr nicht Fehler an seiner Schöpfung finden? Viele Fehler – deshalb versteckt er sich. Er hat beinahe schon Angst vor euch. Fehler über Fehler über Fehler, sodass ihr sie gar nicht mehr zählen könnt. Unendlich viele Fehler werdet ihr finden. Tatsächlich werdet ihr nichts Gutes finden, wenn ihr dazu neigt, überall Fehler zu sehen – nichts, was richtig funktioniert, zur richtigen Zeit, am richtigen Ort. Alles scheint nur das reine Chaos zu sein. Selbst Gott ist nicht perfekt; Gott ist total. Er hat es genossen, er genießt es noch immer. Doch er ist nicht perfekt. Wäre er perfekt, wäre die Schöpfung nicht so unvollkommen. Aus Perfektion kann nur Perfektion entstehen.

Alle Religionen der Welt behaupten, dass Gott vollkommen sei. Ich sage etwas ganz anderes. Ich sage, Gott ist ganz, Gott ist heilig, Gott ist total – aber nicht perfekt und vollkommen. Obwohl er vielleicht noch danach strebt …

Wie könnte er perfekt und vollkommen sein? Wenn er es wäre, wäre die Welt längst tot. Sobald etwas perfekt ist, stirbt es, denn es gibt keine Zukunft, es gibt keinen weiteren Weg. Bäume wachsen weiter, Babys werden weiter geboren – die Dinge gehen weiter. Und alles verbessert sich immer weiter. Könnt ihr die Verbesserung nicht sehen? Gott ist dabei, alles weiter zu verbessern. Das ist die Bedeutung von Evolution: Die Dinge werden immer besser. Aus Affen wurden Menschen – das ist eine Verbesserung. Dann werden Menschen göttlich, werden selbst zu Göttern – das ist Evolution.

Teilhard de Chardin sagt, es gebe einen Omega-Punkt, an dem alles perfekt sein wird. Aber das gibt es nicht. Es gibt keinen Omega-Punkt. Es kann keinen geben. Die Welt ist immer im Werden. Es gibt eine Evolution; wir nähern uns immer weiter und weiter an, doch wir erreichen diesen Punkt niemals, denn sobald wir ihn erreicht hätten, wäre alles zu Ende. Gott versucht immer weiter, alles auf verschiedene Art und Weise zu verbessern.

Eines ist sicher: Er genießt sein Tun, denn andernfalls hätte er es längst aufgegeben. Er lässt immer noch seine Energie hineinfließen. Wenn Gott mit euch zufrieden ist, ist es pure Torheit, mit euch unzufrieden zu sein. Seid glücklich mit euch selbst. Lasst Glück zum obersten Wert werden. Ich bin ein Hedonist. Denkt immer daran, dass Glück das Kriterium ist. Was immer ihr tut, seid glücklich damit, das ist alles. Kümmert euch nicht darum, ob es perfekt ist oder nicht.

Woher kommt dieses ewige Streben nach Perfektion? Es macht euch nur angespannt, ängstlich, nervös, unruhig, besorgt, konfliktbeladen. Wenn ihr euch mit euch selbst nicht wohl fühlt, liegt ihr ständig im Kampf mit euch selbst. Verlangt nichts Unmögliches – seid natürlich, seid einfach, liebt euch selbst und liebt die anderen.

Denkt daran, jemand, der sich selbst nicht lieben kann, weil er sich ständig verurteilt, kann auch niemand anderen lieben. Ein Perfektionist ist nicht nur in Bezug auf sich selbst perfektionistisch, sondern auch in Bezug auf andere.

Und denkt daran, jemand, der sich selbst nicht lieben kann, weil er sich ständig verurteilt, kann auch niemand anderen lieben. Ein Perfektionist ist nicht nur in Bezug auf sich selbst perfektionistisch, sondern auch in Bezug auf andere. Ein Mensch, der zu sich selbst hart ist, wird auch zu anderen hart sein. Seine Erwartungen sind unmöglich zu erfüllen.

In Indien gab es Mahatma Gandhi, der ein Perfektionist war, fast schon ein Neurotiker. Und er war sehr streng zu seinen Schülern – nicht einmal Tee war erlaubt. Tee! Weil er Teein enthält. Wenn jemand in seinem Ashram beim Teetrinken erwischt wurde, war das eine große Sünde. Nicht einmal Liebe war erlaubt. Wenn sich jemand in jemand anderen verliebte, war es eine so große Sünde, als würde die ganze Welt deshalb untergehen. Er spionierte seinen Schülern die ganze Zeit nach, schaute ständig durchs Schlüsselloch. Doch so verhielt er sich auch sich selbst gegenüber. Man kann sich anderen gegenüber nur so verhalten, wie man zu sich selber ist.

Doch diese Art von Menschen kann zu großen Führern werden, weil sie in anderen starke Schuldgefühle erzeugen. Je mehr Schuldgefühle du in anderen erzeugen kannst, desto bedeutender kannst du als Führer werden. Weil immer mehr Menschen das Gefühl haben, ja, du kannst ihnen helfen, perfekt zu werden. Sie sind unvollkommen, doch du kannst ihnen helfen, vollkommen zu werden.

Ich bin nicht da, um euch zu helfen, perfekt zu werden; ich kümmere mich nicht um solchen Unsinn. Ich bin einfach nur da, um euch zu helfen, ihr selbst zu werden. Wenn ihr unvollkommen seid, ist das wunderbar; wenn ihr vollkommen seid, ist das ebenfalls wunderbar.

Versucht aber nicht, unvollkommen zu werden – denn selbst das kann zum Ideal werden! Ihr seid vielleicht bereits vollkommen – dann kann es zum Problem für euch werden, wenn ihr mir zuhört und euch sagt: »Dieser Mann sagt, dass wir unvollkommen sein sollten« – dazu besteht keine Veranlassung. Wenn ihr vollkommen seid, dann akzeptiert das ebenfalls!

Versucht euch selbst zu lieben. Verurteilt euch nicht. Sobald die Menschheit anfängt, sich selbst zu akzeptieren, werden alle Kirchen verschwinden, werden alle Politiker und Priester verschwinden.

Ich habe einmal gehört:

Ein Mann war in den nördlichen Wäldern beim Angeln, und eines Nachts am Lagerfeuer erzählte ihm sein Führer eine Geschichte, wie er einmal mit Harry Emerson Fosdick beim Angeln gewesen war.

»Nun ja«, meinte der Führer, »er war ein guter Mann, bis auf sein Fluchen.«

»Sie wollen doch sicher nicht behaupten, dass Dr. Fosdick Fluchworte gebrauchte?«, fragte der Angler.

»Aber sicher«, antwortete der Führer. »Einmal fing er einen großen Barsch. Als er eben dabei war, ihn ins

Boot zu ziehen, machte sich der Fisch vom Haken frei. Da sagte ich zum Doktor: ›Was für eine verdammte Schande!‹, und der Doktor stimmte mir sofort zu: ›Ja, nicht wahr!‹ Aber das war das einzige Mal, dass ich ihn beim Fluchen ertappt habe.«

Das ist die Einstellung eines Perfektionisten. Der Doktor hat schließlich überhaupt nicht geflucht! Er hat nur gesagt: »Ja, nicht wahr.« Doch für einen Perfektionisten genügt das bereits, um ihn zu verurteilen.

Ein Perfektionist ist neurotisch. Und nicht nur er selbst ist neurotisch, er erzeugt auch eine neurotische Atmosphäre um sich herum. Seid also keine Perfektionisten, und wenn jemand in eurer Umgebung perfektionistisch ist, macht euch so rasch wie möglich davon, bevor er euren Geist vergiften kann.

Ein demütiger Mensch akzeptiert, dass das Leben nicht perfekt ist. Ein demütiger Mensch, ein wirklich religiöser Mensch, akzeptiert, dass wir alle Grenzen haben.

Perfektionismus ist eine Art von extremem Egotrip. Sich selbst als ideal und perfekt sehen zu wollen bedeutet nichts anderes, als sein Ego bis zum Äußersten schmücken zu wollen. Ein demütiger Mensch akzeptiert, dass das Leben nicht perfekt ist. Ein demütiger Mensch, ein wirklich religiöser Mensch, akzeptiert, dass wir alle Grenzen haben.

Das ist meine Definition von Demut. Nicht zu versuchen, perfekt zu sein, bedeutet, demütig zu sein. Und ein demütiger Mensch wird immer mehr vollständig, weil es für ihn nichts zu leugnen gibt, nichts zurückzuweisen gibt. Er akzeptiert, was er ist, gut oder schlecht. Und ein demütiger Mensch ist reich, weil er sich ganz und gar akzeptiert; seinen Ärger, seine Sexualität, seine Gier – alles wird akzeptiert. In dieser tiefen Akzeptanz kann eine alchemistische Transformation geschehen. Alles Hässliche wird nach und nach von selbst verschwinden. Er wird immer harmonischer, immer vollständiger.

Ich bin nicht für Heilige, doch ich bin für Menschen, die heilig sind. Ein Heiliger ist ein Perfektionist; jemand, der heilig ist, ist etwas vollkommen anderes. Zen-Meister sind heilig; katholische Heilige sind Heilige. Schon allein das Wort »Heiliger« ist hässlich. Es bedeutet, dass ein Mensch von der kirchlichen Autorität anerkannt worden ist. Wer kann schon jemanden als Heiligen anerkennen, so als wäre es ein Zeugnis, ein Zertifikat? Doch die Kirche macht weiter solche törichten Sachen. Sogar nachträglich! Der Heilige ist vielleicht schon vor dreihundert Jahren gestorben, und dann ändert die Kirche ihre Meinung. Die Welt hat sich verändert, und dreihundert Jahre später verleiht die Kirche nachträglich ihr Zertifikat – die Bestätigung, dass der Mensch tatsächlich ein Heiliger war und zu seiner Zeit nur nicht verstanden wurde. Und die Kirche hat diesen Menschen vielleicht selbst verurteilt! So wurde Johanna von Orleans zur Heiligen; sie wurde verurteilt und hingerichtet, doch später änderte die Kirche ihre Meinung. Die Menschen kamen ihr mit der Zeit immer näher, und es war schwierig, sie nicht anzuerkennen. Zuerst haben sie sie umgebracht, und dann haben sie sie verehrt. Nach Hunderten von Jahren wurden ihre Knochen wieder entdeckt und verehrt. Und von denselben Leuten, von derselben Kirche, war sie auf dem Scheiterhaufen verbrannt worden!

Nein, der Begriff »Heiliger« ist nicht gut. Ein heiliger Mensch ist aus sich selbst heraus heilig, nicht weil irgendeine Kirche beschlossen hat, ihm oder ihr Heiligkeit zu verleihen.

Ich habe einmal gehört:

Der neunzigjährige Jacobson hatte die polischen Pogrome, die deutschen Konzentrationslager und dutzende anderer antisemitischer Erfahrungen überlebt.
»O Herr!«, betete er in der Synagoge, »ist es wahr, dass wir dein auserwähltes Volk sind?«
Da ertönte vom Himmel eine Stimme und sagte: »Ja, Jacobson, die Juden sind mein auserwähltes Volk!«
»Nun«, klagte da der alte Mann, »wäre es nicht an der Zeit, jemand anderen auszuerwählen?«

Denkt daran, Perfektionisten sind die Auserwählten Gottes. Tatsächlich werdet ihr an dem Tag, an dem ihr versteht, dass ihr euch mit euren Idealen euer eigenes Elend erschaffen habt, aus diesen Idealen ausbrechen. Dann werdet ihr einfach mit eurer Realität leben, wie immer sie ist. Das bedeutet eine enorme Transformation.

Versucht nicht, die Auserwählten Gottes zu sein, seid einfach nur Menschen.

Nur Mitgefühl wirkt heilend

Alles, was am Menschen krank ist, ist auf einen Mangel an Liebe zurückzuführen. Alles, was beim Menschen falsch läuft, hat irgendwie mit Liebe zu tun.

Alles, was am Menschen krank ist, ist auf einen Mangel an Liebe zurückzuführen. Alles, was beim Menschen falsch läuft, hat irgendwie mit Liebe zu tun. Entweder weil er keine Liebe geben kann oder weil er keine Liebe empfangen kann. Weil er nicht in der Lage ist, sein Wesen mit anderen zu teilen. Das ist das Elend. Das führt zu allen möglichen inneren Komplexen.

Diese inneren Wunden können sich auf verschiedene Weise manifestieren. Sie können zu physischen Krankheiten werden, sie können zu mentalen Krankheiten werden – doch tief im Innern leidet der Mensch immer unter einem Mangel an Liebe. So wie der Körper Nahrung benötigt, so braucht die Seele Liebe. Der Körper kann ohne Nahrung nicht überleben, und die Seele kann ohne Liebe nicht überleben. Tatsächlich wird eine Seele ohne Liebe überhaupt nicht geboren, von ihrem Überleben ganz zu schweigen.

Ihr denkt einfach nur, dass ihr eine Seele habt; ihr glaubt daran, dass ihr eine Seele habt, weil ihr euch vor dem Tod fürchtet. Doch solange ihr nicht geliebt habt, wisst ihr es nicht wirklich. Nur durch Liebe kann man zu dem Gefühl kommen, dass man mehr ist als der Körper, dass man mehr ist als der Verstand.

Und nur Mitgefühl ist heilend. Was ist Mitgefühl? Mitgefühl ist die reinste Form von Liebe. Sex ist die niedrigste Form von Liebe, Mitgefühl die höchste. Beim Sex ist der Kontakt vorwiegend körperlich; beim Mitgefühl ist der Kontakt vorwiegend spirituell. Bei der Liebe sind Mitgefühl und Sexualität gemischt, das Physische und das Spirituelle sind gemischt. Liebe steht in der Mitte zwischen Sexualität und Mitgefühl.

Mitgefühl lässt sich auch als Meditation bezeichnen. Die höchste Ausdrucksform von Energie ist Mitgefühl.

Beim Sex benutzt man den anderen, man reduziert ihn zu einem Mittel zum Zweck, man reduziert ihn auf ein Objekt. Aus diesem Grund fühlt man sich in einer sexuellen Beziehung immer irgendwie schuldig. Und dieses Schuldgefühl geht tiefer als irgendwelche religiösen Lehren. In einer sexuellen Beziehung *als solcher* fühlt man sich schuldig, und man fühlt sich schuldig, weil man ein menschliches Wesen auf eine Sache reduziert, auf ein Objekt, das man benutzen und wegwerfen kann.

Das ist auch der Grund, warum man beim Sex ein Gefühl von Sklaverei verspürt – denn man selbst wird ebenfalls zu einem Objekt reduziert. Und wenn man ein Objekt ist, verliert man seine Freiheit, denn Freiheit kann es nur geben, wenn man eine Person ist. Je mehr man eine Person ist, desto freier ist man; je mehr man ein Objekt ist, desto weniger kann man frei sein.

Die Möbel in euren Räumen sind nicht frei. Wenn ihr die Wohnung abschließt und nach vielen Jahren wieder zurückkommt, werden die Möbel noch immer am gleichen Platz stehen, in derselben Konfiguration wie zuvor; sie werden sich nicht einfach von alleine umstellen. Sie besitzen keine Freiheit. Doch wenn ihr einen Menschen in diesem Raum zurücklasst, werdet ihr ihn nicht so wiederfinden, wie ihr ihn verlassen habt – nicht einmal am nächsten Tag, nicht einmal im nächsten Moment. Denselben Menschen werdet ihr nie wieder finden. Wie der alte Heraklit schon sagte: »Man kann nicht zweimal in denselben Fluss steigen.« Man kann demselben Menschen nicht zweimal begegnen. Es ist unmöglich, zweimal demselben Menschen zu begegnen, weil der Mensch ein Fluss ist, der sich unaufhörlich bewegt. Man weiß niemals, was im nächsten Moment geschieht. Die Zukunft bleibt immer offen.

Für ein Objekt ist die Zukunft abgeschlossen. Ein Fels bleibt ein Fels bleibt ein Fels. Er besitzt kein Wachstumspotential. Er kann sich nicht verändern, er kann sich nicht entwickeln. Ein menschliches Wesen bleibt niemals gleich – manche fallen zurück, andere gehen voran; die einen bewegen sich in Richtung Himmel, die anderen zur Hölle, doch sie bleiben niemals gleich. Sie bewegen sich immer weiter, hierhin oder dorthin.

Wenn man eine sexuelle Beziehung zu jemandem hat, hat man den anderen zu einem Objekt reduziert. Und damit hat man auch sich selbst zu einem Objekt reduziert, denn es handelt sich um einen gegenseitigen Kompromiss: »Ich erlaube dir, mich zu einem Objekt zu reduzieren, und du erlaubst mir dafür, dich ebenfalls zu einem Objekt zu reduzieren. Ich erlaube dir, mich zu benutzen, und du erlaubst mir, dich zu benutzen. Wir benutzen uns gegenseitig. Wir sind beide zu Objekten geworden.«

Beobachtet nur einmal zwei Liebende – solange sie sich noch nicht festgelegt haben, solange die Romanze noch lebendig ist, solange die Flitterwochen noch nicht zu Ende sind, könnt ihr zwei Menschen sehen, die vor Leben sprühen, bereit, jeden Augenblick ins Unbekannte zu explodieren. Und dann beobachtet einmal ein verheiratetes Paar, einen Ehemann und eine Ehefrau, und ihr werdet zwei tote Objekte sehen, zwei Gräber Seite an Seite – die sich gegenseitig dabei unterstützen, tot zu bleiben, die sich gegenseitig zwingen, tot zu bleiben. Das macht der andauernde Konflikt in einer Ehe. Niemand möchte zu einem Objekt reduziert werden!

Sex ist die niedrigste Ausdrucksform jener Energie »X«. Wenn ihr religiös seid, dann könnt ihr sie »göttliche Energie« nennen; wenn ihr wissenschaftlich denkt, nennt sie einfach »X«. Diese Energie X kann zu Liebe werden. Wenn sie zu Liebe wird, beginnt ihr den anderen Menschen zu achten. Ja, manchmal benutzt ihr den anderen möglicherweise, doch ihr seid ihm dankbar. Bei einem Objekt, bei einer Sache wird man sich niemals bedanken. Wenn man in eine Frau verliebt ist und eine Nacht mit ihr verbracht hat, bedankt man sich bei ihr. Aber habt ihr schon einmal einen Ehemann gesehen, der sich bei seiner Frau bedankt? Nein, er betrachtet es als selbstverständlich. Oder bedankt sich die Ehefrau? Vor vielen Jahren vielleicht, als sie noch unentschlossen waren, als sie einander noch umwarben, als sie noch versuchten, sich gegenseitig zu verführen – damals vielleicht. Doch sobald sie sich zusammen niederlassen, bedanken sie sich da noch für irgendetwas? Er hat so viele Dinge für sie getan, sie hat so viele Dinge für ihn getan, beide leben nur füreinander – doch die Dankbarkeit ist verschwunden.

In der Liebe herrscht Dankbarkeit, tiefe Dankbarkeit. Man weiß, dass der andere kein Objekt ist. Man weiß, dass der andere Größe besitzt, eine Seele, eine Individualität. In der Liebe gibt man dem anderen vollkommene Freiheit. Natürlich gibt man und nimmt man; es ist ein Geben und Nehmen in der Beziehung – doch voller Respekt. Bei reinem Sex ist es ein Geben und Nehmen ohne Respekt.

Beim Mitgefühl ist es nur noch ein Geben. Du hast dabei keine Erwartung, etwas zurückzubekommen – du teilst einfach, was du hast. Nicht, dass du nichts zurückbekommen würdest! Alles kommt millionenfach zurück, doch einfach nur beiläufig, einfach nur als natürliche Konsequenz. Es gibt in dir kein Verlangen danach.

Bei der Liebe hast du tief im Inneren doch immer noch die Erwartung, dass das, was du gibst, auch zu dir zurückkommen sollte. Wenn nichts zurückkommst, beklagst du dich. Du sagst es vielleicht nicht laut, doch auf tausenderlei Arten lässt du den anderen spüren, dass du ihm grollst, dass du dich betrogen fühlst. Liebe scheint immer noch ein subtiler Handel zu sein.

Beim Mitgefühl gibst du einfach nur. Bei der Liebe bist du dem anderen dankbar, weil er dir etwas gegeben hat. Beim Mitgefühl bist du dem anderen dankbar, weil er etwas von dir genommen hat; du bist dankbar, dass der andere dich nicht zurückgewiesen hat. Du bist voll überfließender Energie zu ihm gekommen, voller Blüten, und der andere hat dir erlaubt zu geben, der andere war empfänglich. Du bist dankbar dafür, dass der andere empfänglich war.

Mitgefühl ist die höchste Form von Liebe. Vieles kommt zurück – millionenfach kommt es zurück –, doch das ist nicht der springende Punkt, denn man sehnt sich nicht danach.

Mitgefühl ist die höchste Form von Liebe. Vieles kommt zurück – millionenfach kommt es zurück –, doch das ist nicht der springende Punkt, denn man sehnt sich nicht danach. Wenn es nicht kommt, beklagt man sich nicht darüber. Und wenn es kommt, ist man einfach nur überrascht! Wenn es kommt, ist es unglaublich. Wenn es nicht kommt, ist es auch kein Problem – man hat dem anderen sein Herz nicht als Teil irgendeines Handels geschenkt. Man hat einfach weitergegeben, was man hatte. Und man hat so viel, dass es eine Belastung wird, wenn man es nicht weitergibt. So wie eine Wolke voller Regen diese

Last abregnen muss. Und wenn ihr das nächste Mal eine Regenwolke seht, die ihre Last entlädt, dann beobachtet sie still, und ihr werdet hören – wenn die Wolke ihre Last entladen und die Erde alles aufgenommen hat, werdet ihr immer hören, wie die Wolke zur Erde »Danke« sagt. Die Erde hat der Wolke geholfen, sich zu entladen.

Wenn eine Blume erblüht ist, muss sie ihren Duft den Winden überlassen. Das ist nur natürlich! Es ist kein Handel, es ist kein Geschäft – es ist einfach natürlich! Die Blüte ist voller Duft – was soll sie damit machen? Wenn die Blume ihren Duft für sich behalten würde, würde sie sich sehr, sehr angespannt fühlen, voll tiefer Qual. Die größte Qual im Leben besteht darin, sich nicht ausdrücken zu können, nicht kommunizieren zu können, nichts mit anderen teilen zu können. Der ärmste Mensch ist derjenige, der nichts zu teilen hat oder der zwar etwas zu teilen hat, aber die Fähigkeit, die Kunst des Teilens verloren hat – dieser Mensch ist wirklich arm.

Ein rein sexueller Mensch ist sehr arm. Ein liebender Mensch ist im Vergleich dazu reicher. Ein mitfühlender Mensch ist am reichsten – er steht ganz oben. Er kennt keine Grenzen, keine Begrenzungen. Er gibt einfach und geht weiter seines Wegs. Er wartet nicht einmal darauf, dass der andere Danke sagt. Voll grenzenloser Liebe gibt er seine Energie weiter.

Das ist es, was ich unter heilend verstehe.

Die Christen glauben, dass Jesus viele Wunder gewirkt hat. Ich sehe ihn keine Wunder wirken. Das Wunder war sein Mitgefühl. Wenn etwas dadurch geschah, dann geschah es ohne sein Zutun. Wenn etwas auf der höchsten Seinsebene geschieht, geschieht es immer ohne jede Anstrengung. Er zog durchs Land und viele Menschen kamen zu ihm. Er war wie ein ungeheures Reservoir an

Energie – und jeder, der bereit war, daraus zu schöpfen, konnte daraus schöpfen.

Und es geschahen Wunder! Er wirkte heilend. Er war einer der größten Heiler, die die Welt jemals gesehen hat. Buddha, Mahavira oder Krishna waren ebenfalls große Heiler – auf anderen Ebenen. Auch wenn ihr in Buddhas Geschichte keine Wunder finden könnt, keine Heilung von Kranken, keine Heilung von Blinden, keine Auferweckung von Toten. Das wird euch vielleicht überraschen: War Jesu Mitgefühl etwa größer als das Buddhas? Was ist hier los? Warum wurden durch Buddhas Energie nicht ebenso viele Menschen geheilt?

Nun, es ist keine Frage von mehr oder weniger Mitgefühl. Buddhas Mitgefühl wirkte einfach auf einer anderen Ebene. Er hatte eine andere Zuhörerschaft als Jesus, eine andere Umgebung um sich herum.

Ich sehe das immer – fast immer –, wenn ich den Strom von Menschen beobachte, die aus dem Westen zu mir kommen. Sie kommen nicht wegen des Körpers. Sie kommen nicht zu mir und sagen: »Ich habe ständig Kopfschmerzen, Osho, hilf mir, tu etwas dagegen!« Oder: »Meine Augen sind schlecht.« Oder: »Ich kann mich nicht konzentrieren.« Oder: »Mein Gedächtnis lässt immer mehr nach.« Nein, niemals. Doch die Inder kommen immer mit irgendwelchen körperlichen Beschwerden. Sie haben vielleicht schon seit Jahren Magenbeschwerden – »Osho, bitte tu etwas dagegen!«

Und immer frage ich mich dann: Warum? Was ist mit Indien los? Warum kommen diese Menschen nur wegen körperlicher, physischer Probleme? Sie haben nur diese Probleme. Ein armes Land, ein sehr armes Land, hat keine spirituellen Probleme. Ein reiches Land hat spirituelle Probleme; ein armes Land hat physische Probleme.

Zu Buddhas Zeit befand sich Indien auf seinem Höhepunkt. Damals erlebte Indien sein goldenes Zeitalter. Das Land war reich, ungeheuer reich, voller Wohlstand. Der Rest der Welt war arm, und Indien war ungeheuer reich. Die Menschen, die zu Buddha kamen, kamen mit spirituellen Problemen zu ihm. Sie kamen auch mit Verletzungen zu ihm, doch es waren spirituelle Wunden.

Jesus zog in einem sehr armen Land umher, er lebte in einem sehr armen Land. Die Menschen, die zu ihm kamen, hatten keine spirituellen Probleme, denn um spirituelle Probleme zu haben, muss man einen gewissen Lebensstandard erreicht haben. Andernfalls betreffen die Probleme die unteren Bedürfnisebenen. Ein armer Mensch hat einfach andere Probleme.

Einer meiner Verwandten war einmal einen Monat lang hier – er meditierte und nahm an Sessions teil und am letzten Tag seines Besuchs hoffte ich, dass er eine bedeutungsvolle Frage stellen würde. Und was fragte er? Er erzählte mir, dass sein Sohn finanzielle Probleme habe. Nachdem er einen Monat lang hier gelebt hatte, nachdem er mir einen Monat lang zugehört hatte, war das die einzige Frage, die ihm in den Sinn kam: Sein Sohn hat finanzielle Probleme. Er fährt Taxi, und das Auto, das sie ihm gekauft haben, ist so schlecht, dass es jeden Tag ein anderes Problem damit gibt. Und da sagt er zu mir: »Osho, kannst du nicht etwas dagegen tun?«

Ich bin doch kein Automechaniker! Also sagte ich zu ihm: »Verkauf das Auto und kauf ein neues.« Doch er antwortete: »Niemand wird es uns abkaufen, also bitte, Osho – tu etwas!«

Wenn Menschen arm sind, haben ihre Probleme mit der materiellen Welt zu tun. Wenn Menschen reich sind, liegen ihre Probleme auf einer höheren Ebene. Nur ein reiches Land kann wirklich spirituell sein; für ein armes Land ist das nicht möglich.

Ich will damit nicht sagen, dass ein armer Mensch nicht spirituell sein kann – ja, ein armer Mensch kann durchaus spirituell sein, es gibt da Ausnahmen – doch ein armes Land kann es nicht sein. Ein armes Land beschäftigt sich mit Geld, Arzneimitteln, Häusern, Autos, mit materiellen Dingen. Und das ist ganz natürlich, das ist ganz logisch!

Jesus lebte in einer sehr armen Welt. Die Menschen suchten nach Lösungen für ihre Probleme. Vielen wurde geholfen – es war nicht so, dass Jesus ihnen half, aber es wurde ihnen geholfen. Und Jesus sagte wieder und immer wieder: »Dein Glaube hat dir geholfen.« Wenn du Glauben hast, kann Mitgefühl in dich einströmen. Wenn du Glauben hast, bist du offen für Mitgefühl.

Buddha wirkte ebenfalls Wunder, doch diese Wunder betrafen die unsichtbare Ebene. Mahavira wirkte Wunder, doch auch seine Wunder betrafen die unsichtbare Ebene. Man kann sie nicht sehen – sie sind nur für den Menschen, dem sie geschehen sind, erkennbar.

Doch Mitgefühl wirkt immer heilend; auf welcher Ebene man sich auch befindet, es heilt. Mitgefühl ist gereinigte Liebe – so rein, dass sie einfach nur gibt und nichts dafür verlangt.

Buddha pflegte zu seinen Schülern zu sagen: »Nach jeder Meditation solltet ihr in euer Mitgefühl gehen – unmittelbar danach –, denn wenn man meditiert, nimmt die Liebe zu, wird das Herz voll. Nach jeder Meditation solltet ihr Mitgefühl für die ganze Welt empfinden, sodass ihr eure Liebe mit anderen teilen könnt und die Energie in die Atmosphäre entlasst, sodass sie von anderen genutzt werden kann.«

Auch ich möchte das zu euch sagen: Geht nach jeder Meditation in euer Mitgefühl. Fühlt, wie eure Energie in die Welt hinausgeht und den Menschen hilft, wo immer sie gerade nötig ist. Lasst sie einfach los! Ihr werdet euch entlastet fühlen, vollkommen entspannt, ruhig und friedlich, und die Schwingungen, die ihr freigesetzt habt, werden vielen anderen Menschen helfen. Beendet jede Meditation mit Mitgefühl.

***Sei** Mitgefühl – bedingungslos, ungerichtet, unbegrenzt. Dann wirst du zu einer heilenden Kraft in dieser Welt des Elends.*

Und Mitgefühl ist bedingungslos. Man kann nicht einfach nur Mitgefühl für jene haben, die nett zu einem sind, oder für jene, die verwandt mit einem sind.

Es geschah einmal in China: Als Bodhidharma nach China ging, kam ein Mann zu ihm und sagte: »Ich habe immer deine Lehren befolgt: Ich meditiere und empfinde anschließend Mitgefühl für das gesamte Universum – nicht nur für die Menschen, sondern auch für die Tiere, die Felsen, die Flüsse. Doch es gibt da ein Problem: Für meinen Nachbarn kann ich kein Mitgefühl empfinden. Es ist mir einfach nicht möglich. Sag mir also bitte: Kann ich meinen Nachbarn von meinem Mitgefühl ausschließen? Wenn ich die gesamte Existenz, bekannt und unbekannt, darin einschließe, kann ich dann meinen Nachbarn ausschließen? Denn bei ihm fällt es mir sehr schwer, bei ihm ist es praktisch unmöglich. Für ihn kann ich kein Mitgefühl empfinden.«

Bodhidharma antwortete ihm: »Dann vergiss deine

ganze Meditation, denn wenn dein Mitgefühl irgendjemanden ausschließt, ist es nicht wirklich vorhanden.«

Mitgefühl ist allumfassend – es ist von Natur aus allumfassend. Wenn man also für seinen Nachbarn kein Mitgefühl empfinden kann, kann man die ganze Sache vergessen – denn es geht nicht um irgendjemand Bestimmten. Es geht um einen inneren Zustand. *Sei* Mitgefühl – bedingungslos, ungerichtet, unbegrenzt. Dann wirst du zu einer heilenden Kraft in dieser Welt des Elends.

Jesus sagte: »Liebe deinen Nächsten wie dich selbst«, immer und immer wieder. Und er sagte ebenso: »Liebe deine Feinde wie dich selbst.« Wenn ihr diese beiden Sätze genauer untersucht, werdet ihr feststellen, dass die Nächsten und die Feinde fast immer identisch sind! »Liebe deinen Nächsten wie dich selbst« und »Liebe deine Feinde wie dich selbst«.

Was meint er damit?

Er meint damit ganz einfach: Dein Mitgefühl, deine Liebe, sollten keine Grenzen haben. Liebe die gesamte Existenz, wie du dich selbst liebst – denn letzten Endes bist du die gesamte Existenz – in vielen Spiegeln reflektiert. Du bist die Existenz – sie ist nicht von dir getrennt. Dein Nächster ist nichts anderes als eine andere Form von dir; und auch dein Feind ist nichts anderes als eine andere Form von dir. Wem oder was du auch begegnest, in allem begegnest du dir selbst. Du erkennst es vielleicht nicht, weil du nicht aufmerksam genug bist. Du kannst dich im anderen vielleicht nicht erkennen, doch dann stimmt etwas nicht mit deinem Sehvermögen, dann stimmt etwas nicht mit deinen Augen.

Mitgefühl wirkt heilend. Und um mitfühlend zu sein, muss man zunächst einmal Mitgefühl für sich selbst verspüren. Wenn du dich selbst nicht liebst, wirst du auch niemals fähig sein, einen anderen zu lieben. Wenn du zu dir selbst nicht liebevoll bist, kannst du auch zu anderen nicht liebevoll sein. Eure so genannten Heiligen, die so streng zu sich selbst sind, tun nur so, als wären sie leibevoll zu anderen. Doch das ist nicht möglich; es ist psychologisch unmöglich. Wenn man nicht liebevoll zu sich selbst sein kann, wie kann man dann liebevoll zu anderen sein?

So wie man mit sich selbst umgeht, geht man auch mit anderen um. Das sollte fundamental klar sein. Wenn du dich selbst hasst, wirst du auch die anderen hassen – und man hat euch beigebracht, euch selbst zu hassen. Niemand hat jemals zu euch gesagt: »Liebe dich selbst!« Allein schon die Vorstellung wirkt absurd – sich selbst zu lieben? Allein schon die Vorstellung erscheint sinnlos – sich selbst zu lieben? Wir denken immer, dass es zum Lieben jemand anderen braucht. Doch wenn ihr es nicht zuerst in euch selbst lernt, werdet ihr niemals fähig sein, es bei anderen anzuwenden.

Man hat euch ständig gesagt, man hat euch eingetrichtert, dass ihr wertlos seid. Von allen Seiten hat man euch gezeigt, hat man euch gesagt, dass ihr unwürdig seid, dass ihr nicht seid, wie ihr sein solltet, dass ihr so, wie ihr seid, nicht akzeptabel seid. Es hängen so viele »Du solltest« über eurem Kopf – und all diese »Du solltest« sind fast unmöglich zu erfüllen. Und wenn ihr sie nicht erfüllen könnt, wenn ihr all das nicht erreichen könnt, fühlt ihr euch verurteilt. Und ein tiefer Hass euch selbst gegenüber steigt in euch auf.

Wie könnt ihr da andere lieben? So voller Hass, wie wollt ihr da Liebe finden? Also tut ihr nur so, also gebt ihr nur vor, verliebt zu sein. Tief im Innern seid ihr in niemanden verliebt – wie könnte das auch sein? Diese Spielchen dauern immer nur ein paar Tage, dann blättert die Farbe ab, dann setzt sich die Realität wieder durch.

Jede Liebesbeziehung ist problematisch. Früher oder später wird jede Liebesbeziehung vergiftet. Wie wird sie so vergiftet? Beide Menschen tun so, als würden sie den anderen lieben, beide sagen ständig, dass sie den anderen lieben. Der Vater sagt, dass er sein Kind liebt; das Kind sagt, dass es den Vater liebt. Die Mutter sagt, dass sie ihre Tochter liebt, und die Tochter sagt, dass sie die Mutter liebt. Geschwister sagen, dass sie einander lieben. Die ganze Welt spricht von Liebe, singt von Liebe – doch lässt sich ein liebloserer Ort als diese Welt finden? In Wirklichkeit existiert kein bisschen Liebe – nur Berge von Worten, ganze Gebirge von Liebesgedichten.

Es scheint so, als wäre all diese Poesie nur Kompensation. Weil wir nicht lieben können, müssen wir uns irgendwie durch Gedichte, durch Lieder davon überzeugen, dass wir lieben. Was uns im Leben fehlt, setzen wir in Gedichte um. Was uns im Leben fehlt, setzen wir in Filme um, in Romane.

Liebe fehlt deshalb, weil der erste Schritt noch nicht gemacht ist. Der erste Schritt besteht darin, sich selbst so zu akzeptieren, wie man ist; lasst also alle »Du solltest« fallen. Tragt kein »Du solltest« oder »Du müsstest« in eurem Herzen! Ihr seid kein anderer als ihr selbst; es wird von euch nicht erwartet, etwas zu tun, was nicht zu euch gehört – es wird nur erwartet, dass ihr ihr selbst seid. Entspannt euch und seid einfach nur ihr selbst. Achtet eure Individualität und habt den Mut, mit eurer eigenen Unterschrift zu unterzeichnen. Kopiert nicht immer die Unterschrift anderer.

Es wird nicht von euch erwartet, dass ihr ein Jesus

oder ein Buddha oder ein Ramakrishna werdet – es geht einfach nur darum, ihr selbst zu werden. Es ist gut, dass Ramakrishna niemals versuchte, jemand anderer zu werden, denn dadurch wurde er zu Ramakrishna. Es ist gut, dass Jesus niemals versuchte, wie Abraham oder wie Moses zu werden, denn dadurch wurde er zu Jesus. Es ist gut, dass Buddha niemals versuchte, wie Patanjali oder wie Krishna zu werden – nur dadurch wurde er zu Buddha.

Wenn ihr nicht versucht, jemand anderer zu werden, dann könnt ihr euch einfach entspannen – und dann taucht eine gewisse Anmut auf. Dann seid ihr voller Größe, voller Glanz, voller Harmonie – denn dann herrscht kein Konflikt mehr in euch, dann müsst ihr nirgendwo mehr ankommen, um nichts mehr kämpfen, euch nichts gewaltsam aufzwingen. Ihr werdet unschuldig. In dieser Unschuld werdet ihr Mitgefühl und Liebe für euch selbst verspüren. Ihr werdet euch so glücklich mit euch selbst fühlen, dass selbst wenn Gott zu euch kommen und bei euch anklopfen und euch fragen würde: »Möchtest du jemand anderer werden?«, ihr einfach nur antworten würdet: »Bist du wahnsinnig? Ich bin genau richtig! Vielen Dank, aber versuch das bloß nicht – ich bin vollkommen, so wie ich bin.«

In dem Augenblick, in dem du zum Leben sagen kannst: »Ich bin vollkommen, so wie ich bin, ich bin glücklich, so wie ich bin«, entsteht das, was wir im Osten als *Shraddha*, Vertrauen, bezeichnen. Dann hast du dich selbst akzeptiert, und in diesem Akzeptieren deiner selbst hast du das Leben akzeptiert.

Lehnst du dich selbst ab, so lehnst du auch das Leben ab, das dich erschaffen hat. In dem Augenblick, in dem du sagst: »Ich sollte aber so oder so sein«, versuchst du das Leben zu verbessern. Du sagst damit, dass das Leben einen Fehler gemacht hat: »Ich hätte so sein sollen, und du hast mich so gemacht!« Du versuchst das Leben zu verbessern. Doch das ist nicht möglich. Dein Kampf ist vergeblich – du bist zum Scheitern verurteilt.

Mitgefühl taucht auf, wenn du vollkommen in deinem Wesen zentriert bist. Wenn du sagen kannst: »Ja, so bin ich.« Wenn du keine Ideale mehr erfüllen musst. Und sofort entsteht Erfüllung!

Und je mehr du darin scheiterst, desto mehr hasst du dich. Je mehr du scheiterst, desto stärker fühlst du dich verdammt. Je mehr du scheiterst, desto unfähiger fühlst du dich. Und wie kann aus diesem Hass, aus diesem Gefühl von Unfähigkeit jemals Mitgefühl entstehen? Mitgefühl taucht auf, wenn du vollkommen in deinem Wesen zentriert bist. Wenn du sagen kannst: »Ja, so bin ich.« Wenn du keine Ideale mehr erfüllen musst. Und sofort entsteht Erfüllung!

Rosen blühen so wunderbar, weil sie nicht versuchen, zu Lotusblumen zu werden. Und Lotusblumen blühen so wunderschön, weil sie niemals irgendwelche Geschichten über andere Blumen gehört haben. Alles in der Natur ist in wunderbarer Harmonie, weil nichts mit anderen Dingen im Wettstreit liegt, weil nichts versucht, etwas anderes zu werden. Alles ist einfach so, wie es ist.

Erkennt einfach diesen entscheidenden Punkt! Seid einfach ihr selbst und denkt daran, dass ihr nichts anderes werden könnt, was auch immer ihr macht. Alle Anstrengungen sind vergeblich. Ihr müsst einfach ihr selbst sein.

Es gibt nur zwei Möglichkeiten. Die eine besteht darin, ihr selbst zu bleiben, doch euch dabei abzulehnen und zu verurteilen. Und die andere besteht darin, ihr selbst zu bleiben und es anzunehmen, es zu akzeptieren, euch daran zu erfreuen und zu erzücken. Eure Einstellung dazu kann unterschiedlich sein, doch ihr werdet immer so bleiben, wie ihr seid, ihr werdet immer der Mensch bleiben, der ihr seid. Sobald ihr es akzeptiert, taucht Mitgefühl auf. Und dann beginnt ihr auch andere zu akzeptieren!

Habt ihr es schon einmal beobachtet? Es ist sehr schwer, mit einem Heiligen zu leben, sehr schwierig. Man kann mit einem Sünder leben, doch man kann nicht mit einem Heiligen leben – weil ein Heiliger dich ständig verurteilt: mit seinen Gesten, mit seinen Augen, wie er dich ansieht, wie er mit dir spricht. Ein Heiliger spricht nicht *mit* dir – er spricht *über* dich. Er sieht niemals einfach nur dich; er hat immer irgendein Ideal vor Augen, das seine Sicht vernebelt. Er sieht niemals *dich*. Er hat etwas weit Entferntes vor Augen, und er vergleicht dich damit – und natürlich bist du niemals gut genug. Allein schon sein Blick macht dich zum Sünder! Es ist sehr schwierig, mit einem Heiligen zu leben – denn wenn er sich selbst nicht akzeptiert, wie könnte er da andere akzeptieren? Er trägt so vieles in sich, unharmonische Dinge, von denen er das Gefühl hat, dass er sie überwinden muss. Natürlich sieht er dieselben Dinge in vergrößerter Form in dir.

Für mich ist nur derjenige heilig, der sich selbst angenommen hat – und damit auch die ganze Welt angenommen hat. Für mich bedeutet genau dieser Geisteszustand Heiligkeit: ein Zustand vollkommener Akzeptanz. Und das ist heilsam, das wirkt heilend. Einfach nur mit jemandem zusammen zu sein, der dich vollkommen annimmt, wirkt heilend. Du wirst dadurch geheilt.

Verhalte dich also langsamer, aufmerksamer, beobachtender, liebevoller. Wenn du sexuelle Wünsche hast, sage ich nicht, dass du die Sexualität aufgeben sollst. Ich sage vielmehr, lass sie aufmerksamer werden, lass sie ehrfürchtiger werden, lass sie tiefer gehen, sodass sie zu Liebe werden kann. Und wenn du liebevoll bist, dann lass dich noch mehr Dankbarkeit spüren; füge mehr Dankbarkeit, Freude, Feiern und Meditation hinzu, damit sie zu Mitgefühl werden kann.

Solange nicht Mitgefühl in dir aufgetaucht ist,
hast du nicht richtig gelebt, hast du eigentlich
überhaupt nicht gelebt. Mitgefühl ist das Erblühen.

Solange nicht Mitgefühl in dir aufgetaucht ist, hast du nicht richtig gelebt, hast du eigentlich überhaupt nicht gelebt. Mitgefühl ist das Erblühen. Und wenn Mitgefühl in einem Menschen auftaucht, werden Millionen geheilt. Wer immer zu diesem Menschen kommt, wird geheilt.

Mitgefühl wirkt heilend.

Mitgefühl ist ohne Wertung

Eines Abends, als Shichiri Kojun gerade Sutren rezitierte, trat ein Dieb mit einem scharfen Schwert ein und verlangte sein Geld oder sein Leben.

Shichiri sagte zu ihm: »Störe mich jetzt nicht. Du findest das Geld in jener Schublade dort.« Darauf nahm er seine Rezitation wieder auf.

Doch dann hielt er noch einmal inne und rief dem Dieb zu: »Nimm nicht alles mit. Ich brauche noch etwas, um morgen die Steuern zu bezahlen.«

Der Eindringling sammelte den größten Teil des Geldes ein und machte sich ans Gehen. Da fügte Shichiri hinzu: »Bedanke dich, wenn du ein Geschenk erhältst.« Der Dieb dankte ihm also und machte sich davon.

Einige Tage später wurde der Mann gefasst und gestand unter anderem auch den Diebstahl an Shichiri. Als Shichiri in den Zeugenstand gerufen wurde, erklärte er: »Dieser Mann ist kein Dieb, jedenfalls nicht, soweit es mich betrifft. Ich habe ihm das Geld geschenkt, und er hat sich bei mir dafür bedankt.«

Nachdem der Mann seine Gefängnisstrafe abgesessen hatte, ging er zu Shichiri und wurde sein Schüler.

Zen ist nicht daran interessiert, irgendjemanden zu transformieren. Doch es transformiert – das ist das Paradoxe. Es ist nicht daran interessiert, wie du sein solltest, sondern nur daran, wie du bist. Versuche es zu verstehen, und aus diesem Verstehen heraus wird eine Transformation geschehen.

Jesus sagte: »Richtet nicht.« Dieser Ausspruch würde vollkommen der Philosophie des Zen entsprechen, hätte er hier aufgehört. Doch weil er zu den Juden sprach und sich daher an die jüdische Denkweise anpassen musste, fügte er hinzu: »… damit ihr nicht gerichtet werdet.« Nun entspricht es nicht mehr dem Charakter von Zen.

Nun ist es ein Handel. Dieser Zusatz zerstört die ganze Qualität, die ganze Tiefe.

»Richtet nicht« ist vollkommen ausreichend; nichts muss hinzugefügt werden. »Richtet nicht« bedeutet, nicht zu urteilen. »Richtet nicht« bedeutet, das Leben ohne Bewertungen zu betrachten. Wertet nicht – sagt nicht: »Das ist gut« und »Das ist schlecht«. Seid nicht moralistisch – nennt nicht das eine göttlich und das andere teuflisch. »Richtet nicht« ist eine großartige Aussage, die bedeutet, dass es keinen Gott und keinen Teufel gibt.

Hätte Jesus hier aufgehört, so hätte diese kurze Aussage – nur zwei Worte, »Richtet nicht« – den gesamten Charakter des Christentums verändert. Doch er fügte etwas hinzu und zerstörte damit die ganze Aussage. Er fügte hinzu: »... damit ihr nicht gerichtet werdet«. Dadurch wird sie eingeschränkt. Damit ist sie nicht länger wertfrei, sondern wird zu einem einfachen Handel – »damit ihr nicht gerichtet werdet«. Nun ist es ein Geschäft.

Richtet nicht – aus Angst heraus – damit ihr nicht gerichtet werdet. Doch wie kann man das Bewerten aufgeben aus Angst oder aus Gier heraus? Richtet nicht, damit ihr nicht gerichtet werdet – aber Gier und Angst können euch nicht von euren Bewertungen befreien. Das ist egozentrisch: »Richtet nicht, damit ihr nicht gerichtet werdet.« Das ist egoistisch. Die ganze Schönheit der Aussage wird damit zerstört. Der Geschmack von Zen verschwindet, und sie wird gewöhnlich. Sie wird zu einem guten Ratschlag. Sie ist nicht mehr revolutionär; sie ist wie ein elterlicher Rat. Ein sehr guter Rat, aber nichts Radikales. Der zweite Teil des Satzes macht die radikale Aussage zunichte.

Zen hört genau hier auf: Richtet nicht. Denn Zen sagt, dass alles einfach so ist, wie es ist – nichts ist gut, nichts ist schlecht. Die Dinge sind so, wie sie sind. Der eine Baum ist groß und der andere ist klein. Der eine Mensch ist moralisch und der andere ist unmoralisch. Der eine Mensch betet und der andere stiehlt. So sind die Dinge eben. Erkennt ihr den revolutionären Geschmack dieser Aussage? Sie kann euch Angst machen, sie kann euch erschrecken. Das ist der Grund, warum es im Zen keine Gebote gibt. Es heißt nicht: Tu dieses und tu jenes nicht – es gibt kein Sollen und kein Nicht-Dürfen. Zen hat kein Gefängnis aus »Du solltest« erschaffen.

Zen ist nicht perfektionistisch. Und inzwischen weiß die Psychoanalyse, dass Perfektionismus eine Art Neurose ist. Zen ist die einzige Religion, die nicht neurotisch ist. Sie akzeptiert die Dinge, wie sie sind. Sie akzeptiert sie so vollkommen, so total, dass sie nicht einmal einen Dieb als Dieb oder einen Mörder als Mörder bezeichnet. Könnt ihr die Reinheit solch einer Einstellung erkennen? Versucht diese vollkommene Transzendenz zu erkennen. Alles ist, wie es ist.

Zen ist vollkommen ohne jede Wertung – wenn du irgendeine Bedingung stellst, hast du es bereits verfehlt. Zen kennt keine Angst und keine Gier. Zen kennt keinen Gott und keinen Teufel, keinen Himmel und keine Hölle. Zen macht die Menschen nicht gierig, indem es sie mit Versprechungen lockt, mit irgendeiner Belohnung im Himmel. Und es macht den Menschen keine Angst, es erschreckt sie nicht mit alptraumhaften Vorstellungen von der Hölle.

Es besticht nicht mit Belohnungen, es bestraft nicht mit Leiden. Es gibt einem einfach nur einen Einblick in die Dinge – und dieser Einblick befreit. Dieser Einblick hat weder Gier noch Angst als Basis. Alle anderen Religionen sind gierig, alle anderen Religionen basieren irgendwo im tiefsten Grund auf Angst. Aus diesem Grund benutzen wir den Begriff »gottesfürchtig« für einen religiösen Menschen – ein religiöser Mensch ist gottesfürchtig.

Doch wie kann Furcht religiös sein? Das ist unmöglich. Furcht kann niemals religiös sein – nur Furchtlosigkeit. Doch wenn man eine Vorstellung von Gut und Böse hat, kann man niemals furchtlos sein. Eure Vorstellungen von Gut und Böse bewirken, dass sich die Menschen schuldig fühlen, dass sie zu Krüppeln werden, dass sie gelähmt sind. Wie wollt ihr sie damit von aller Angst befreien? Das ist nicht möglich. Ihr erzeugt damit nur noch *mehr* Angst.

In der Regel ist ein nicht religiöser Mensch weniger ängstlich als ein so genannter religiöser Mensch, trägt er weniger Angst in sich. Der so genannte religiöse Mensch ist ständig innerlich am Zittern, macht sich ständig Sorgen, ob er es schaffen wird oder ob er es verfehlen wird. Wird er in der Hölle landen? Oder wird es ihm gelingen, das Unmögliche zu erreichen und ins Paradies zu gelangen?

Selbst als Jesus sich von seinen Freunden, seinen Jüngern, verabschiedete, machten diese sich Gedanken darüber, welchen Platz sie im Himmel einnehmen würden. Erst im Himmel werden sie sich wiedersehen – und wo wird dann ihr Platz sein? Wer wird wer sein? Natürlich sehen sie ein, dass Jesus zur Rechten Gottes sitzen wird – aber wer wird neben ihm sitzen? Ihre Sorgen stammen aus ihrer Gier und ihrer Angst. Sie machen sich keine großen Gedanken darüber, dass Jesus am nächsten Tag gekreuzigt werden soll, sie sorgen sich viel mehr um ihre eigenen Interessen.

Alle Religionen basieren auf ganz gewöhnlicher Gier und Angst. Dieselbe Gier nach Geld, die ihr jetzt verspürt, wird eines Tages zur Gier nach Gott. Dann ist Gott euer Geld; jetzt ist Geld euer Gott – das ist der einzige Unterschied. Dann wird Gott zu eurem Geld. Jetzt fürchtet ihr euch vor dem Staat, vor der Polizei, vor diesem und jenem – und dann werdet ihr euch vor der Hölle fürchten und vor dem letzten Gericht – vor dem letzten Gericht Gottes, dem Jüngsten Gericht.

Auch die so genannten christlichen Heiligen sind ständig in Angst und Sorge, selbst in den letzten Augenblicken ihres Lebens – werden sie es schaffen oder nicht?

Zen ist vollkommen ohne Wertung. Lasst das sehr tief in euch einsinken, denn das ist auch mein Standpunkt. Ich möchte, dass ihr versteht, das ist alles. Verstehen ist genug. Lasst Verstehen das einzige Gesetz sein; es gibt kein anderes. Folgt nicht der Angst, denn sonst bewegt ihr euch im Dunkeln. Und folgt nicht der Gier – denn Gier ist nichts anderes als die andere Seite von Angst. Es handelt sich um die zwei Seiten ein und derselben Münze: auf der einen Seite ist Gier, auf der anderen Angst. Ein Mensch, der Angst hat, ist immer auch gierig; ein Mensch, der gierig ist, hat immer auch Angst. Beides gehört zusammen, es ist nicht getrennt.

Nur Verstehen, nur Bewusstheit, nur die Fähigkeit, die Dinge so zu sehen, wie sie sind ... Könnt ihr das Leben nicht so akzeptieren, wie es ist? Und nichts verändert sich dadurch, dass ihr es nicht akzeptiert. Was hat sich jemals verändert? Seit Jahrtausenden lehnen wir viele Dinge ab – und sie sind immer noch vorhanden, sogar noch verstärkt. Diebstahl ist nicht verschwunden. Mord ist nicht verschwunden. Nichts hat sich verändert; die Dinge sind immer noch genau so, wie sie immer waren. Es gibt immer mehr Gefängnisse. Es gibt immer mehr und immer kompliziertere Gesetze. Und aufgrund der komplizierten Gesetze werden immer mehr Diebe eingestellt – Rechtsanwälte, Richter ... Doch das alles bewirkt keine Veränderungen. Euer ganzes Rechtssystem mit seinen Gefängnissen hat nichts genutzt – tatsächlich hat es eher geschadet. Das Gefängnissystem ist zu einer Universität für Verbrecher geworden – um Verbrechen zu lernen, um es von den Experten zu lernen.

Wenn ein Mensch erst einmal im Gefängnis war, kommt er immer wieder. Wer einmal im Gefängnis war, kommt immer und immer wieder hinein. Nur sehr selten findet man jemanden, der einmal im Gefängnis war und danach nie wieder. Denn man kommt mit mehr Fähigkeiten aus dem Gefängnis zurück. Man kommt mit mehr Ideen aus dem Gefängnis zurück – wie man dieselbe Sache geschickter anstellen kann. Man ist weniger amateurhaft, wenn man aus dem Gefängnis kommt. Man hat einen Abschluss, wenn man aus dem Gefängnis kommt; die Entlassung aus dem Gefängnis ist eine Art Reifeprüfung für Kriminelle. Jetzt wissen sie mehr, jetzt wissen sie, wie man es besser macht. Jetzt wissen sie, wie man sich nicht mehr erwischen lässt. Jetzt kennen sie die Schlupflöcher im Rechtssystem.

Und jene, die das Recht vertreten, sind genauso kriminell wie alle anderen – tatsächlich müssen sie sogar noch krimineller sein. Sie haben mit Kriminellen zu tun, also müssen sie *mehr* kriminell sein. Die Polizei und die Gefängniswärter und die Aufseher sind krimineller als die Menschen, die von ihnen ins Gefängnis gesperrt werden – das muss einfach so sein.

Nichts verändert sich. Auf diese Weise lassen sich die Dinge nicht verändern, dieses System hat sich als vollkommener Fehlschlag erwiesen.

Zen sagt, dass sich Veränderung nur durch Verstehen bewirken lässt, nicht durch Zwang.

Und was sind euer Himmel und eure Hölle? Nichts anderes als dieselben Vorstellungen, über das Leben hinaus fortgesetzt. Die Vorstellung vom Gefängnis wird zur Vorstellung von der Hölle. Und die Vorstellung von einer Belohnung – durch die Regierung, durch den Präsidenten, durch ein Verdienstkreuz oder eine Medaille oder was auch immer – diese Vorstellung wird zum Himmel, zum Paradies. Doch die Psychologie dahinter ist dieselbe.

Zen zerstört diese Psychologie an der Wurzel. Zen verurteilt nichts. Es kennt nur Verstehen, es sagt: Versucht die Dinge so zu verstehen, wie sie sind. Versucht den Menschen so zu verstehen, wie er ist – stülpt ihm kein Ideal über, sagt nicht, wie er sein sollte.

In dem Augenblick, in dem man festlegt, wie ein Mensch sein sollte, wird man blind für die Realität, wie sie ist. Das »Sollte« wird zu einem Hindernis. Dann kann man das Reale, das Wirkliche nicht mehr sehen – das, was ist. Das »Sollte« wird eine zu große Last. Man hat ein Ideal, ein perfektionistisches Ideal, und natürlich kann kein Mensch es je erfüllen. Dann sind alle verdammt.

Doch jene egoistischen Menschen, denen es irgendwie gelingt, sich nach diesen Idealen zu formen – zumindest oberflächlich, zumindest äußerlich –, sie werden zu großen Heiligen. Sie sind nichts anderes als große Egoisten. Und wenn man ihnen in die Augen schaut, findet man dort nur einen Ausdruck: Ich bin besser als du. Sie sind die wenigen Auserwählten, sie sind die Auserwählten Gottes, und sie sind hier, um dich zu verurteilen und dich zu transformieren.

Zen ist nicht daran interessiert, irgendjemanden zu transformieren. Doch es transformiert – das ist das Paradoxe. Es ist nicht daran interessiert, wie du sein solltest, sondern nur daran, wie du bist. Sieh es dir an, sieh es dir mit liebevollen, verständnisvollen Augen an. Versuche es zu verstehen, und aus diesem Verstehen heraus wird eine Transformation geschehen. Die Transformation geschieht ganz natürlich – man muss sie nicht machen, sie geschieht ganz von selbst.

Zen transformiert, doch es spricht nicht über Transformation. Es verändert, doch es ist nicht an Veränderung interessiert. Es schenkt den Menschen mehr Glück als alles andere, doch auch daran ist es nicht interessiert.

Zen transformiert, doch es spricht nicht über Transformation. Es verändert, doch es ist nicht an Veränderung interessiert. Es schenkt den Menschen mehr Glück als alles andere, doch auch daran ist es nicht interessiert. Denn das alles folgt als eine Gnade, als ein Geschenk. Es folgt dem Verstehen. Das ist die Schönheit der Zenphilosophie, dass sie vollkommen ohne jede Wertung ist. Bewerten ist die Krankheit des Verstandes – das ist es, was Zen sagt. Nichts ist gut und nichts ist schlecht, die Dinge sind einfach so, wie sie sind. Alles ist so, wie es ist.

Im Zen öffnet sich eine vollkommen neue Dimension, die Dimension der mühelosen Transformation. Eine Dimension von Transformation, die ganz natürlich durch klares Sehen, durch mehr Klarheit geschieht. Dadurch, dass man die Dinge direkt erkennt, ohne die Barriere von Vorurteilen.

In dem Augenblick, in dem du einen Menschen als gut bezeichnest, hast du aufgehört, ihn zu sehen. Du hast ihm ein Etikett aufgeklebt, du hast ihn in eine Schublade gesteckt, du hast ihn kategorisiert. Wie kannst du jemandem noch in die Augen sehen, sobald du ihn als schlecht bezeichnet hast? Du hast es einfach so entschieden, und nun bist du fertig mit diesem Menschen. Dieser Mensch ist kein Geheimnis mehr. Du hast das Geheimnis gelöst; du hast »das ist gut« oder »das ist schlecht« darauf geschrieben. Nun wirst du nur noch mit diesen Etiketten interagieren und nicht mehr mit der Realität.

Ein guter Mensch kann schlecht werden, ein schlechter Mensch kann gut werden. Das geschieht jeden Augenblick – am Morgen war der Mensch gut, am Abend ist er schlecht, und in der Nacht ist er wieder gut. Doch du wirst dich ihm gegenüber deinem Urteil entsprechend verhalten. Du wirst nicht zu dem Menschen selbst sprechen, sondern zu deinem Etikett, zu deinem Bild von ihm.

Natürlich verfehlst du damit die Realität, den wahren Menschen. Und du schaffst damit tausend Komplexitäten und Probleme. Unlösbare Probleme. Sprichst du eigentlich wirklich mit deiner Frau? Wenn du mit deiner Frau ins Bett gehst, bist du dann wirklich mit ihr im Bett oder nur mit einem bestimmten Bild von ihr? Ich habe das Gefühl, dass eigentlich immer eine ganze Menschenmenge dabei ist, wenn zwei Menschen sich begegnen. Es sind nicht nur diese zwei Menschen da, sondern mindestens vier. Dein Bild vom anderen und das Bild des anderen von dir, diese beiden Bilder sind ebenfalls vorhanden. Doch sie stimmen nicht – der wirkliche Mensch verändert sich dauernd, der wirkliche Mensch ist ständig im Fluss. Der wirkliche Mensch ist ein Fluss, der ständig seine Farbe verändert. Der wirkliche Mensch ist lebendig! Nur weil du dem Menschen ein Etikett aufgeklebt hast, bedeutet das noch lange nicht, dass er jetzt tot ist – er ist immer noch lebendig.

Jemand fragte einmal Chuang-tse: »Ist dein Werk vollendet?« Darauf antwortete er: »Wie könnte es vollendet sein – ich bin doch noch am Leben!«

Versteht ihr? Er sagt: »Wie kann es vollendet sein? Ich bin doch noch am Leben. Erst wenn ich gestorben bin, kann es vollendet sein. Ich lebe noch, und viele Dinge können noch geschehen.«

Solange ein Baum lebendig ist, bringt er Blüten hervor, bringt er neue Blätter hervor, Vögel kommen und bauen ihre Nester in seinen Zweigen, Reisende kommen vorbei und rasten in seinem Schatten ... ständig geschehen neue Dinge. Alles ist möglich, solange man lebendig ist. Doch in dem Augenblick, in dem ihr einen Menschen als gut, schlecht, moralisch, unmoralisch, religiös, unreligiös, theistisch, atheistisch, dieses oder jenes etikettiert, verhaltet ihr euch so, als wäre dieser Mensch bereits tot. Ihr solltet erst dann etikettieren, wenn ein Mensch tot ist. Auf seinem Grabstein könnt ihr einen Menschen etikettieren, aber nicht zuvor. Ihr könnt zum Grabstein gehen und schreiben: »Dieser Mensch war dieses oder jenes.« Nun kann er sich nicht mehr verändern; nun sind die Dinge vollendet, nun sind sie zu einem Ende gekommen. Der Fluss fließt nicht mehr weiter.

Doch solange jemand lebendig ist ... Aber wir etikettieren dauernd – selbst Kinder, selbst kleine Kinder. Wir sagen: »Dieses Kind ist gehorsam, und jenes Kind ist ungehorsam. Dieses Kind ist eine Freude, und jenes Kind ist ein Problem.« Ihr etikettiert – und denkt daran, wenn ihr etikettiert, erzeugt ihr damit viele Probleme. Wenn ihr jemanden etikettiert, dann sorgt ihr dafür, dass er sich noch mehr so verhält, wie ihr ihn etikettiert habt – denn er bekommt das Gefühl, dass er nun beweisen muss, dass ihr recht habt. Wenn ein Vater sagt: »Mein Kind ist schwierig«, dann denkt das Kind: »Ich muss beweisen, dass ich schwierig bin, denn sonst würde ich meinen Vater ins Unrecht setzen.« Das ist eine ganz unbewusste Schlussfolgerung – wie könnte ein Kind glauben, dass sein Vater unrecht hat? Also macht das Kind noch mehr Probleme, und der Vater sagt: »Ich habe es doch gesagt. Dieses Kind ist schwierig.«

Einmal unterhielten sich drei Frauen und – wie Frauen das so machen – prahlten mit ihren Kindern. Die eine sagte: »Mein Kind ist erst fünf Jahre alt, aber er schreibt schon Gedichte. Und so wunderbare Gedichte, dass er selbst die besten Dichter damit beschämt.«
Die zweite sagte: »Das ist doch noch gar nichts. Mein Kind ist erst vier, und es malt so moderne, so ultramoderne Gemälde, dass selbst Picasso nichts darauf erkennen könnte. Und er verwendet dazu keinen Pinsel, sondern seine Hände. Manchmal wirft er einfach nur Farbe auf die Leinwand, und daraus entsteht ein wunderbares Bild, einfach aus dem Nichts heraus. Mein Kind ist ein Impressionist, ein äußerst origineller Maler.«
Darauf meinte die dritte Frau: »Das ist doch noch gar nichts. Mein Kind ist erst drei, und er geht bereits ganz allein zum Psychoanalytiker.«

Wenn ihr etikettiert, werdet ihr das Kind zum Wahnsinn treiben … ihr werdet es zerstören. Alle Etiketten sind zerstörerisch. Etikettiert niemals einen Menschen als Sünder oder als Heiligen. Wenn zu viele Menschen einen anderen auf gleiche Weise etikettieren … Und die Menschen neigen dazu, kollektiv zu denken; die Menschen haben keine individuellen, originellen Ideen. Wenn einer das

Gerücht hört, dass jemand ein Sünder ist, glaubt er es. Und dann gibt er es an jemand anderen weiter, und dieser glaubt es ebenfalls. Und das Gerücht wächst immer weiter, das Etikett wird größer und immer größer. Und eines Tages klebt das Etikett »Sünder« mit so großen Buchstaben an ihm, in so leuchtenden Neonfarben, dass er selbst es liest und sich dann entsprechend verhalten muss. Die gesamte Gesellschaft erwartet von ihm, dass er sich so verhält, andernfalls werden die Leute ärgerlich: »Was machst du da? Du bist ein Sünder und versuchst, dich wie ein Heiliger zu verhalten? Benimm dich gefälligst!«

Das liegt daran, dass die Gesellschaft ein sehr subtiles Interesse an ihren Etikettierungen hat: »Benimm dich gefälligst! Mach nichts, was unseren Vorstellungen von dir widersprechen könnte.« Das ist eine stillschweigende Erwartung, doch sie ist vorhanden.

Und zweitens: Wenn man einen Menschen mit einem Etikett versehen hat, wird er sich doch nicht diesem Etikett entsprechend verhalten können, sosehr er es auch versucht. Er kann ihm niemals vollständig entsprechen, das ist unmöglich. Es funktioniert einfach nicht; er kann nur so tun, als ob. Und dann, irgendwann, wenn er einmal nicht aufpasst, wenn er entspannt ist – wenn er in Urlaubslaune ist –, setzt sich die Realität durch. Und dann denkt ihr, dass ihr getäuscht worden seid, dass dieser Mensch ein Betrüger ist. Ihr dachtet, er sei gut, doch heute hat er euch Geld gestohlen. Jahrelang dachtet ihr, er sei gut, er sei ein Heiliger – und nun hat er euch Geld gestohlen!

Ihr denkt, er hat euch betrogen? Nein, eure Etikettierung hat euch betrogen. Er hat sich nur entsprechend seiner Realität verhalten. Lange genug hat er versucht, sich eurem Rahmen anzupassen, doch eines schönen Tages wird er aus diesem Rahmen herauswachsen. Man muss einfach die Dinge tun, die man tun möchte.

Niemand ist dazu da, um eure Erwartungen zu erfüllen. Und nur sehr feige Menschen versuchen, die Erwartungen anderer zu erfüllen. Ein wahrer Mensch wird den Erwartungen aller anderen zuwiderhandeln, denn er ist nicht dazu da, sich von den Vorstellungen anderer festlegen zu lassen. Er wird frei bleiben. Er wird inkonsequent bleiben – das ist Freiheit. Er wird heute das eine tun, und morgen etwas vollkommen entgegengesetztes, sodass ihr euch keine Vorstellung von ihm aufbauen könnt. Ein wahrer, echter Mensch ist inkonsequent. Nur Heuchler sind konsequent. Ein wahrer, echter Mensch trägt Widersprüche in sich. Er besitzt vollkommene Freiheit. Er besitzt so viel Freiheit, dass er dieses oder jenes sein kann, selbst das vollkommene Gegenteil. Er hat die Wahl – wenn er ein Linker sein möchte, kann er ein Linker sein, und wenn er ein Rechter sein möchte, wird er einfach ein Rechter. Es gibt nichts, was ihn daran hindert. Wenn er drinnen sein möchte, kann er drinnen sein, wenn er draußen sein möchte, kann er draußen sein. Er ist frei. Er kann introvertiert sein, er kann extrovertiert sein, er kann einfach alles tun, was er möchte. Seine Freiheit erlaubt es ihm, in jedem Augenblick neu zu wählen, was er tun möchte.

Doch wir verlangen von den Menschen, dass sie konsequent und beständig sein sollen. Auf Beständigkeit wird sehr viel Wert gelegt. Wir sagen: »Dieser Mensch ist so beständig. Dieser Mensch ist großartig – so konsequent und beständig.« Doch was meinen wir damit? Beständigkeit bedeutet, dass der Mensch tot ist, dass er nicht mehr lebendig ist. An dem Tag, an dem er beständig wurde, hat er aufgehört zu leben – seither hat er nicht mehr wirklich gelebt.

Wenn du sagst: »Mein Mann ist mir vollkommen treu«, was meinst du dann damit? Er hat aufgehört zu lieben, er hat aufgehört zu leben – keine andere Frau zieht ihn mehr an. Wenn keine andere Frau ihn anzieht, wie kannst du ihn dann noch anziehen? Du bist schließlich auch nur eine Frau. Tatsächlich heuchelt er jetzt. Wenn dein Mann noch lebt und liebt, dann wird er sich von einer schönen Frau angezogen fühlen. Wenn eine Frau noch aktiv und lebendig ist, wie kann sie sich da von einem attraktiven Mann nicht angezogen fühlen? Das ist doch nur natürlich! Ich sage ja nicht, dass sie gleich mit ihm gehen muss – doch die Anziehung ist ganz natürlich. Sie kann sich entscheiden, nicht mit ihm zu gehen – doch die Anziehung zu leugnen bedeutet, das Leben selbst zu leugnen.

Zen sagt: Bleibe deiner Freiheit treu. Und dann wird ein ganz anderes Wesen in dir auftauchen, das unerwartet und unvorhersehbar ist. Religiös, aber nicht moralisch. Nicht unmoralisch, sondern amoralisch: jenseits von Moral und Unmoral.

Es ist eine neue Dimension des Lebens, die Zen damit eröffnet. Es ist eine völlig neue Realität, in der man damit lebt – sie unterscheidet sich vollkommen von der alten Realität. Sie besitzt eine neue Qualität, die Qualität von Charakterlosigkeit.

Ein Mensch mit Charakter ist ein toter Mensch.
Ein Mensch mit Charakter besitzt keine Zukunft,
sondern nur Vergangenheit.

Manchmal schmerzt dieses Wort sehr, weil wir den Begriff »Charakter« schon so lange lieben. Seit Jahrhunderten wurden wir auf »Charakter« konditioniert. Wir sagen: »Das ist ein Mensch mit Charakter.« Doch habt ihr es schon einmal beobachtet? Ein Mensch mit Charakter ist ein toter Mensch. Ein Mensch mit Charakter lässt sich kategorisieren, ein Mensch mit Charakter ist vorhersehbar. Ein Mensch mit Charakter besitzt keine Zukunft, sondern nur Vergangenheit.

Hört zu: Ein Mensch mit Charakter besitzt nur seine Vergangenheit. Denn Charakter bedeutet Vergangenheit. Er wiederholt immer nur seine Vergangenheit, er ist wie eine kaputte Schallplatte. Er wiederholt immer wieder und wieder das Gleiche. Er hat nichts Neues zu sagen. Es gibt für ihn nichts Neues zu leben, es gibt für ihn nichts Neues zu sein. Solch einen Menschen nennen wir einen Mensch mit Charakter. Man kann sich auf ihn verlassen, man kann mit ihm rechnen. Er wird seine Versprechen halten – das ist wahr. Er ist sehr nützlich, er besitzt eine große soziale Nützlichkeit, doch dieser Mensch ist tot, dieser Mensch ist eine Maschine.

Maschinen haben Charakter; man kann sich auf sie verlassen. Das ist der Grund, warum wir nach und nach alle Menschen entfernen und durch Maschinen ersetzen werden. Maschinen sind zuverlässiger, sie besitzen mehr Charakter – man kann sich auf sie verlassen.

Ein Pferd ist nicht so verlässlich wie ein Auto. Ein Pferd besitzt eine Art von Persönlichkeit – an einem Tag ist es vielleicht nicht in Stimmung, an einem anderen Tag möchte es nicht denselben Weg gehen wie du, und am nächsten Tag ist es extrem rebellisch. Und manchmal steht es einfach nur still und bewegt sich nicht. Es besitzt eine Seele; man kann sich nicht immer auf es verlassen.

Doch ein Auto besitzt keine Seele. Es ist nur zusammengebaut; es hat kein Zentrum. Es fährt einfach dorthin, wo du hinmöchtest. Selbst wenn du das Auto über eine Klippe fahren lässt, wird es das tun. Ein Pferd würde sich weigern: »Halt! Wenn du Selbstmord begehen möchtest, kannst du das tun, aber ich mache da nicht mit. Du kannst meinetwegen hinabspringen. Aber ich springe nicht.« Doch ein Auto weigert sich nicht, es hat keine Seele, es kann nicht nein sagen. Es sagt niemals ja, und es sagt niemals nein.

Manchmal funktioniert selbst der Verstand eines großartigen Mathematikers nicht. Aber ein Computer arbeitet vierundzwanzig Stunden am Tag – tagein, tagaus, jahrein, jahraus – die Frage nach seinem Funktionieren stellt sich gar nicht. Eine Maschine besitzt Charakter, einen sehr zuverlässigen Charakter. Und genau das haben wir versucht zu schaffen. Zuerst haben wir versucht, die Menschen zu Maschinen zu machen, aber das funktionierte nicht hundertprozentig; also erfanden wir nach und nach Maschinen, um die Menschen zu ersetzen. Früher oder später werden die Menschen überall ersetzt sein. Maschinen funktionieren weitaus besser, weitaus effizienter, verlässlicher, schneller.

Ein Mensch unterliegt Stimmungen, denn ein Mensch besitzt eine Seele. Weil ein Mensch eine Seele besitzt, kann er nur authentisch sein, wenn er ohne Charakter bleibt. Was meine ich, wenn ich von »Charakterlosigkeit« spreche? Ich meine damit, dass der Mensch seine Vergangenheit immer wieder loslässt. Er lebt nicht entsprechend seiner Vergangenheit. Aus diesem Grund ist er unvorhersehbar. Er lebt von Augenblick zu Augenblick, er lebt in der Gegenwart. Er sieht sich um und er lebt, er sieht, was um ihn herum ist, und er lebt, er fühlt, was um ihn herum ist, und er lebt. Er hat keine vorgefertigten Vorstellungen davon, wie er leben sollte; er hat nur Bewusstheit. Sein Leben bleibt ein konstanter Fluss. Er besitzt Spontanität – das meine ich, wenn ich sage, ein wahrer Mensch ist charakterlos. Er besitzt Spontanität.

Er ist fähig, zu antworten. Wenn du etwas zu ihm sagst, antwortet er darauf und gibt nicht einfach irgendein Klischee zum besten. Er antwortet auf dich – auf *diesen* Augenblick, auf *diese* Frage, auf *diese* Situation. Er antwortet nicht auf irgendeine andere, erinnerte Situation. Er antwortet dir, er sieht dich wirklich. Er reagiert nicht einfach nur, er antwortet. Eine Reaktion stammt immer aus der Vergangenheit.

Es geschah einmal: Ein Zen-Meister fragte seine Schüler: »Was war das Geheimnis Buddhas? Was gab er Mahakashyapa, als er ihm die Blume gab? Warum sagte er: ›Ich gebe Mahakashyapa, was ich niemand anderem geben konnte – denn andere verstehen nur Worte, doch Mahakashyapa versteht die Stille‹?«

Buddha war an diesem Tag mit einer Lotusblume in der Hand aufgetaucht. Alle Schüler schauten und schauten, und sie waren unruhig und wurden immer unruhiger. Er sagte nichts, er schaute einfach nur die Lotusblume an … als ob er die gesamte Zuhörerschaft vergessen hätte. Minuten vergingen, eine Stunde verging, und die Leute wurden sehr unruhig. Und dann begann Mahakashyapa zu lachen. Buddha rief ihn zu sich und gab ihm die Blume und sagte: »Was ich durch Worte geben kann, habe ich anderen gegeben. Was ich nicht durch Worte geben kann, gebe ich dir, Mahakashyapa. Behalte es, bis du jemanden findest, der die Botschaft in Stille empfangen kann.«

Der Zen-Meister fragte also seine Schüler: »Was war das Geheimnis? Was wurde durch die Lotusblume weitergegeben? Was geschah in diesem Moment?« Ein Schüler stand auf, tanzte und rannte hinaus. Und der Meister sagte: »Genau. Genau das ist es.«

Doch ein anderer Meister im selben Kloster kam abends zu diesem Meister und sagte zu ihm: »Du hättest nicht so schnell zustimmen sollen; deine Zustimmung war zu rasch. Ich bin misstrauisch.«

Also ging der Meister zu dem Schüler, der getanzt hatte und zu dem er gesagt hatte: »Ja, genau das ist es.« Noch in der Nacht ging er zu ihm und stellte ihm noch einmal dieselbe Frage: »Was war es, was Buddha mit der Lotusblume an Mahakashyapa gab? Was war es, was Mahakashyapa verstand, als er lächelte? Was war es? Sag mir die Antwort.«

Der junge Mann stand auf und tanzte. Darauf versetzte ihm der Meister einen kräftigen Hieb und sagte: »Falsch, vollkommen falsch!«

Der Schüler meinte: »Aber diesen Morgen sagtest du noch, es sei richtig.«

Und der Meister antwortete: »Ja. Am Morgen war es richtig, bei Nacht ist es falsch. Du hast dich wiederholt. Am Morgen dachte ich, es sei eine Antwort. Jetzt weiß ich, dass es nur eine Reaktion war.«

Wenn es sich um eine wirkliche Antwort handelt, muss sie sich jedes Mal, wenn die Frage gestellt wird, verändern. Die Frage mag dieselbe sein, doch alles andere ist nicht dasselbe. Als der Meister am Morgen fragte, ging die Sonne auf, die Vögel sangen, und die Zuhörer saßen da … tausend Mönche saßen da in stiller Meditation – es war eine vollkommen andere Welt. Ja, die Frage war dieselbe, die Formulierung war dieselbe. Doch das Ganze hat sich verändert, die gesamte Gestalt hat sich verändert. Jetzt in der Nacht ist alles anders. Der Meister ist mit dem Schüler allein in seiner Zelle, die Sonne steht nicht mehr am Himmel, die Vögel singen nicht mehr, und niemand anderer ist weit und breit zu sehen. Der Meister hat sich verändert. In diesen wenigen Stunden ist der Fluss weitergeflossen, hat neues Territorium betreten, hat neues Land erreicht. Die Frage *scheint* nur dieselbe zu sein. Doch der Schüler hatte sich darauf fixiert. Er dachte: »Nun kenne ich die richtige Antwort.«

Nein, im wirklichen Leben kennt niemand die Antworten. Im wirklichen Leben muss man fähig sein, aus dem Moment heraus zu antworten. Im wirklichen Leben kann man keine vorgefertigten Antworten mit sich herumtragen. Im wirklichen Leben muss man offen sein. Dieser Schüler hat es verfehlt.

Ein charakterloser Mensch ist jemand, der keine Antworten hat, der keine Philosophie hat, der keine bestimmten Vorstellungen davon hat, wie die Dinge sein sollten.

Ein charakterloser Mensch ist jemand, der keine Antworten hat, der keine Philosophie hat, der keine bestimmten Vorstellungen davon hat, wie die Dinge sein sollten. Wie sie auch sind, er bleibt immer offen. Er ist ein Spiegel – er reflektiert.

Habt ihr es schon einmal beobachtet? Wenn ihr euch vor den Spiegel stellt und wütend seid, wird der Spiegel euer wütendes Gesicht reflektieren; wenn ihr lacht, wird der Spiegel euer lachendes Gesicht reflektieren. Wenn ihr alt seid, spiegelt der Spiegel euer Alter, wenn ihr jung seid, spiegelt er eure Jugend. Ihr könnt nicht zum Spiegel sagen: »Gestern hast du mich lachend gezeigt, und heute zeigst du mich wütend und traurig. Was soll das? Du bist nicht konsequent. Du hast keinen Charakter. Ich werde dich hinauswerfen!«

Ein Spiegel besitzt keinen Charakter. Und ein wahrer Mensch ist wie ein Spiegel.

Zen urteilt nicht, Zen wertet nicht, Zen stülpt niemandem einen Charakter über. Denn um jemandem einen Charakter überzustülpen, braucht es eine Bewertung – gut oder schlecht. Für einen Charakter braucht es »Sollen« und »Nicht-Sollen«, braucht es Regeln und Gebote. Für einen Charakter muss man ein Moses sein – und kein Bodhidharma. Für einen Charakter muss man Angst und Gier erzeugen. Wer würde einem sonst zuhören? Man muss zu einem B.F. Skinner werden und die Menschen wie Ratten behandeln – sie trainieren, sie bestrafen, sie belohnen, sodass sie in ein bestimmtes Muster gezwungen werden.

Genau das wurde mit euch gemacht. Eure Eltern taten es, eure Lehrer taten es, eure Gesellschaft und euer Staat tun es. Zen sagt: Jetzt ist es genug, befreit euch davon. Lasst all diesen Unsinn los, fangt an, ihr selbst zu sein. Das bedeutet nicht, dass Zen euch im Chaos zurücklässt. Nein, ganz im Gegenteil. Statt euch einen Charakter zu geben und ein Gewissen, um den Charakter zu manipulieren, gibt Zen euch Bewusstheit.

Denkt daran, diesen Unterschied gilt es zu beachten. Alle anderen Religionen geben euch ein Gewissen. Zen gibt euch Bewusstheit. Gewissen bedeutet: »Das ist gut, das ist schlecht. Tu dieses und unterlasse jenes.« Bewusstheit bedeutet einfach: »Sei ein Spiegel – reflektiere, antworte.« Antworten ist richtig, Reagieren ist falsch. Verantwortlich zu sein bedeutet nicht, bestimmten Regeln zu gehorchen; verantwortlich zu sein bedeutet, fähig zu sein, zu antworten.

Zen lässt euch von innen strahlen. Es gibt euch nichts von außen Aufgesetztes, keine äußere Kosmetik, keine Rüstung, keinen Abwehrmechanismus. Zen kümmert sich nicht um eure Peripherie. Es erschafft einfach ein Licht mitten in eurem Zentrum, im innersten Zentrum. Und dieses Licht nimmt immer mehr zu … bis eines Tages eure gesamte Persönlichkeit strahlend wird.

Wie ist diese Haltung, diese Herangehensweise von Zen entstanden? Sie entstand aus Meditation. Sie ist der höchste Gipfel eines meditativen Bewusstseins. Wenn du meditierst, wirst du nach und nach erkennen: Alles ist gut, alles ist, wie es sein sollte. *Tathata* – Sosein – entsteht. Wenn du dann auf einen Dieb triffst, denkst du nicht, dass er transformiert werden sollte – du antwortest einfach nur auf ihn. Dann denkst du nicht, dass er schlecht ist. Und wenn du über jemanden nicht denkst, dass er schlecht ist, dass er böse ist, dann eröffnest du ihm damit eine Möglichkeit der Transformation. Du akzeptierst den Menschen, wie er ist. Und durch dieses Akzeptieren geschieht Transformation.

Sobald dich jemand vollkommen akzeptiert, bedingungslos akzeptiert, beginnst du dich zu verändern. Diese Akzeptanz gibt dir Mut.

Hast du es schon einmal in deinem eigenen Leben beobachtet? Sobald dich jemand vollkommen akzeptiert, bedingungslos akzeptiert, beginnst du dich zu verändern. Diese Akzeptanz gibt dir Mut … Hast du nicht schon das Wunder beobachtet, dass etwas sich verändert, dass etwas sich sofort zu verändern beginnt, unmittelbar, wenn da jemand ist, der dich einfach so liebt, wie du bist? Allein schon das Gefühl, geliebt zu werden, wie du bist – nichts wird von dir erwartet –, gibt dir Seele, gibt dir Integration, gibt dir Vertrauen, macht dich ganz. Gibt dir das Gefühl, dass du *bist*. Dass du keine Erwartungen erfüllen musst, dass du einfach *sein* kannst, dass dein ursprüngliches Sein geachtet wird.

Wenn du auch nur einen einzigen Menschen finden kannst, der dich vollkommen respektiert – denn alles Urteilen ist Respektlosigkeit –, der dich akzeptiert, wie du bist, der keine Erwartungen an dich stellt, der sagt: »Sei, wie du bist. Sei authentisch du selbst. Ich liebe dich. Ich liebe dich, nicht das, was du tust. Ich liebe dich, wie du in deinem Selbst, in deinem innersten Kern bist; ich kümmere mich nicht um deine Peripherie, um dein Äußeres. Ich liebe dein Sein – nicht das, was du hast. Ich bin nicht interessiert an dem, was du hast, sondern nur an dem, was du bist. Und du bist von ungeheurer Schönheit ...«

Das ist Liebe. Und das ist der Grund, warum Liebe so nährend ist. Wenn du jemanden finden kannst, der dich einfach liebt – aus keinem speziellen Grund, einfach um der Liebe willen –, dann wirkt diese Liebe transformierend. Plötzlich bist du ein anderer Mensch, jemand, der du noch nie zuvor warst. Plötzlich ist alle Traurigkeit verschwunden, alle Trübsal wie weggeblasen. Plötzlich ist Schwung in deinem Gang, ein Lied in deinem Herzen. Du fängst an, dich anders zu bewegen – eine gewisse Anmut taucht auf.

Beobachte es einmal: Wenn jemand dich liebt, dann ist allein schon diese Liebe genug. Deine Kälte verschwindet, du beginnst dich zu erwärmen. Dein Herz ist der Welt gegenüber nicht mehr gleichgültig. Du siehst die Blumen wieder mehr, du siehst den Himmel wieder mehr – und der Himmel hat eine Botschaft für dich ... weil eine Frau oder ein Mann dir in die Augen gesehen und dich vollkommen akzeptiert hat, ohne Erwartungen.

Doch das hält nicht lange an, weil die Menschen so töricht sind. Diese Flitterwochen sind früher oder später vorbei – eine Woche, zwei Wochen, drei Wochen allerhöchstens. Früher oder später beginnt die Frau Erwartungen zu hegen, beginnt der Mann Erwartungen zu hegen. »Mach dies. Unterlass jenes.« Und du landest wieder auf dem Boden, du bist nicht mehr im Himmel. Du bist wieder belastet, die Liebe ist verschwunden. Jetzt ist die Frau mehr an deinem Geldbeutel interessiert. Nun ist der Mann mehr an seinem Essen interessiert. Man muss sich um die Familie kümmern, man muss sich um das Haus kümmern, um tausend Details – und ihr seid nicht mehr gegenseitig in Resonanz mit eurem Wesen.

Wenn diese Harmonie bleibt, ist alles in Ordnung. Ihr könnt tausend Dinge tun, nichts wird dadurch gestört. Doch diese Harmonie geht verloren; ihr beginnt euch gegenseitig als selbstverständlich zu betrachten. Innerhalb von drei Wochen habt ihr euch gegenseitig Etiketten verpasst. An dem Tag, an dem das Etikettieren abgeschlossen ist, sind die Flitterwochen vorüber.

Zen glaubt an Liebe. Es glaubt nicht an Regeln und Gebote. Es glaubt nicht an irgendeine äußere Disziplin, es glaubt an das Innere. Es entsteht aus Liebe, es entsteht aus Respekt, aus Vertrauen. Wenn man meditiert, beginnt man dem Leben zu vertrauen. Seht ihr den Unterschied: Wenn ihr einen Christen oder einen Hindu fragt, ist Vertrauen das erste, was sie fordern. Sie sagen: »Vertraue dem Leben – dann wirst du erkennen, was Gott ist.« Im

Zen ist das nicht die erste Forderung. Zen sagt: Meditiere. Aus Meditation entsteht Vertrauen, und Vertrauen macht das Leben göttlich. *Tathata* entsteht, Sosein entsteht.

Wie kann man noch etwas verurteilen, wenn man weiß, dass alles göttlich ist? Die indischen Vedanta-Anhänger sagen: »Alles ist Brahma« – und doch verurteilen sie weiter. Und doch sagen sie, dass der eine ein Sünder und der andere ein Heiliger ist, und dass der Heilige in den Himmel und der Sünder in die Hölle kommen wird. Das ist doch absurd, wenn alles Brahma ist, wenn alles Gott ist! Wie kann man dann ein Sünder sein? Dann ist es Gott, der in dir ein Sünder ist. Wie kann Gott in die Hölle kommen?

Zen sagt: An dem Tag, an dem du alles als göttlich erkennst, ist alles Gott. Doch Zen verwendet dafür nicht den Begriff »Gott« – weil die übrigen Religionen dieses Wort so korrumpiert, so beschmutzt, so verunstaltet, so vergiftet haben. Daher verwendet Zen das Wort »Gott« überhaupt nicht. Wenn man meditiert und nach und nach die Dinge so zu sehen beginnt, wie sie sind, und die Dinge so zu respektieren beginnt, wie sie sind, dann entsteht ein gewisses Vertrauen. Dieses Vertrauen ist *Tathata* – Sosein.

Tathata führt zu einer Vision von der Verbundenheit der gesamten Existenz. Dann ist die gesamte Existenz eine Einheit, die als organisches Ganzes funktioniert. Es gibt einen eigenen Ausdruck dafür, er lautet *jiji muge hokkai* – wenn man erkennt, dass die gesamte Existenz eine Einheit ist, dass es sich tatsächlich um ein Universum, nicht um ein Multiversum handelt – dass alles mit allem verbunden ist, dass Sünder und Heilige gleichermaßen Teil eines Netzes sind, dass sie nicht getrennt sind; dass Gut und Böse miteinander verbunden sind. So wie Licht und Dunkelheit miteinander verbunden sind, so wie Leben und Tod miteinander verbunden sind, so sind auch Gut und Böse miteinander verbunden.

Alles ist miteinander verbunden. Es ist ein Netz, ein wunderbares Muster.

Hört euch diese Worte von Berenson an:

»Es war an einem Morgen im Frühsommer. Ein silbriger Dunst schimmerte und zitterte über den Linden. Die Luft war mit Zärtlichkeit geladen. Ich erinnere mich ... dass ich auf einen Baumstumpf kletterte und mich plötzlich in *Esheit* eingehüllt fühlte. Ich nannte es nicht bei diesem Namen; in diesem Zustand gab es keine Worte. Es war nicht einmal ein Gefühl. Ich brauchte keine Worte. *Es* und ich waren eins. *Es* war einfach da, wie ein Segen.«

Tathata bedeutet, in einem Augenblick anzukommen, in dem man plötzlich erkennt, dass das Leben eins ist, miteinander verbunden, ein einziger gemeinsamer Tanz, ein Orchester. Und alles wird gebraucht – das Böse genauso wie das Gute. Jesus allein ist nicht genug, Judas ist unbedingt notwendig. Ohne Judas wäre Jesus weniger. Nehmt Judas aus der Bibel, und sie würde viel verlieren. Ließe man Judas weg, wo wäre dann Jesus? Wer ist Jesus? Judas gibt ihm Kontrast; er sorgt für den Hintergrund. Er wird zu der dunklen Wolke, in der Jesus der Silberstreif ist. Ohne dunkle Wolke gibt es keinen Silberstreif. Jesus muss Judas eigentlich dankbar sein. Und es ist kein Zufall, dass er Judas als erstem die Füße wusch, als er die Füße seiner Jünger wusch. Und dass er Judas inniger als alle anderen umarmte, dass er ihn mehr als die anderen küsste, als er sich verabschiedete, als er Lebewohl sagte. Judas war sein wichtigster Jünger.

Nun, hier liegt ein Mysterium hinter einem Mysterium. Es gab in esoterischen Zirkeln schon immer die Theorie, über alle Jahrhunderte hinweg, dass alles von Jesus selbst geplant war. Gurdjieff war sehr stark dieser Ansicht. Und es besteht durchaus die Möglichkeit, dass Judas einfach den Anweisungen Jesu folgte – ihn zu verraten, hinzugehen und ihn an seine Widersacher zu verkaufen. Und es wäre auch logischer. Denn so schlecht Judas auch gewesen sein mag, wie hätte er Jesus für 30 Silberstücke verkaufen können? Das erscheint doch etwas weit hergeholt. Judas war schon lange bei Jesus gewesen, und er war der intelligenteste unter allen Jüngern. Er war der einzige, der gebildet war, er war der einzige, den man als Intellektuellen bezeichnen konnte. Er war tatsächlich gebildeter als Jesus selbst. Er war der Gelehrte in Jesu Umgebung.

Da erscheint es doch etwas weit hergeholt, dass er Jesus einfach für 30 Silberstücke verkauft haben soll. Kaum glaubhaft. Und wisst ihr, was danach geschah? Nachdem Jesus gekreuzigt war, beging Judas Selbstmord – am darauffolgenden Tag. Die Christen sprechen nicht gern darüber, doch man sollte darüber sprechen. Warum beging er Selbstmord? Seine Arbeit war beendet – nun war es an ihm, mit seinem Meister zu gehen. Ein Mensch, der seinen Meister für 30 Silberstücke verkauft – glaubt ihr, dass er sich wirklich so schuldig fühlen kann, dass er Selbstmord begeht? Unmöglich. Warum sollte es ihn bekümmern? Nein, er hatte einfach eine Anweisung seines Meisters befolgt. Er konnte nicht Nein sagen – das war Teil seiner Hingabe. Er musste Ja sagen. Man kann zu seinem Meister nicht »Nein« sagen. Es war alles geplant. Und es gibt einen Grund dafür: Nur aufgrund der Kreuzigung hat Jesu Botschaft in der Welt überlebt. Ohne die

Kreuzigung würde es kein Christentum geben. Das ist der Grund, warum ich das Christentum als »Kreuztum« bezeichne. Es ist kein Christentum, weil Christus allein nicht genug war – es brauchte das Kreuz, damit es entstehen konnte.

Wenn ihr die Verbundenheit aller Dinge erkennen könnt, dann wird auch Judas zum Teil des Spiels um Jesus. Dann ist das Böse Teil des Guten. Dann ist der Teufel niemand anderer als ein Engel Gottes – und ich bezeichne ihn nicht als gefallenen Engel. Vielleicht befindet er sich auf einer großen Mission in der Welt, von Gott selbst gesandt – vielleicht ist er sein vertrautester Schüler.

Die gesamte Vergangenheit ist an dir beteiligt, und ebenso die gesamte Zukunft. In diesem Augenblick treffen sich in dir Vergangenheit und Zukunft, ad infinitum, in beide Richtungen.

Sasaki erzählt:

Als mein Lehrer zu mir über »Das« sprach, sagte er: »Denke nur einmal an dich selbst. Du glaubst, du seist ein getrenntes Wesen, eine Insel. Doch das bist du nicht. Ohne deinen Vater und deine Mutter wärst du nicht hier. Und ohne deren Väter und Mütter hätte es sie nicht gegeben und gäbe es dich nicht.«

Und so weiter, und so fort – man kann bis zum anfangslosen Anfang zurückgehen. Man kann immer weiter zurückgehen und wird feststellen, dass alles, was bis jetzt im Universum geschehen ist, geschehen musste, damit du geschehen konntest. Andernfalls wärst du nicht entstanden. Du bist vollkommen mit allem verbunden. Du bist nur ein kleiner Teil einer unendlich langen Kette. Alles, was ist, ist irgendwie an dir beteiligt, alles, was vergangen ist, ist an dir beteiligt. Du bist der Gipfel, in diesem Moment, von allem, was dir vorangegangen ist. In dir existiert die gesamte Vergangenheit. Doch das ist nicht alles. Von dir gehen deine Kinder und die Kinder deiner Kinder aus … und so weiter, und so fort.

Aus deinen Handlungen werden andere Handlungen entstehen, und aus den daraus resultierenden Handlungen andere Resultate und daraus wieder andere Handlungen. Du wirst verschwinden, doch was immer du tust, wird weitergehen. Es wird immer weiter Kreise ziehen, durch die Jahrhunderte hindurch, bis zum Ende.

Die gesamte Vergangenheit ist also an dir beteiligt, und ebenso die gesamte Zukunft. In diesem Augenblick treffen sich in dir Vergangenheit und Zukunft, ad infinitum, in beide Richtungen. Du enthältst in dir den Samen, aus dem die Zukunft entstehen wird, und so wie du in diesem Augenblick die gesamte Vergangenheit verkörperst, so verkörperst du auch die gesamte Zukunft. Dieser Augenblick enthält alles, du enthältst alles. Weil das Ganze an dir beteiligt ist, steht das Ganze auch mit dir auf dem Spiel. Das Ganze durchzieht dich.

Es heißt, dass man alle Sterne berührt, wenn man einen Grashalm berührt. Weil alles mit allem verbunden ist, ist alles auch in allem enthalten.

Zen nennt diese Beteiligung des Ganzen an allen seinen Teilen *jiji muge hokkai* und illustriert es durch das Bild eines universalen Netzes. Dieses Netz wird in Indien auch als »Indras Netz« bezeichnet, ein großes Netz, das sich durch das gesamte Universum erstreckt, vertikal für die Zeit und horizontal für den Raum. An jedem Punkt, an dem sich die Fäden des Netzes kreuzen, befindet sich eine Kristallperle, Symbol eines einzelnen Lebens. Jede Kristallperle reflektiert auf ihrer Oberfläche nicht nur jede andere Perle im Netz, sondern auch jede Reflexion jeder anderen Reflexion jeder anderen Perle in jeder einzelnen Perle. Zahllose, unendlich viele gegenseitige Reflexionen – das ist es, was *jiji muge hokkai* bedeutet.

Als Gautama Buddha die einzelne Lotusblume in der Hand hielt, verwies er auf dieses *jiji muge hokkai*. Das war es, was Mahakashyapa verstand. Das war die Botschaft – dass in dieser kleinen Lotusblume alles enthalten ist: Die gesamte Vergangenheit, die gesamte Zukunft, alle Dimensionen sind in ihr enthalten. In dieser kleinen Blume ist alles erblüht, und alles andere, was jemals erblühen wird, ist in dieser kleinen Lotusblume enthalten. Mahakashyapa lachte, als er die Botschaft verstand: *jiji muge hokkai*. Das ist der Grund, warum Mahakashyapa die Blume erhielt, als ein Zeichen der Übertragung ohne Worte.

Daher das buddhistische Mitgefühl für alles, Dankbarkeit für alles, Achtung vor allem – weil alles in allem enthalten ist.

Nun zu der Zen-Geschichte:

Eines Abends, als Shichiri Kojun gerade Sutren rezitierte, trat ein Dieb mit einem scharfen Schwert ein und verlangte sein Geld oder sein Leben.

Shichiri sagte zu ihm: »Störe mich jetzt nicht. Du findest das Geld in jener Schublade dort.« Darauf nahm er seine Rezitation wieder auf.

Keine Verurteilung, keine Verdammung. Einfaches Annehmen – als ob eine kühle Brise gekommen wäre, und nicht ein Dieb. Keine Veränderung seiner Haltung. Er sagt: »Störe mich jetzt nicht. Du findest das Geld in jener Schublade dort. Siehst du nicht, dass ich gerade meine Sutren rezitiere? Du solltest wenigstens so viel Respekt haben, dass du niemanden störst, der gerade Sutren rezitiert, wegen solch einer dummen Kleinigkeit wie Geld. Geh und hole es dir selbst! Und störe mich nicht!«

Seht ihr: Er ist nicht gegen den Dieb, weil dieser gekommen ist, um zu stehlen. Er hat nichts gegen den Dieb, weil dieser hinter dem Geld her ist, von Geld besessen ist – nein, nichts dergleichen. Ein einfaches Akzeptieren: So ist er eben. Und wer weiß, vielleicht ist er einfach so, wie er sein MUSS. Und warum sollte ich ihn verurteilen? Wer bin ich denn? Wenn er nett genug ist, mich nicht zu stören, ist mir das genug – das ist mehr als genug, was man von einem anderen Menschen erwarten kann. Also störe mich bitte nicht.

Doch dann hielt er noch einmal inne und rief dem Dieb zu: »Nimm nicht alles mit. Ich brauche noch etwas, um morgen die Steuern zu bezahlen.«

Seht ihr, wie freundlich er ist? Darin liegt keine Feindseligkeit. Und weil es ohne Feindseligkeit ist, ist es auch ohne Furcht. Weil es ohne Verurteilung ist, voll tiefem Respekt, kann er darauf vertrauen, dass der andere etwas dalassen wird. Wenn man so von ganzem Herzen gibt, kann man vertrauen – selbst der schlimmste Mensch wird wenigstens deinen Respekt vor ihm respektieren. Er wird es respektieren, du kannst ihm vertrauen. Wenn du jemandem vertraust, wenn du ihn nicht verurteilst und verdammst, kannst du darauf vertrauen, dass er dir vertrauen wird. Er sagt also einfach: »Nimm nicht alles. Ich brauche etwas, um morgen die Steuern damit zu bezahlen.«

Der Eindringling sammelte den größten Teil des Geldes ein und machte sich ans Gehen. Da fügte Shichiri hinzu: »Bedanke dich, wenn du ein Geschenk erhältst.«

Erkennt ihr das Mitgefühl dieses Mannes? Er nennt es nicht Diebstahl; er sagt: »Bedanke dich, wenn du ein Geschenk erhältst.« Er transformiert es; seine Sichtweise ist eine vollkommen andere. Er möchte nicht, dass dieser Mensch sich schuldig fühlt; sein Mitgefühl ist grenzenlos. Andernfalls würde er sich später schuldig fühlen. Er muss einfach Schuldgefühle bekommen – einen armen Mönch zu bestehlen, einen armen Bettler, der selbst nicht viel hat, und noch dazu einen Mann, der so bereitwillig gibt, der einen so vollkommen akzeptiert – der Dieb wird sich schuldig fühlen, er wird anfangen, es zu bereuen. Er wird zu Hause nicht schlafen können. Er wird am Morgen möglicherweise wiederkommen müssen, um Vergebung zu erbitten.

Nein, das wäre nicht gut. Zen möchte auf keine Weise Schuldgefühle wecken. Das ist es, worum es im Zen geht: eine Religion ohne Schuldgefühle. Mit Schuldgefühlen lässt sich sehr leicht eine Religion erschaffen; das ist es, was andere Religionen gemacht haben. Doch wenn man Schuldgefühle erzeugt, hat man etwas geschaffen, was schlimmer ist als das, was man zu heilen versuchte. Zen erzeugt keine Schuldgefühle, Zen ist sehr darum bemüht, in niemandem irgendwelche Schuldgefühle zu erzeugen.

Daher sagt er: »Bedanke dich, wenn du ein Geschenk erhältst. Das ist ein Geschenk! Kannst du das nicht sehen? Ich *gebe* es dir – du stiehlst es mir nicht.« Was für ein Unterschied!

Das ist genau das, was Zen sagt: Gib, statt es dir nehmen

zu lassen. Und so ist die gesamte Einstellung zum Leben. Bevor der Tod kommt, gib alles weg, damit der Tod sich nicht schuldig fühlen muss. Gib dem Tod dein Leben als Geschenk. Das ist Entsagung im Zen. Sie unterscheidet sich vollkommen von der Entsagung im Hinduismus oder im Christentum – sie geben, um zu bekommen. Zen gibt, damit nirgendwo in der Welt Schuld entsteht, damit keine Schuld zurückbleibt.

Der Dieb bedankte sich also und machte sich davon.

Einige Tage später wurde der Mann gefasst und gestand unter anderem auch den Diebstahl an Shichiri. Als Shichiri in den Zeugenstand gerufen wurde, erklärte er: »Dieser Mann ist kein Dieb, jedenfalls nicht, soweit es mich betrifft. Ich habe ihm das Geld geschenkt, und er hat sich bei mir dafür bedankt.«

Seht ihr den Unterschied? Wie respektvoll! Welch ungeheurer Respekt! Welch bedingungsloser Respekt dem anderen gegenüber – einem Dieb gegenüber!

Wäre Shichiri ein christlicher Heiliger gewesen, hätte er diesem Mann mit der Hölle gedroht – mit ewigem Höllenfeuer. Wäre er ein hinduistischer Heiliger gewesen, hätte er ihm eine lange Predigt über »Nicht-Stehlen« gehalten und ihm Angst davor gemacht, im Höllenfeuer zu landen. Er hätte ein alptraumhaftes Bild der Hölle entworfen und hätte über die Bedeutungslosigkeit von Geld gepredigt.

Seht ihr: Der Zen-Meister sagt nichts über die Bedeutungslosigkeit von Geld. Tatsächlich sagt er stattdessen: »Lass mir ein bisschen Geld übrig; ich werde es morgen brauchen.« Geld dient einem Zweck. Man muss nicht davon besessen sein, weder so noch so, weder dafür noch dagegen. Geld ist ein Gebrauchsgegenstand. Man muss nicht ausschließlich für Geld leben, und man muss auch nicht gegen Geld sein. Es ist einfach nur nützlich. Das ist auch meine Einstellung zum Geld: Geld muss genutzt werden, es ist ein Werkzeug.

Wie kann man diese Welt besitzen? Ihr kommt mit leeren Händen in diese Welt, und ihr geht wieder mit leeren Händen – ihr könnt sie nicht besitzen. Niemand besitzt sie; wir nutzen sie. Und wir alle sind hier, um sie zu nutzen.

In der Welt der Religionen wird Geld vollkommen verurteilt – religiöse Menschen haben sehr viel Angst vor Geld. Diese Angst ist nichts anderes als auf den Kopf gestellte Gier. Es ist dieselbe alte Gier, die nun zu Angst geworden ist. Wenn du mit Geld in der Hand zu einem hinduistischen Heiligen gehst, wird er seine Augen davor verschließen, wird er das Geld nicht ansehen. So viel Angst vor Geld? Warum sollte man die Augen davor verschließen? Er wird dir sagen, dass Geld nur Dreck ist – doch wenn er Dreck sieht, schließt er normalerweise nicht die Augen. Das ist sehr unlogisch. Wenn Geld nur Dreck ist, sollte er die Augen eigentlich vierundzwanzig Stunden am Tag verschließen, denn Dreck ist überall. Geld ist Dreck? Warum so viel Angst vor Dreck? Wozu diese Angst?

Zen hat dazu eine vollkommen andere und sehr grundlegende Einstellung. Der Meister sagt nicht, dass Geld Dreck ist und man nicht nach dem Geld anderer Menschen streben sollte. Was hat das Ganze mit Menschen zu tun? Geld gehört niemandem. Zu jemandem zu sagen: »Du bist ein Dieb«, bedeutet, an Privateigentum zu glauben. Es bedeutet, daran zu glauben, dass jemand es richtigerweise haben kann und ein anderer fälschlicherweise, dass jemand ein Recht darauf hat und ein anderer nicht.

Diebstahl wird aufgrund der kapitalistischen Gesinnung in der Welt verurteilt; diese Einstellung ist Teil der kapitalistischen Weltanschauung. Der Kapitalismus sagt, Geld gehört jemandem – es gibt einen rechtmäßigen Besitzer, und keiner sollte es ihm wegnehmen.

Doch Zen sagt, nichts gehört irgendjemandem, niemand ist der rechtmäßige Besitzer. Wie kann man diese Welt besitzen? Ihr kommt mit leeren Händen in diese Welt, und ihr geht wieder mit leeren Händen – ihr könnt sie nicht besitzen. Niemand besitzt sie; wir nutzen sie. Und wir alle sind hier, um sie zu nutzen. Das ist die Botschaft dahinter: »Nimm ruhig das Geld, aber lass auch mir noch etwas übrig. Ich bin ebenfalls da, um es zu nutzen, so wie du da bist, um es zu nutzen.«

Welch eine einfache, pragmatische Einstellung! Welche Freiheit vom Geld! Und vor Gericht sagt er aus: »Dieser Mann ist kein Dieb …« – er hat diesen Dieb in einen Freund verwandelt – »wenigstens, soweit es mich betrifft. Was andere betrifft, kann ich nichts dazu sagen – wie sollte ich wissen, was mit anderen ist? Doch so viel weiß ich: Ich gab ihm das Geld und er dankte mir dafür. Es ist erledigt, die Sache ist abgeschlossen. Er schuldet mir nichts. Er hat mir gedankt – was kann man sonst schon tun?«

Wir können uns höchstens bedanken. Wir können dem Leben danken für alles, was es uns gibt – was kann man sonst schon tun?

Nachdem der Mann seine Gefängnisstrafe abgesessen hatte, ging er zu Shichiri und wurde sein Schüler.

Was kann man bei einem Mann wie Shichiri sonst schon tun? Man muss einfach sein Schüler werden. Er hat aus einem Dieb einen Sannyasin gemacht. Das ist die Alchemie eines Meisters, dass er niemals eine Gelegenheit verpasst. Welche Gelegenheit sich auch bietet, er nutzt sie – selbst wenn ein Dieb zu einem Meister kommt, wird er als Sannyasin wieder gehen.

In Kontakt mit einem Meister zu kommen wirkt transformierend. Man ist vielleicht aus anderen Gründen gekommen, man ist überhaupt nicht wegen des Meisters gekommen – der Dieb kam nicht wegen des Meisters. Tatsächlich hätte er es wohl nicht gewagt zu kommen, hätte er gewusst, dass in dieser Hütte ein Meister lebte. Er war nur wegen des Geldes gekommen; er war nur durch Zufall über den Meister gestolpert. Doch selbst wenn man einen Buddha durch Zufall trifft, wird einen diese Begegnung vollkommen verwandeln. Danach ist man nicht mehr derselbe Mensch.

Viele von euch sind nur durch Zufall hier. Ihr habt nicht nach mir gesucht, ihr wart nicht nach mir auf der Suche. Durch tausend verschiedene Zufälle seid ihr hier gelandet. Doch es wird zunehmend schwierig, wieder zu gehen.

Ein Meister predigt nicht, er sagt niemals, was man tun sollte. Bodhidharma sagt: »Zen hat nichts zu sagen, doch Zen hat vieles zu zeigen.« Dieser Meister zeigte dem Dieb einen Weg. Er verwandelte ihn, und er verwandelte ihn nach allen Regeln der Kunst. Er muss ein großartiger Chirurg gewesen sein – er operierte am Herzen dieses Mannes – ohne einen Laut. Er vernichtete diesen Mann vollständig, und er erschuf ihn neu. Und dem Mann war nicht einmal bewusst, was geschehen war. Das ist das Wunder, das ein Meister bewirkt.

Es gibt ein Zen-Sutra, das lautet: »Ein Mensch mit Einsicht lehnt keinen Irrtum ab.« Als ich auf dieses Sutra traf, tanzte mein Herz. Lasst dieses Sutra tief in euer Herz sinken: Ein Mensch mit Einsicht lehnt keinen Irrtum ab.

Ein anderer Meister – sein Name war Ohasama – kommentierte dieses Sutra folgendermaßen: »Die Wahrheit muss nicht erst gesucht werden, denn sie ist überall, selbst im Irrtum. Wer also einen Irrtum ablehnt, lehnt die Wahrheit ab.«

Diese Leute sind doch enorm! Wer einen Irrtum ablehnt, lehnt die Wahrheit ab. Erkennt ihr die Schönheit darin? Den radikalen, revolutionären Standpunkt? Shichiri lehnte den Mann nicht ab, weil er ein Dieb war; er lehnte den Mann nicht wegen seines Irrtums ab – denn hinter diesem Irrtum steht ein göttliches Wesen, ein Gott. Lehne den Irrtum ab, und du lehnst Gott ab. Lehne den Irrtum ab, und du lehnst die Wahrheit ab, die dahinter verborgen ist.

Er akzeptiert den Irrtum, um die Wahrheit dahinter zu akzeptieren. Sobald die Wahrheit auftaucht, akzeptiert wird und sich ausdehnt, wird der Irrtum von selbst verschwinden. Man muss nicht gegen die Dunkelheit kämpfen – das ist die Botschaft dahinter. Zünde einfach eine Kerze an. Man muss nicht gegen die Dunkelheit kämpfen, man braucht nur ein Licht zu entzünden. Der Meister entzündete ein Licht in diesem Mann.

Ganz ähnlich, doch noch etwas zenmäßiger, ist die folgende Geschichte über einen anderen Meister – fast dieselbe Geschichte, doch noch etwas zenmäßiger.

Eines Nachts, als Meister Taigan gerade einen Brief schrieb, kam ein Dieb mit gezücktem Schwert in seinen Raum. Der Meister warf einen Blick auf den Dieb und fragte: »Was willst du – Geld oder mein Leben?«

Nun, das ist noch mehr Zen – er gibt dem Dieb überhaupt keine Gelegenheit, irgendetwas zu sagen. Shichiri gab ihm wenigstens noch diese Gelegenheit; bei Shichiri stellte der Dieb die Frage und verlangte sein Geld oder sein Leben.

Taigan setzt sogar noch eins drauf. Vielleicht kam Taigan später – er muss Shichiris Geschichte gekannt haben. Er gibt dem Dieb nicht einmal diese Gelegenheit. Er sagt zu dem Dieb: »Was willst du – Geld oder mein Leben? Beides ist unwichtig – was immer du brauchst, du kannst es dir nehmen. Es ist deine Wahl.«

»Ich kam des Geldes wegen«, antwortete der Dieb etwas ängstlich.

Dieser Mann – noch nie ist er solch einem Drachen begegnet – fragt doch tatsächlich: »Was willst du – Geld oder mein Leben?« Und er ist bereit, beides zu geben: »Du hast die Wahl.« Keine Verurteilung, nichts dergleichen. Selbst wenn er sein Leben gewählt hätte, hätte Taigan es ihm gegeben. Alles, was einem genommen werden kann, sollte man besser freiwillig geben. Eines Tages wird auch das Leben zu Ende gehen – warum sich also Sorgen darüber machen? Der Tod kommt sowieso; warum also nicht diesem Dieb einen Augenblick des Genusses ermöglichen?

»Ich kam des Geldes wegen«, antwortete der Dieb etwas ängstlich.

Der Meister zog seine Geldbörse und gab sie dem Dieb mit

den Worten: »Hier ist es!« Dann wandte er sich wieder seinem Brief zu, als ob nichts geschehen wäre.

Der Dieb begann sich etwas unbehaglich zu fühlen und verließ völlig überwältigt den Raum. »He! Warte einen Augenblick!«, rief ihm der Meister nach.

Der Dieb hielt schaudernd inne. »Warum machst du nicht die Tür zu?«, sagte der Meister.

Einige Tage später wurde der Dieb von der Polizei gefasst und sagte aus: »Ich stehle schon seit vielen Jahren, aber noch nie hatte ich so viel Angst wie in dem Moment, als dieser buddhistische Meister mir nachrief: ›He! Warte einen Augenblick!‹ Mich schaudert noch immer.«

»Dieser Mann ist gefährlich, ich konnte ihn einfach nicht vergessen. Und an dem Tag, an dem ich aus dem Gefängnis komme, werde ich zu ihm gehen. Solch einem Menschen bin ich noch nie begegnet – solch eine Qualität! Ich hielt ein gezücktes Schwert in der Hand, doch das war nichts gegen ihn. Er *ist* ein gezücktes Schwert.«

Einfach nur diese Worte: »He! Warte einen Augenblick!« – und der Dieb sagte: »Mich schaudert noch immer.«

Wenn du einem Meister nahe kommst, wird er dich töten. Wie könnte man einen Meister töten? Selbst mit gezücktem Schwert kannst du einen Meister nicht töten; der Meister wird vielmehr dich töten. Und er tötet auf so subtile Weise, dass es dir überhaupt nicht auffällt, dass du getötet wurdest. Du wirst dir dessen erst bewusst, wenn du wiedergeboren wirst. Plötzlich, eines Tages, bist du nicht mehr derselbe. Plötzlich, eines Tages, ist dein altes Ich verschwunden. Plötzlich, eines Tages, ist alles frisch und neu – die Vögel singen und neue Blätter sprießen in dir. Der stagnierende Fluss bewegt sich wieder, und du fließt in Richtung Ozean.

Und noch eine Geschichte:

Ein Zen-Meister war mehrere Male im Gefängnis gewesen.

... Und noch einen Schritt weiter! Diese Zen-Anhänger sind wirklich exzentrische, verrückte Leute – doch sie machen wunderbare Dinge. *Ein Zen-Meister war mehrere Male im Gefängnis gewesen.*

Nun, es ist eine Sache, einem Dieb zu vergeben, es ist eine Sache, ihn nicht für schlecht zu halten, doch es ist eine andere Sache, selbst ins Gefängnis zu kommen. Und nicht nur einmal, sondern mehrere Male – dafür, dass er Kleinigkeiten von seinen Nachbarn gestohlen hatte. Und die Nachbarn bekamen es mit und waren verwirrt: Warum stiehlt dieser Mann? Und noch dazu solche Kleinigkeiten! Doch sobald er aus dem Gefängnis entlassen wurde, fing er wieder an zu stehlen und musste wieder ins Gefängnis zurück. Selbst die Richter machten sich Gedanken. Doch sie mussten ihn ins Gefängnis schicken, denn er gestand immer. Er sagte nie: »Ich habe nicht gestohlen.«

Schließlich versammelten sich die Nachbarn und sagten zu ihm: »Meister, Ihr solltet nicht mehr stehlen.«

»Ihr werdet langsam alt, und wir sind bereit, Euch mit allem zu versorgen, was Ihr braucht, und Eure Bedürfnisse zu erfüllen, was immer sie sind. Doch Ihr solltet mit dem Stehlen aufhören! Wir sind sehr beunruhigt und traurig. Warum macht Ihr das immer wieder?«

Da lachte der alte Mann und sagte: »Ich stehle, um ins Gefängnis zu kommen und den Gefangenen die innere Botschaft zu bringen.«

»Wer soll ihnen sonst helfen? Für euch Gefangene draußen gibt es viele Meister. Doch im Gefängnis gibt es keinen Meister. Wer also soll ihnen dort helfen? Das ist meine Methode, um ins Gefängnis zu kommen und diesen Menschen zu helfen. Wenn meine Strafe abgelaufen ist und ich entlassen werde, muss ich etwas stehlen, um wieder hineinzukommen. Ich werde auf jeden Fall damit weitermachen. Und ich habe dort im Gefängnis so wunderbare Seelen getroffen, so unschuldige Seelen … manchmal sehr viel unschuldiger …«

Einmal geschah es, dass ein Freund von mir Gouverneur eines indischen Staates wurde und mir erlaubte, in seinem Staat die Gefängnisse zu besuchen. Ich ging also jahrelang in diese Gefängnisse und war sehr überrascht. Die Menschen, die im Gefängnis sitzen, sind sehr viel unschuldiger als die Politiker, als die reichen Leute, als die sogenannten Heiligen. Ich kenne fast alle Heiligen in Indien. Sie sind sehr viel berechnender. Ich habe unter den Kriminellen so unschuldige Seelen getroffen … Daher kann ich die Idee dieses alten Zen-Meisters nachvollziehen – zu stehlen und sich erwischen zu lassen, um ihnen die Botschaft zu bringen: »Ich stehle, um ins Gefängnis zu kommen und den Gefangenen die innere Botschaft zu bringen.«

Zen hat kein Wertesystem. Zen bringt nur eines in die Welt, und das ist Einsicht, Bewusstheit. Durch Bewusstheit entsteht Unschuld. Und Unschuld kennt weder Gut noch Böse. Unschuld ist einfach nur unschuldig – sie kennt keine Unterscheidung.

Zen bringt nur eines in die Welt, und das ist Einsicht, Bewusstheit. Durch Bewusstheit entsteht Unschuld. Und Unschuld kennt weder Gut noch Böse.

Hier die letzte Geschichte. Sie handelt von Ryokan, einem Meister, der Kinder liebte. Wie bei einem Mann wie ihm nicht anders zu erwarten, war er selbst ebenfalls wie ein Kind. Er war die Art von Kind, von dem Jesus spricht. Er war so unschuldig, dass es fast unglaublich war, wie ein Mann so unschuldig sein kann. Er besaß keine Schlauheit, keine Berechnung. Er war so unschuldig, dass die Leute ihn sogar für ein wenig verrückt hielten.

Ryokan spielte gern mit den Kindern. Er spielte mit ihnen Handball, Tamari oder Verstecken. Eines Abends war er mit dem Verstecken an der Reihe, und er verbarg sich unter einem Strohhaufen auf einem Feld. Es wurde dunkel, und die Kinder, die ihn nicht finden konnten, gingen schließlich nach Hause.

Früh am nächsten Morgen kam ein Bauer und entfernte den Strohhaufen. Als er Ryokan darunter entdeckte, rief er aus: »O Ryokan-sama! Was machst du hier?«

Der Meister antwortete: »Pst! Sprich nicht so laut, die Kinder werden mich sonst finden.«

Die ganze Nacht über hatte er unter dem Strohhaufen auf die Kinder gewartet! Solche Unschuld ist Zen, und solche Unschuld ist göttlich. Solche Unschuld kennt keinen Unterschied zwischen Gut und Böse, keinen Unterschied zwischen dieser Welt und jener, keinen Unterschied zwischen diesem und jenem. Solche Unschuld bedeutet *Sosein*.

Und dieses *Sosein* ist der innerste Kern von Religiosität.

Über den Autor

Oshos Lehren lassen sich nicht in ein enges Raster pressen, sie decken alles ab von der individuellen Sinnsuche bis hin zu den drängenden sozialen und politischen Fragen unserer Zeit. Seine Bücher wurden nicht von ihm geschrieben, sondern sind Transkriptionen der Audio- und Videoaufzeichnungen seiner Vorträge, die er im Lauf von 35 Jahren vor einem internationalen Publikum hielt.

Die Londoner *Sunday Times* zählte Osho zu den »1000 Gestaltern des 20. Jahrhunderts«, und der amerikanische Autor Tom Robbins nannte ihn »den gefährlichsten Menschen seit Jesus Christus«.

Osho hat über sich und sein Wirken gesagt, dass er dazu beitrage, die Voraussetzungen für die Geburt eines neuen Menschen zu schaffen. Er hat ihn oft als »Sorbas, der Buddha« charakterisiert – ein Mensch, der die irdischen Freuden eines Alexis Sorbas ebenso wie die heitere Stille eines Gautama Buddha genießen kann. Durch alle Aspekte von Oshos Werk zieht sich wie ein roter Faden eine Vision, die die zeitlose Weisheit des Ostens und das höchste Potenzial westlicher Wissenschaft und Technologie vereint.

Bekannt ist Osho auch für seinen revolutionären Beitrag zur Wissenschaft der inneren Transformation. Seine Auffassung von Meditation bezieht das beschleunigte Tempo unseres modernen Lebens mit ein.

Daher sind seine einzigartigen »aktiven Meditationen« so gestaltet, dass zuerst der in Körper und Geist angesammelte Stress freigesetzt wird, was es leichter macht, einen gedankenfreien und entspannten Zustand von Meditation zu erfahren.

Von Osho sind zwei autobiografische Werke erhältlich:
Autobiography of a Spiritually Incorrect Mystic. St. Martins Press, 2000 (dt.: *Autobiografie*. Ullstein Buchverlage, Berlin 2005)
Glimpses of a Golden Childhood. The Rebel Publishing House, 1985 (dt.: *Goldene Augenblicke*. Osho Verlag, Köln 1995; jetzt über Innenwelt Verlag, Köln, zu beziehen)

Die Webseite www.osho.com bietet in mehreren Sprachen einen detaillierten Überblick über Oshos Werk und seine Meditationen.

Osho International Meditation Resort

Das Osho International Meditation Resort ermöglicht die unmittelbare Erfahrung einer neuen Lebensweise, die mehr Achtsamkeit, Entspannung und Freude zum Ziel hat, ist aber auch ein wunderbarer Ort, um einfach nur Urlaub zu machen und auszuspannen. Es liegt in Pune, Indien, etwa 150 km südöstlich von Bombay. Pune, einst Zufluchtsort der Maharadschas und der reichen britischen Kolonialherren vor der Sommerhitze, ist heute eine aufstrebende moderne Großstadt, die mehrere Universitäten und diverse High-Tech-Industrien beherbergt.

Das Resort umfasst rund 15 Hektar Land im üppig grünen Wohnviertel Koregaon Park und bietet den tausenden von Besuchern, die jedes Jahr aus über 100 Ländern nach Pune kommen, ein umfangreiches und vielseitiges Programm, größtenteils in modernen, klimatisierten Räumlichkeiten. Unterkunftsmöglichkeiten gibt es in zahlreichen nahe gelegenen Hotels und Privatwohnungen sowie in einem neu erstellten luxuriösen Gästehaus im Resort selbst.

Alle Angebote basieren auf Oshos Vision des neuen Menschen, der kreativ und erfolgreich seinen Alltag meistert, sich aber ebenso in Stille und Meditation zu versenken vermag. Neben dem täglichen Meditationsprogramm werden das ganze Jahr über Einzelsitzungen, Gruppenworkshops und Kurse angeboten. Die Themenbereiche reichen von Kunst und Kreativität über ganzheitliche Gesundheit, Beziehungsfragen und esoterisches Wissen bis hin zu persönlicher Transformation und Therapie. Das »Club Med«-Programm – »Med« für Meditation – bietet die Möglichkeit, auf einem liebevoll gestalteten Gelände auf »Zen«-Weise mit verschiedenen Sportarten zu experimentieren und Erholung zu finden.

Im Resort werden in Cafés und Restaurants im Freien sowohl Gerichte der traditionellen indischen Küche als auch eine Vielfalt internationaler Gerichte mit biologisch angebautem Gemüse von der eigenen Farm serviert. Das Resort verfügt zudem über eine eigene Filtrieranlage für sicheres, sauberes Trinkwasser.

»Eines der aufregendsten Wellness-Center der Welt – mit Wohlfühl-Angeboten für Körper, Geist und Seele.«
ADAC Reisemagazin INDIEN

Informationen über Anreise und Programme unter:
www.osho.com/resort

www.osho.com
Diese umfassende Webseite bietet in verschiedenen Sprachen eine Onlineführung durch das Meditation Resort in Pune, eine Übersicht über die dort angebotenen Kurse und Seminare, Informationen über Bücher und CDs, die Adressen von Osho-Informationszentren weltweit sowie Auszüge aus Oshos Vorträgen.

Osho International
New York
E-mail: oshointernational@oshointernational.com
Webseite: www.osho.com/oshointernational